"十二五"职业教育国家规划教材

经全国职业教育教材审定委员会审定

高等职业教育"互联网+"新形态教材·财会类专业

新编企业纳税实务

（第4版）

甄立敏　贾会棉　主　编

刘义龙　张慧娟　副主编

　　　　张亚兵　主　审

电子工业出版社

Publishing House of Electronics Industry

北京·BEIJING

内 容 简 介

本书针对企业会计办税员岗位，认真分析了我国企业纳税工作过程，总结了企业纳税工作8个项目，并根据实际工作情况对完成这8个项目布置了工作场景及典型工作任务。本书根据税收法律法规的最新规定，结合《企业会计准则》《小企业会计准则》《增值税会计处理规定》，按照实际工作来设计体例，安排内容。本书选取的项目包括熟悉纳税工作流程、增值税实务、消费税实务、关税实务、资源类税实务、财产行为税实务、个人所得税实务、企业所得税实务。

本书可作为高等职业教育财经商贸大类相关专业学生用书，教育部1+X证书制度试点"智能财税职业技能等级证书"的对接课程用书，国家级、省级会计技能大赛的备赛参考用书，备考初级会计师、税务师等职称考试的参考用书，也可作为财务人员、税务人员等社会人员的工作手册。

未经许可，不得以任何方式复制或抄袭本书之部分或全部内容。
版权所有，侵权必究。

图书在版编目（CIP）数据

新编企业纳税实务 / 甄立敏，贾会棉主编. — 4版.
北京：电子工业出版社，2025. 6. — ISBN 978-7-121-50281-1

Ⅰ．F279.235.4

中国国家版本馆CIP数据核字第2025G8Z560号

责任编辑：贾瑞敏
印　　刷：三河市双峰印刷装订有限公司
装　　订：三河市双峰印刷装订有限公司
出版发行：电子工业出版社
　　　　　北京市海淀区万寿路173信箱　邮编100036
开　　本：787×1 092　1/16　印张：14.75　字数：397千字
版　　次：2010年1月第1版
　　　　　2025年6月第4版
印　　次：2025年6月第1次印刷
定　　价：49.90元

凡所购买电子工业出版社图书有缺损问题，请向购买书店调换。若书店售缺，请与本社发行部联系，联系及邮购电话：(010)88254888，88258888。
质量投诉请发邮件至zlts@phei.com.cn，盗版侵权举报请发邮件至dbqq@phei.com.cn。
本书咨询联系方式：邮箱fservice@vip.163.com；QQ群427695338；微信DZFW18310186571。

2021年3月12日，教育部公布《职业教育专业目录（2021年）》（以下简称《新专业目录》），会计专业、财务管理专业分别更名为大数据与会计专业、大数据与财务管理专业；财政专业与税务专业合并后更名为财税大数据应用专业。2025年2月，教育部发布了758项新版职业教育专业教学标准，这是职业教育国家教学标准体系的重要组成部分，旨在适应产业转型升级对职业教育人才培养的新要求。为顺应《新专业目录》和新版职业教育专业教学标准的要求，推动专业优化升级，加速产教深度融合，本教材需要进行修订。

《新编企业纳税实务》（第3版）自出版至今已7年多。其间，我国的税收法律制度和会计制度发生了很多、很大的变化。这些重大变化给纳税人和税务机关的工作带来了极大的挑战，也给企业纳税实务课程的高职教学提出了新的要求。因此，本次修订更加注重相关内容的新颖性、准确性、实战性。此次修订后本教材的特色及创新之处主要体现在以下几方面：

（1）融入课程思政。本教材根据不同税种的特点，融入不同的思政元素，能够从教材源头上对学生进行滴灌渗透式思政教育，做到人才核心价值观、职业道德与专业素养的综合培养。

（2）内容新颖。此次修订及时将当前最新的税收法律法规融合进来，充分呈现了我国税收制度的新发展动态和发展方向。具体包括2021年6月1日施行的财产和行为税纳税申报表，2021年8月1日施行的《关于增值税、消费税与附加税费申报表整合有关事项的公告》，2021年9月1日施行的《中华人民共和国城市维护建设税法》和《中华人民共和国契税法》，2022年7月1日施行的《中华人民共和国印花税法》以及将于2026年1月1日实施的《中华人民共和国增值税法》等新的纳税申报表和税收法律法规。

（3）"岗课赛证"融通。本教材依据"职教二十条"内涵要求，采取"育训结合"进行体例设计，既能满足初级会计师、税务师等职称考试和"智能财税职业技能等级证书"考试要求，又能满足职业技能大赛要求和实际纳税岗位能力需求，真正实现"岗课赛证"融通。

（4）教学资源立体化。本教材重点突出教学内容的实用性和操作性，以职业能力为本位，以技能培养为目标，以必需、够用为度，满足涉税岗位能力需求。教材配有智能化税费申报、课件、微课、教学设计、习题库等数字化教学资源，有助于学生线上线下混合式学习，提高了学生学习的便利性和学习兴趣。

本教材以截至交稿日的纳税实务工作内容为依据，如果税法政策有变化或编者理解有误，应以现行法律法规为准。

本教材的编写人员由会计、税务行业专家，会计工作人员及会计专业的教师组成。由河北软件职业技术学院甄立敏教授（注册会计师）、河北软件职业技术学院贾会棉副教授担任主编，刘义龙（河北软件职业技术学院）、张慧娟（河北软件职业技术学院）担任副主编，张亚兵（航天信息股份有限公司）担任主审。编写任务的主要分工为：甄立敏负责统稿，并负责编写项目一、二、三，贾会棉负责编写项目四、五，张慧娟负责编写项目六，刘义龙负责编写项目七、八。

本教材在修订过程中，得到了电子工业出版社和河北软件职业技术学院各位领导和同人的大力支持，在此谨表谢意！

由于编者学识水平有限，加之时间仓促，难免有疏漏和不足之处，恳请读者批评指正。

编　者

说明：全书有小数或除不尽的情况，默认保留 2 位小数。

目 录

学前提示　纳税实务知识及技能储备　1

项目一　熟悉纳税工作流程　3

任务一　税务登记/3
　一、企业涉税基础信息补充登记和备案/4
　二、纳税人资格登记/4
　三、新办纳税人"套餐式"服务/6
任务二　账簿、凭证管理/7
　一、涉税账簿的设置流程/7
　二、发票的使用流程/10
　三、增值税专用发票的使用流程/11
　四、电子发票的法律地位和应用/14
任务三　购置税控装置及会计核算/14
　一、购置税控装置/14
　二、初次购买税控装置的税收优惠/15
　三、税控装置的会计核算与纳税申报/15
　四、纳税会计核算/16
任务四　纳税申报和税款缴纳/18
　一、纳税申报流程/18
　二、税款缴纳流程/19
　三、税款的减免税程序/22
技能训练/23

项目二　增值税实务　27

任务一　计算增值税应纳税额/34

　一、确定纳税义务人和征税范围/34
　二、确定应税销售额/34
　三、确定适用税率/34
　四、一般计税方法计算应纳税额/35
　五、简易计税方法应纳税额的计算/36
　六、进口货物应纳税额计算/36
任务二　设置增值税会计科目/36
　一、一般纳税人设置会计科目/37
　二、一般纳税人增值税会计科目核算内容和应用举例/38
　三、小规模纳税人设置会计科目和应用举例/47
任务三　增值税业务会计处理/47
　一、一般纳税人取得资产或接受服务等业务的会计处理/47
　二、销售等业务的会计处理/56
　三、差额征税的会计处理/65
　四、出口退税的会计处理/69
　五、其他增值税业务的会计处理/72
任务四　增值税纳税申报/73
　一、财务报表相关项目列示/73
　二、纳税申报资料和申报缴纳流程/73
　三、缴纳增值税税款的会计处理/77
技能训练/79

项目三　消费税实务　85

任务一　计算消费税应纳税额/86
　一、确定纳税人、税目、税率/86
　二、从量定额办法计算应纳税额/86
　三、从价定率办法计算应纳税额/86

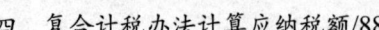

　　四、复合计税办法计算应纳税额/88
　　五、已纳消费税的扣除/89
任务二　消费税的会计处理/90
　　一、会计科目的设置和核算依据/90
　　二、涉税业务的会计处理/90
　　三、账簿格式设置/95
任务三　消费税纳税申报与缴纳/95
　　一、纳税申报/95
　　二、税款缴纳/97
技能训练/100

项目四　关税实务 106

任务一　计算关税应纳税额/107
　　一、确定纳税人和征税范围/107
　　二、确定一般进口货物完税价格/107
　　三、特殊进口货物的完税价格/109
　　四、出口货物的完税价格/110
　　五、运输及其相关费用、保险费的确定/111
　　六、应纳税额的计算/111
任务二　涉税业务会计处理/112
　　一、会计科目的设置及核算依据/112
　　二、关税实务的会计处理/113
任务三　报关与税款缴纳/115
　　一、进出口货物报关/115
　　二、纳税期限/115
　　三、税款征收与退还制度/117
技能训练/118

项目五　资源类税实务 123

任务一　资源税/123
　　一、计算资源税应纳税额/124
　　二、资源税会计核算/126
　　三、资源税申报与缴纳/127
任务二　土地使用税/130
　　一、计算土地使用税应纳税额/130
　　二、土地使用税的会计核算/132

　　三、土地使用税的申报与缴纳/132
任务三　耕地占用税/133
　　一、计算耕地占用税应纳税额/133
　　二、耕地占用税的申报与缴纳/134
　　三、耕地占用税的会计核算/134
任务四　土地增值税/134
　　一、计算土地增值税应纳税额/134
　　二、土地增值税的会计核算/138
　　三、土地增值税的纳税申报/139
技能训练/140

项目六　财产行为税实务 144

任务一　房产税实务/145
　　一、计算房产税应纳税额/145
　　二、房产税的会计核算/146
　　三、房产税的纳税申报/146
任务二　车船税实务/147
　　一、计算车船税应纳税额/147
　　二、车船税的会计核算/148
　　三、车船税的纳税申报/148
任务三　烟叶税实务/149
　　一、计算烟叶税应纳税额/149
　　二、烟叶税的会计核算/149
　　三、烟叶税的申报/150
任务四　车辆购置税实务/150
　　一、计算车辆购置税应纳税额/150
　　二、车辆购置税的会计核算/151
　　三、车辆购置税的纳税申报/151
任务五　契税实务/152
　　一、计算契税应纳税额/152
　　二、契税的会计核算/153
　　三、契税的申报与缴纳/155
任务六　印花税实务/155
　　一、计算印花税应纳税额/155
　　二、印花税的会计核算/156
　　三、印花税的纳税申报/157
任务七　城建税和教育费附加实务/158

一、计算城建税应纳税额/158
二、城建税的会计核算与纳税申报/159
三、教育费附加的会计核算与纳税申报/159
技能训练/160

项目七　个人所得税实务 164

任务一　计算个人所得税应纳税额/165
　　一、熟悉个人所得税政策/165
　　二、计算应纳税所得额/165
　　三、计算应纳税额/171
　　四、计算应纳税额应注意的问题/172
任务二　个人所得税业务的会计处理/173
　　一、会计科目的设置/173
　　二、会计处理/173
任务三　个人所得税的申报和缴纳/174
　　一、纳税方法和纳税申报表类别/174
　　二、纳税申报流程和应用举例/176
　　三、税款缴纳/183
技能训练/185

项目八　企业所得税实务 190

任务一　计算企业所得税应纳税额/191
　　一、熟悉企业所得税政策/191
　　二、确定企业所得税的征收方式/196
　　三、查账征收方式下企业所得税额的计算/197
　　四、核定征收企业所得税的计算/203
任务二　企业所得税会计处理/203
　　一、会计科目的设置/204
　　二、应付税款下的企业所得税会计处理/204
　　三、资产负债表债务法下的企业所得税会计处理/205
任务三　企业所得税纳税申报/210
　　一、核定企业所得税的纳税申报/210
　　二、查账征收方式的纳税申报/212
技能训练/222

参考文献 227

学前提示

纳税实务知识及技能储备

提示一：检查自己是否熟悉企业税收实务工作内容

企业纳税实务工作以我国最新的会计和税收法律法规为依据，其工作基本流程如下图所示。

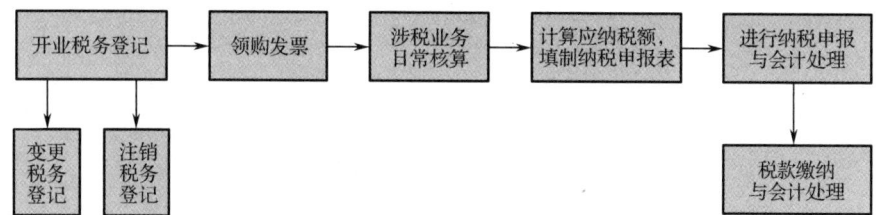

提示二：检查自己是否已具备相关知识及技能

已具备知识及技能一览表

前导课程	知识储备	技能储备	后续课程
基础会计 财务会计	会计知识： 1. 企业会计核算的基本前提 2. 会计信息的质量要求 3. 会计核算对象 4. 会计核算专门方法 5. 各项经济业务的具体会计处理	1. 熟悉会计科目 2. 能够编制会计分录 3. 能够登记账簿 4. 能够编写会计报表	1. 会计综合实训 2. 毕业顶岗实习
税法	税收法律知识： 1. 我国的税收体系，如有多少税种 2. 我国的税制改革，如"营改增"试点 3. 税收制度要素，如纳税人、征税对象 4. 纳税人的权利与义务 5. 各实体税种的具体内容，如各税种的纳税人、征收对象（含征收范围、税目）、计税依据、税率、征纳管理等 6. 税收征收管理法，如税务管理	1. 熟悉各税种政策，尤其是增值税、所得税 2. 能够计算各税种的应纳税额	

提示三：检查自己是否熟悉税收票证相关知识

为维护自己的合法权益，纳税人缴纳税款后应当及时取得相关税收票证。

税收票证是纳税人实际缴纳税款或收取退还税款的法定证明。它是指税务机关、扣缴义务人依照法律法规，代征代售人按照委托协议，征收税款、基金、费、滞纳金、罚没款等各项收入（以下统称税款）的过程中，开具的收款、退款和缴库凭证。建议阅读《税收票证管理办法》。

税收票证管理办法

项目一
熟悉纳税工作流程

学习目标

通过本项目的学习,学生将学会企业纳税工作流程,掌握日常纳税工作技能。培养学生依法办理税务登记、依法履行纳税义务的法律意识,深化职业素养,增强文化自信。

工作过程

税务登记 → 账簿、凭证管理 → 纳税申报 → 税款缴纳

 工作场景

开业税务登记	
场景介绍	王力是某高校的毕业生,因为就业压力过大,所以决定自主创业。王力与几位同学计划合股成立了一家信息咨询公司。在领取了加载有统一社会信用代码的营业执照后,怎样办理税务登记手续、办理登记手续后还需要做哪些工作、正常经营后会缴纳哪些税……带着疑问,王力找来《中华人民共和国税收征收管理法》(以下简称《税收征管法》)和《税务登记管理办法》进行研读,并向税务师事务所和税务机关进行咨询
工作目标	办理开业税务登记
所需知识	需要掌握《税收征管法》、《中华人民共和国发票管理办法》(以下简称《发票管理办法》)等法律法规,熟悉税务登记、账簿与凭证(含发票)管理、纳税申报及税款缴纳流程
已具备知识	《税收征管法》《发票管理办法》

任务一 税务登记

从 2016 年 10 月 1 日起,"五证合一、一照一码"登记制度改革在全国范围内全面落地实施。

"五证合一、一照一码"，即营业执照的注册号、组织机构代码证号、税务登记证号、统计证号及社保登记证号统一为一个统一社会信用代码，加载在营业执照上。2018年1月1日后，在全国范围内未加载统一社会信用代码的营业执照不再有效。

关于加快推进"五证合一、一照一码"登记制度改革的通知

一、企业涉税基础信息补充登记和备案

企业进行工商登记时，市场监督管理局已经采集企业信息，税务机关不再重复采集。

企业领取营业执照后30日内到税务机关进行涉税基础信息补充登记。税务机关补充采集其他必要的企业涉税基础信息，主要包括房产、土地、车船等财产信息，银行账号、财务负责人信息，核算方式、从业人数、会计制度、代扣代缴和代收代缴税款业务情况等。企业涉税基础信息发生变化的，由企业直接向税务机关申报变更，及时更新税务系统中的企业信息。

企业涉税基础信息补充登记后，税务机关应告知纳税人，对其具有申报纳税（扣缴或代征）义务的税（费）种的认定结果。

企业领取"一照一码"营业执照时，等同于办理了税务登记证，应在领取营业执照之日起15日内将其财务、会计制度或财务、会计处理办法报送主管税务机关备案，在开立存款账户之日起15日内，向主管税务机关报送全部账号。

企业需要办理银行划缴税款的，必须在银行开设税款划款对公账户，签署银行、税务机关、企业三方协议，纳税人完成纳税申报后，税款可从银行直接划转入库。

二、纳税人资格登记

（一）纳税人资格分类

在中华人民共和国境内（以下简称境内）销售货物或者加工、修理修配劳务（以下简称劳务），销售服务、无形资产、不动产及进口货物的单位和个人，为增值税纳税人。

增值税纳税人实行分类管理，分为一般纳税人和小规模纳税人。小规模纳税人是指年应税销售额在规定标准以下，并且会计核算不健全，不能按规定报送有关税务资料的增值税纳税人。自2018年5月1日起，增值税小规模纳税人标准为年应征增值税销售额500万元及以下。自2019年3月1日起，小规模纳税人自行开具增值税专用发票试点范围由住宿业、鉴证咨询业，建筑业、工业、信息传输、软件和信息技术服务业，扩大至租赁和商务服务业，科学研究和技术服务业，居民服务、修理和其他服务业。上述8个行业的小规模纳税人（以下称"试点纳税人"）发生增值税应税行为，需要开具增值税专用发票的，可以自愿使用增值税发票管理系统自行开具。试点纳税人销售其取得的不动产，需要开具增值税专用发票的，应当按照有关规定向税务机关申请代开。

（二）增值税一般纳税人资格登记程序

自2015年4月1日起，增值税一般纳税人（以下简称一般纳税人）资格由认定制改为实行登记制，纳税人应当向其机构所在地主管税务机关办理一般纳税人登记手续。自2018年2月1日起，纳税人办理一般纳税人资格登记的程序如下：

① 纳税人向主管税务机关填报增值税一般纳税人登记表（见表1-1），如实填写固定生产经营场所等信息，并提供税务登记证件。

项目一　熟悉纳税工作流程

表 1-1　增值税一般纳税人登记表

纳税人名称			统一社会信用代码 （纳税人识别号）		
法定代表人（负责人、业主）		证件名称及号码		联系电话	
财务负责人		证件名称及号码		联系电话	
办税人		证件名称及号码		联系电话	
税务登记日期					
生产经营地址					
注册地址					
纳税人类别：□企业　□非企业性单位　□个体工商户　□其他					
主营业务类别：□工业　□商业　□服务业　□其他					
会计核算健全：□是　□否					
一般纳税人资格生效之日：□当月1日　　　□次月1日					
纳税人（代理人）承诺： 　　会计核算健全，能够提供准确税务资料，上述各项内容真实、可靠、完整。如有虚假，愿意承担相关法律责任。					
经办人：　　　法定代表人：　　　代理人：　　　（签章） 　　　　　　　　　　　　　　　　　　　　　　　　　　　年　月　日					
以下由税务机关填写					
税务机关 受理情况	受理人：			受理税务机关（章） 年　月　日	

填表说明：
1. 本表由纳税人如实填写。
2. 表中"证件名称及号码"相关栏次，根据纳税人的法定代表人、财务负责人、办税人的居民身份证、护照等有效身份证件及号码填写。
3. 表中"一般纳税人资格生效之日"由纳税人自行勾选。
4. 主管税务机关（章）指各办税服务厅业务专用章。
5. 本表一式两份，主管税务机关和纳税人各留存一份。

　　② 纳税人填报内容同税务登记信息一致的，主管税务机关当场登记。

　　③ 纳税人填报内容与税务登记信息不一致，或者不符合填报要求的，主管税务机关应当场告知纳税人需要补正的内容。

　　纳税人在年应税销售额超过规定标准的月份（或季度）的所属申报期结束后15日内按照规定办理相关手续；未按规定时限办理的，主管税务机关应当在规定时限结束后5日内制作税务事项通知书，告知纳税人应当在5日内向主管税务机关办理相关手续；逾期仍不办理的，次月起按销售额依照增值税税率计算应纳税额，不得抵扣增值税进项税额，直至纳税人办理相关手续为止。

　　纳税人自一般纳税人生效之日起，按照增值税一般计税方法计算应纳税额，并可以按照规定领用增值税专用发票，财政部、国家税务总局另有规定的除外。生效之日，是指纳税人办理登记的当月1日或次月1日，由纳税人在办理登记手续时自行选择。纳税人登记为一般纳税人后，不得转为小规模纳税人，国家税务总局另有规定的除外。

注意

纳税人年应税销售额超过财政部、国家税务总局规定标准（以下简称规定标准），且符合有关政策规定，选择按小规模纳税人纳税的，应当向主管税务机关提交书面说明；个体工商户以外的其他个人年应税销售额超过规定标准的，不需要向主管税务机关提交书面说明。

三、新办纳税人"套餐式"服务

为深入贯彻党的十九大和中央经济工作会议精神，按照《国家税务总局关于进一步深化税务系统"放管服"改革优化税收环境的若干意见》（税总发〔2017〕101号）要求，国家税务总局决定推行新办纳税人"套餐式"服务，一次性办结多个涉税事项。

（一）新办纳税人"套餐式"服务要求

各省税务局应当在确保税收风险可控的基础上，依托网上办税服务厅，实现新办纳税人法定义务事项和首次领用发票相关办税事项一并办理，建立集中处理涉税事项的"套餐式"服务模式，把多次填表、多个流程、多次跑路转化为一次填表、一次流转、一次跑路，确保新办纳税人开业办税无障碍。

（二）"套餐式"服务内容

新办纳税人"套餐式"服务一般应包括10个涉税事项：网上办税服务厅开户、登记信息确认、财务会计制度及核算软件备案、纳税人存款账户账号报告、增值税一般纳税人登记、发票票种核定、增值税专用发票最高开票限额审批、实名办税、增值税税控系统专用设备初始发行、发票领用。

（三）"套餐式"服务流程

① 新办纳税人可在网上办税服务厅提交"套餐式"服务事项申请。
② 税务机关在规定的期限内完成办理，并通过网上办税服务厅反馈办理情况。
③ 纳税人依据反馈情况到办税服务厅，领取增值税税控系统专用设备、发票等办理结果。

各省税务局应当根据上述业务描述，科学设计"套餐式"服务工作流程。新办纳税人"套餐式"服务线上主要业务处理流程如下。

市场监督管理局在五证合一系统录入纳税人登记信息——外部信息交换平台获取登记信息——核心征管系统将登记信息写入登记库——网上办税系统纳税人开户——网上办税系统纳税人填写申请表单——网上办税系统税务端集中处理——核心征管系统将相关业务信息写入数据库——网上办税系统生成业务办理结果的消息提醒。

（四）网上办税服务厅纳税人端申请流程

根据各项业务需要填报的信息，减并整合后制作新的电子综合申请表单，纳税人在网上办税系统中登录后根据提示完成各项信息的填报并提交。待税务机关处理后，纳税人根据税务机关反馈的信息打印签订授权划缴税款协议，并前往税务机关取件。具体流程如下。

纳税人登录网上办税系统签订使用协议——推送网上办税系统简介及密码修改通知——推送基础信息确认表，确认并完善补录信息、3类人员信息——推送银行账户报告表、财务会计制度报告表，完成备案事项填报——推送提示选择表，询问纳税人是否需要一般纳税人登记——推送票种申请表（或行政许可申请表）并附加税控设备领用方式提示，完成信息确认并提交，纳税人填写信息结束后会提示3日后登录网上办税系统下载打印授权划缴税款协议——纳税人下载打印授权划缴税款协议，自行前往银行办结——纳税人收到税务机关办理结果的消息提醒后，携带相关资料前往办税服务厅进行实名制信息采集及资料领取。

（五）网上办税服务厅税务端处理流程

税务端系统根据纳税人申请形成电子待办任务清单。税务端分为综合处理、税控发行、综合出件3个环节，每个环节的税务人员完成待办任务并依次流转。完成全部环节和待办任务后，系统自动推送通知至纳税人网上办税系统的消息中心，通知纳税人取件。具体流程如下。

税务端接收新办纳税人"套餐式"服务的申请——完成相关涉税事项办理，并将相关信息写入核心征管系统——系统自动生成授权划缴税款协议书，推送至网上办税系统纳税人端，待纳税人办理完成后自动将信息写入核心征管系统——系统将结果推送至发行岗、发售岗、资料整合岗，相应岗位人员分工完成工作，实现税务文书一键打印——系统将业务办理完成的通知推送给网上办税系统纳税人端，提醒纳税人携带相关资料前往办税服务厅——为纳税人办理实名制信息采集，将文书资料、发行好的税控设备、发票等统一交给纳税人。

任务二 账簿、凭证管理

关于调整增值税一般纳税人管理有关事项的公告

一、涉税账簿的设置流程

（一）涉税账簿的设置

所有的纳税人和扣缴义务人都必须按照有关法律、行政法规和国务院财政、税务主管部门的规定设置账簿。账簿设置流程如图1-1所示。

图1-1 账簿设置流程

从事生产、经营的纳税人应当自领取营业执照或发生纳税义务之日起15日内设置账簿。扣缴义务人应当自税收法律、行政法规规定的扣缴义务发生之日起10日内，按照所代扣、代收的税种，分别设置代扣代缴、代收代缴税款账簿。

生产、经营规模小且确无建账能力的纳税人，可以聘请经批准从事会计代理记账业务的专业机构或经税务机关认可的财会人员代为建账和办理账务。聘请上述机构或人员有实际困难的，经县级以上税务机关批准，可以按照税务机关的规定，建立收支凭证粘贴簿、进货销货登记簿或使用税控装置。

纳税人使用计算机记账的，应当在使用前将会计信息化系统的会计核算软件、使用说明书及有关资料报送主管税务机关备案。

① 纳税人、扣缴义务人会计制度健全，能够通过计算机正确、完整计算其收入和所得或代扣代缴、代收代缴税款情况的，计算机输出的完整的书面会计记录可视同会计账簿。

② 纳税人、扣缴义务人会计制度不健全，不能通过计算机正确、完整计算其收入和所得或代扣代缴、代收代缴税款情况的，应当建立总账及与纳税或代扣代缴、代收代缴税款有关的其他账簿。

凡从事生产、经营的纳税人必须将所采用的财务、会计制度和具体的财务、会计处理办法按税务机关的规定，自领取加载了统一社会信用代码的营业执照之日起15日内，及时报送主管税务机关备案。会计制度备案流程如图1-2所示。

领取加载了统一社会信用代码的营业执照 → 报送会计制度或处理办法备案

图1-2　会计制度备案流程

从事生产经营的纳税人应当自开立基本账户或其他存款账户之日起15日内，向主管税务机关书面报告其全部账号。发生变化的，应当自变化之日起15日内，向主管税务机关书面报告。

（二）领购发票领购簿

依法办理税务登记的单位和个人，在领取加载了统一社会信用代码的营业执照后，向主管税务机关申请领购发票，填写纳税人领购发票票种核定申请表，如表1-2所示。

表1-2　纳税人领购发票票种核定申请表

纳税人识别号			申请日期	
纳税人名称			法定代表人	
登记注册类型			申请人	
申请理由	法定代表人（负责人）：		申请人：	年　月　日
发票经办人	证件类型		证件号码	
发票名称	每月最高购票数量/（本/份）	每次购票最高数量/（本/份）	纳税人持票最高数量/（本/份）	购票方式
主管税务机关意见：				
负责人：	经办人：		（公章） 年　月　日	

说明：① 购票方式：验旧供新、批量供应。
　　　② 证件类型：身份证、护照、军官证或其他证件。

主管税务机关根据领购单位和个人的经营范围和规模，确认领购发票的种类、数量，以及领购方式，在5个工作日内发给发票领购簿，如表1-3所示。发票领购簿的内容应当包括用票单位和个人的名称、所属行业、购票方式、核准购票种类、开票限额、发票名称、领购日期、准购数量、起讫号码、违章记录、领购人签字（盖章）、核发税务机关（章）等内容。单位和个人领购发票时，应当按照税务机关的规定报告发票使用情况，税务机关应当按照规定进行查验。

项目一 熟悉纳税工作流程

表1-3 发票领购簿

国家税务总局监制

使 用 说 明

1. 本领购簿为纳税人向税务机关办理领购发票手续的凭证。
2. 核准使用发票情况、发票领购、缴销、挂失等记录均由税务机关填写。
3. 纳税人发生变更税务登记机关、变更领购发票种类及注销税务登记的,应到税务机关办理发票领购簿的换发、注销手续。
4. 纳税人发生停业、复业时,应到税务机关办理发票领购簿的封存、启用手续。
5. 发票领购簿要妥善保管,不得转借、涂改。如有丢失,应立即报告税务机关,申请挂失后补发。
6. 纳税人领购的发票,只准在税务机关核准的范围内使用,不得跨地区或跨行业使用,不得转借、虚开发票;未经税务机关批准,不准拆本使用发票。
7. 纳税人发生发票丢失、被盗的,应于丢失、被盗当日书面报告税务机关。

纳税人识别号:							
发票领购簿号码:							
纳税人名称:				纳税人（签章）			
法定代表人（负责人）:							
发票管理人:							
税务机关（签章）				年　　月　　日			

核准使用发票情况	发票种类	发票代码	发票名称	单位	限购数量		备注
					每次限购/每月限购		
					数量	票面金额	
	购票方式：□ 批量供应　□ 验旧购新 　　　　　□ 交旧购新　□ 其他			需提供发票担保的，是否已经提供担保人或缴纳保证金： □ 是　□ 否			

发票领购记录

日期	发票代码	发票名称	单位	数量	字轨	起讫号码	售票人	购票人

发票缴销、挂失记录

日期	发票代码	发票名称	缴销	挂失	单位	数量	字轨	起讫号码	经办人

发票违章记录

二、发票的使用流程

发票是指在购销商品、提供或接受服务，以及从事其他经营活动中，开具、收取的收付款凭证。发票应当套印全国统一发票监制章，并实行不定期换版制度。

（一）领购发票

依法办理涉税登记的单位和个人，在领取加载统一社会信用代码的营业执照后可以申请领购发票；依法不需要办理涉税登记的单位和个人，发生临时经营业务需要使用发票，可以凭购销商品、提供或接受服务及从事其他经营活动的书面证明和经办人身份证明，向经营地税务机关申请代开发票。

需要临时使用发票的单位和个人，可以凭购销商品、提供或接受服务，以及从事其他经营活动的书面证明（指有关业务合同、协议或税务机关认可的其他资料）、经办人身份证明，直接向经营地税务机关申请代开发票。依照税收法律、行政法规规定应当缴纳税款的，税务机关应当先征收税款，再开具发票。税务机关根据发票管理的需要，可以按照国务院税务主管部门的规定委托其他单位代开发票，禁止非法代开发票。税务机关应当与受托代开发票的单位签订协议，明确代开发票的种类、对象、内容和相关责任等内容。

临时到本省、自治区、直辖市以外从事经营活动的单位或个人，应当凭所在地税务机关的证明，向经营地税务机关领购经营地的发票。税务机关对外省、自治区、直辖市来本辖区从事临时经营活动的单位和个人领购发票的，可以要求其提供保证人或根据所领购发票的票面限额及数量缴纳不超过一万元的保证金，并限期缴销发票。按期缴销发票的，解除保证人的担保义务或退还保证金；未按期缴销发票的，由保证人或以保证金承担法律责任。税务机关收取保证金应当开具资金往来结算票据。

（二）开具和保管发票

销售商品、提供服务，以及从事其他经营活动的单位和个人，对外发生经营业务收取款项，收款方应当向付款方开具发票。特殊情况下，由付款方向收款方开具发票。所有单位和从事生产、经营活动的个人在购买商品、接受服务，以及从事其他经营活动支付款项时，应当向收款方索取发票。取得发票时，不得要求变更品名和金额。不符合规定的发票，不得作为财务报销凭证，任何单位和个人有权拒收。

单位和个人开具发票时，应当按照规定的时限、顺序、栏目，项目填写齐全，内容真实，字迹清楚，全部联次一次性如实开具，内容完全一致。填开发票的单位和个人必须在发生经营业务确认营业收入时开具发票，未发生经营业务一律不准开具发票。任何单位和个人不得有以下虚开发票行为：为他人、为自己开具与实际经营业务情况不符的发票；让他人为自己开具与实际经营业务情况不符的发票；介绍他人开具与实际经营业务情况不符的发票。

为进一步加强增值税发票管理，自 2017 年 7 月 1 日起，购买方为企业的，索取增值税普通发票时，应向销售方提供纳税人识别号或统一社会信用代码；销售方为其开具增值税普通发票时，应在"购买方纳税人识别号"栏填写购买方的纳税人识别号或统一社会信用代码。不符合规定的发票，不得作为税收凭证。这里所称的企业，包括公司、非公司制企业法人、企业分支机构、个人独资企业、合伙企业和其他企业。销售方开具增值税发票时，发票内容应按照实际销售情况如实开具，不得根据购买方要求填开与实际交易不符的内容。销售方开具发票时，通过销售平台系统与增值税防伪税控系统后台对接，导入相关信息开票的，系统导入的开票数据内容应与实际交易相符，如不相符应及时修改并完善销售平台系统。

任何单位和个人应当按照发票管理规定使用发票，不得有以下行为：①转借、转让、介绍他人转让发票、发票监制章和发票防伪专用品；②知道或应当知道是私自印制、伪造、变造、非法取得或废止的发票仍受让、开具、存放、携带、邮寄、运输；③拆本使用发票；④扩大发票使用范围；⑤以其他凭证代替发票使用。税务机关应当提供查询发票真伪的便捷渠道。

除国务院税务主管部门规定的特殊情形外，发票限于领购单位和个人在本省、自治区、直辖市内开具。除国务院税务主管部门规定的特殊情形外，任何单位和个人不得跨规定使用区域携带、邮寄、运输空白发票；禁止携带、邮寄或运输空白发票出入境。

开具发票的单位和个人应当建立发票使用登记制度，设置发票登记簿，并定期向主管税务机关报告发票使用情况。开具发票的单位和个人应当在办理变更或注销税务登记的同时，办理发票和发票领购簿的变更、缴销手续。

使用发票的单位和个人应当妥善保管发票。发生发票丢失情形时，应当于发现丢失当日书面报告税务机关，并登报声明作废；开具发票的单位和个人应当按照税务机关的规定存放并保管发票，不得擅自损毁；已经开具的发票存根联和发票登记簿，应当保存 5 年，保存期满，报经税务机关查验后销毁。

三、增值税专用发票的使用流程

增值税专用发票（以下简称专用发票）是增值税一般纳税人销售货物或提供应税劳务开具的发票，是购买方支付增值税税额并可按照增值税有关规定据以抵扣增值税进项税额的凭证。增值税专用发票的使用包括领购、开具、缴销、认证纸质专用发票及其相应的数据电文。

（一）领购专用设备

一般纳税人应通过增值税防伪税控系统（以下简称防伪税控系统）使用增值税专用发票，所以应先购置防伪税控系统专用设备。防伪税控系统是指经国务院同意推行的，使用专用设备和通用设备，运用数字密码和电子存储技术管理增值税专用发票的计算机管理系统。专用设备是指金税卡、IC 卡、读卡器和其他设备；通用设备是指计算机、打印机、扫描器具和其他设备。

（二）申请增值税专用发票的最高开票限额

增值税专用发票实行最高开票限额管理。最高开票限额由一般纳税人申请，税务机关依法审批。一般纳税人申请增值税专用发票最高开票限额时，需要填报并提交税务行政许可申请表、最高开票限额申请表（见表 1-4），并等待税务机关进行实地核验。最高开票限额是指单份增值税专用发票开具的销售额合计数不得达到的上限额度。最高开票限额的审批权限为区县级税务机关，地市级税务机关对此项工作要进行监督检查。防伪税控系统的具体发行工作由区县级税务机关负责。

表1-4 最高开票限额申请表

	纳税人名称		纳税人识别号	
	地 址		联系电话	
申请事项 (由纳税人填写)	购票人信息			
	申请增值税专用发票(增值税防伪税控系统)最高开票限额	□初次 □变更 (请选择一个项目并在□内打"√") □一亿元 □一千万元 □一百万元 □十万元 □一万元 □一千元 (请选择一个项目并在□内打"√")		
	申请理由: 经办人(签字):　　　　　　　　　　　　　　　　　　　　纳税人(印章) 　　　　　年　月　日　　　　　　　　　　　　　　　　　　　　　年　月　日			
区县税务机关意见	发票种类		批准最高开票限额	
	增值税专用发票(增值税税控系统)			
	增值税普通发票(增值税税控系统)			
	经办人(签字):　　　　　批准人(签字):　　　　　　　　税务机关(印章) 年　月　日　　　　　　　　年　月　日　　　　　　　　　　年　月　日			

(三)增值税专用发票的初始发行

一般纳税人领购专用设备后,凭最高开票限额申请表、发票领购簿到主管税务机关办理初始发行。初始发行是指主管税务机关将一般纳税人的有关信息载入空白金税卡和IC卡的行为。

需要载入空白金税卡和IC卡的一般纳税人的信息有:①企业名称;②税务登记代码;③开票限额;④购票限量;⑤购票人员姓名、密码;⑥开票机数量;⑦国家税务总局规定的其他信息。一般纳税人税务登记代码信息发生变化的,应向主管税务机关申请注销发行;上列除税务登记代码以外的信息发生变化的,应向主管税务机关申请变更发行。

(四)领购增值税专用发票

一般纳税人凭发票领购簿、IC卡和经办人身份证明领购增值税专用发票。一般纳税人有下列情形之一的,不得领购增值税专用发票。

① 会计核算不健全,不能向税务机关准确提供增值税销项税额、进项税额、应纳税额数据及其他有关增值税税务资料的。其他有关增值税税务资料的内容,由省、自治区、直辖市和计划单列市税务局确定。

② 有《税收征管法》规定的税收违法行为,拒不接受税务机关处理的。

③ 有以下所列行为之一,经税务机关责令限期改正而仍未改正的:虚开增值税专用发票;私自印制增值税专用发票;向税务机关以外的单位和个人买取增值税专用发票;借用他人增值税专用发票;未按规定开具增值税专用发票;未按规定保管增值税专用发票和专用设备;未按规定申请办理防伪税控系统变更发行;未按规定接受税务机关检查。

有上列情形的,如果已领购增值税专用发票,则主管税务机关应暂扣其结存的增值税专用发票和IC卡。

(五)开具增值税专用发票

一般纳税人销售货物或提供应税劳务,应向购买方开具增值税专用发票。一般纳税人销售货物或提供应税劳务可汇总开具增值税专用发票。汇总开具增值税专用发票的，应同时使用防伪税控系统开具销售货物或提供应税劳务清单，并加盖财务专用章或发票专用章。增值税小规模纳税人（以下简称小规模纳税人）需要开具增值税专用发票的，可向主管税务机关申请代开。

增值税专用发票应按下列要求开具。

① 项目齐全，与实际交易相符。
② 字迹清楚，不得压线、错格。
③ 发票联和抵扣联加盖财务专用章或发票专用章。
④ 按照增值税纳税义务的发生时间开具。

对不符合上列要求的增值税专用发票，购买方有权拒收。

商业企业一般纳税人零售的烟、酒、食品、服装、鞋帽（不包括劳保专用部分）、化妆品等消费品不得开具增值税专用发票；销售免税货物不得开具增值税专用发票（法律、法规及国家税务总局另有规定的除外）。

（六）保管增值税专用发票

纳税人应设专门地点和场所保管发票。有下列情形之一的，为未按规定保管增值税专用发票和专用设备。

① 未设专人保管增值税专用发票和专用设备。
② 未按税务机关要求存放增值税专用发票和专用设备。
③ 未将认证相符的增值税专用发票抵扣联、认证结果通知书和认证结果清单装订成册。
④ 未经税务机关查验，擅自销毁增值税专用发票基本联次。

（七）认证增值税专用发票

增值税专用发票的认证是税务机关通过防伪税控系统对增值税专用发票所列数据的识别、确认。增值税专用发票抵扣联无法认证的，可持增值税专用发票的发票联到主管税务机关认证，增值税专用发票的发票联复印件留存备查。用于抵扣增值税进项税额的增值税专用发票应经税务机关认证相符（国家税务总局另有规定的除外）。认证相符是指纳税人识别号无误且增值税专用发票所列密文解译后与明文一致。认证相符的增值税专用发票应作为购买方的记账凭证，不得退还销售方。

经认证，有下面所列情形之一的，不得作为增值税进项税额的抵扣凭证，税务机关退还原件：①无法认证（指增值税专用发票所列密文或明文不能辨认，无法产生认证结果）；②纳税人识别号认证不符（指增值税专用发票所列购买方纳税人识别号有误）；③增值税专用发票代码、号码认证不符（指增值税专用发票所列密文解译后与明文的代码或号码不一致）。

经认证，有下面所列情形之一的，暂不得作为增值税进项税额的抵扣凭证，税务机关扣留原件，查明原因，分情况进行处理：①重复认证（指已经认证相符的同一张增值税专用发票再次认证）；②密文有误（指增值税专用发票所列密文无法解译）；③认证不符（指纳税人识别号有误或增值税专用发票所列密文解译后与明文不一致）；④列为失控增值税专用发票（指认证时的增值税专用发票已被登记为失控增值税专用发票）。

（八）抄税、报税

一般纳税人开具增值税专用发票应先抄税后报税。

抄税是指报税前用 IC 卡，或者 IC 卡和软盘抄取开票数据电文；报税是指纳税人持 IC 卡，或者 IC 卡和软盘向税务机关报送开票数据电文。一般纳税人开具增值税专用发票应在增值税纳税申报期内向主管税务机关报税，在申报所属月份内可分次向主管税务机关报税。因 IC 卡、软盘质量问题等无法报税的，应更换 IC 卡、软盘；因硬盘损坏、更换金税卡等不能正常报税的，应提供已开具但未向税务机关报税的增值税专用发票记账联原件或复印件，由主管税务机关补采开票数据。

（九）作废和缴销增值税专用发票

一般纳税人在开具增值税专用发票当月，发生销货退回、开票有误等情形，收到退回的发票联、抵扣联符合作废条件的，按作废处理；开具时发现有误的，可即时作废。作废增值税专用发票需要在防伪税控系统中将相应的数据电文按"作废"处理，在纸质增值税专用发票（含未打印的增值税专用发票）各联次上注明"作废"字样，全联次留存。同时具有下列情形的，为作废条件。

① 收到退回的发票联、抵扣联时间未超过销售方开票当月。
② 销售方未抄税并且未记账。
③ 购买方未认证或认证结果为"纳税人识别号认证不符""专用发票代码、号码认证不符"。

缴销增值税专用发票是指主管税务机关在纸质专用发票监制章处按 V 形剪角作废，同时作废相应的增值税专用发票数据电文。被缴销的纸质增值税专用发票应退还纳税人。一般纳税人注销税务登记或转为小规模纳税人，应将专用设备和结存未用的纸质增值税专用发票送交主管税务机关，主管税务机关应缴销其增值税专用发票，并按有关安全管理的要求处理专用设备。

四、电子发票的法律地位和应用

自 2015 年 12 月起，在全国范围推行通过增值税发票管理新系统（以下简称新系统）开具增值税电子普通发票。

2015 年税务总局发布《国家税务总局关于推行通过增值税电子发票系统开具的增值税电子普通发票有关问题的公告》（国家税务总局公告 2015 年第 84 号），推行通过新系统开具增值税电子普通发票。公告中明确说明，增值税电子普通发票的开票方和受票方需要纸质发票的，可以自行打印增值税电子普通发票的版式文件，其法律效力、基本用途、基本使用规定等与税务机关监制的增值税普通发票相同。

2015 年财政部、国家档案局修订《会计档案管理办法》，明确包括电子发票在内满足规定的电子会计资料，可形成电子会计档案入账。

为落实中办、国办《关于进一步深化税收征管改革的意见》要求，全面推进税收征管数字化升级和智能化改造，降低征纳成本，自 2021 年 12 月 1 日起，国家税务总局陆续在全国开展全面数字化的电子发票（简称数电票），数电票不以纸质形式存在，不用介质支撑，无须申请领用、发票验旧及申请增版增量。数电票的法律效力、基本用途等与现有纸质发票相同。其中，带有"增值税专用发票"字样的数电票，其法律效力、基本用途与现有增值税专用发票相同；带有"普通发票"字样的数电票，其法律效力、基本用途与现有普通发票相同。

任务三　购置税控装置及会计核算

一、购置税控装置

《税收征管法》规定，国家根据税收征收管理的需要，积极推广使用税控装置。纳税人应当按照规定安装、使用税控装置,并按照税务机关的规定报送有关数据和资料,不得损毁或擅自改动税控装置。

税控装置是指由国家法定机关依法指定企业生产、安装、维修,由国家法定机关依法实施监管,具有税收监控功能和严格的物理、电子保护的计税装置,是进行税收源泉控管的工具。目前,已推行的税控装置主要有税控收款机、税控加油机、防伪税控系统和出租车税控计价器4类。税控装置适用对象主要是以流转额为课税对象的纳税人,即缴纳增值税、消费税的纳税人。安装使用税控装置,最终要达到的目标是运用现代化手段实现自行申报、按期缴纳,同时提高征税工作效率,减少税款流失。

纳税人在办理完发票核定后,按照自行选择使用的发票种类和税控装置的品牌型号,填写税控装置选购登记表,并签字盖章。税务机关对其核准后签字盖章(主管税务机关印章)交给服务商,服务商凭此为纳税人提供税控装置产品和办理税控初始化及上门安装等服务。

二、初次购买税控装置的税收优惠

国家对税控装置的购置使用给予适当的税收优惠。为减轻纳税人负担,经国务院批准,自2011年12月1日起,增值税纳税人购买增值税防伪税控系统专用设备支付的费用及缴纳的技术维护费(以下称二项费用)可在增值税应纳税额中全额抵减。增值税纳税人支付的两项费用在增值税应纳税额中全额抵减的,其增值税专用发票不作为增值税抵扣凭证,其进项税额不得从销项税额中抵扣。

① 增值税纳税人在2011年12月1日及以后初次购买增值税防伪税控系统专用设备(包括分开票机)支付的费用,可凭购买增值税防伪税控系统专用设备取得的增值税专用发票在增值税应纳税额中全额抵减(抵减额为价税合计额),不足抵减的可结转下期继续抵减。增值税纳税人非初次购买增值税防伪税控系统专用设备支付的费用,由其自行负担,不得在增值税应纳税额中抵减。

② 增值税纳税人在2011年12月1日及以后缴纳的技术维护费(不含补交的2011年11月30日以前的技术维护费),可凭技术维护服务单位开具的技术维护费发票在增值税应纳税额中全额抵减,不足抵减的可结转下期继续抵减。技术维护费按照价格主管部门核定的标准执行。

③ 纳税人购买的增值税防伪税控系统专用设备自购买之日起3年内因质量问题无法正常使用的,由专用设备供应商负责免费维修,无法维修的免费更换。

三、税控装置的会计核算与纳税申报

(一)税控装置的会计核算

财政部《关于印发<增值税会计处理规定>的通知》(财会〔2016〕22号)规定:按现行增值税制度规定,企业初次购买增值税防伪税控系统专用设备支付的费用及交纳的技术维护费允许在增值税应纳税额中全额抵减的,按规定抵减的增值税应纳税额,借记"应交税费——应交增值税(减免税款)"科目(小规模纳税人应借记"应交税费——应交增值税"科目),贷记"管理费用"等科目。

例 1-1 2024年8月,A公司开业登记为增值税一般纳税人,购置金税盘,金额(含税)为200元,并缴纳技术维护费280元。以银行存款支付。

（1）支付金税盘、技术维护费时

借：管理费用　　　　　　　　　　　　　　　　　　　　　480

　　贷：银行存款　　　　　　　　　　　　　　　　　　　　480

（2）全额扣减增值税时

借：应交税费——应交增值税（减免税款）　　　　　　　　480

　　贷：管理费用　　　　　　　　　　　　　　　　　　　　480

例 1-2　2024 年 8 月，A 公司开业登记为增值税小规模纳税人，购置金税盘，金额（含税）为 200 元，并缴纳技术维护费 280 元。以银行存款支付。

（1）支付金税盘、技术维护费时

借：管理费用　　　　　　　　　　　　　　　　　　　　　480

　　贷：银行存款　　　　　　　　　　　　　　　　　　　　480

（2）全额扣减增值税时

借：应交税费——应交增值税　　　　　　　　　　　　　　480

　　贷：管理费用　　　　　　　　　　　　　　　　　　　　480

（二）税控装置的纳税申报

纳税人在填写纳税申报表时，对可在增值税应纳税额中全额抵减的增值税防伪税控系统专用设备费用及技术维护费，应按以下要求填报。

① 增值税一般纳税人将抵减金额填入增值税及附加税费申报表（一般纳税人适用）第 23 栏"应纳税额减征额"。当本期减征额小于或等于第 19 栏"应纳税额"与第 21 栏"简易计税办法计算的应纳税额"之和时，按本期减征额实际填写；当本期减征额大于第 19 栏"应纳税额"与第 21 栏"简易计税办法计算的应纳税额"之和时，按本期第 19 栏与第 21 栏之和填写，本期减征额不足抵减部分结转下期继续抵减。

② 小规模纳税人将抵减金额填入增值税及附加税费申报表（小规模纳税人适用）第 16 栏"本期应纳税额减征额"。当本期减征额小于或等于第 15 栏"本期应纳税额"时，按本期减征额实际填写；当本期减征额大于第 15 栏"本期应纳税额"时，按本期第 15 栏填写，本期减征额不足抵减部分结转下期继续抵减。

主管税务机关要加强纳税申报环节的审核，纳税人申报抵减税款的，应重点审核其是否重复抵减和抵减金额是否正确。

四、纳税会计核算

纳税会计是社会经济发展到一定阶段而产生的。从理论上说，纳税会计是以企业为核算主体，以税收法律为准绳，以货币为计量单位，运用会计学的基本理论和核算方法，连续、系统、全面地对企业经济活动中税款的形成、计算、缴纳和退还进行反映与监督的一种管理活动。

（一）企业纳税会计核算的基本前提

1. 纳税会计主体

纳税会计主体是指税法规定的直接负有纳税义务的特定主体，该主体必须从事税法规定的应税业务，独立承担纳税义务，运用会计手段反映纳税活动。

2. 持续经营

持续经营是指该纳税会计主体将继续在足够长的时间内经营下去，以实现其现在的承诺。企业纳税会计应该建立在企业连续经营、非清算的基础上，按照原来的用途使用现有资产，采用税法规定的会计处理方法确定核算企业的收入、成本和利润。

3. 货币时间价值

货币时间价值是指货币在企业经营周转过程中，由于时间因素而产生的差额价值。这是税收立法、税收征管的基点。因此，各税种都明确了纳税义务发生时间的确认原则、申报期限、缴库期限等。同时，企业的应纳税款必须以货币为计量单位，及时足额缴纳入库。

4. 纳税会计分期

纳税会计分期是指将纳税会计主体持续不断的生产经营活动划分为一定期间，据以及时计算、缴纳税款，结算账目和编制会计报告，进而披露企业的纳税会计信息。

纳税人在一个纳税年度的中间开业，或者由于合并、关闭等，使该纳税年度的实际经营期限不足12个月的，应当以其实际经营期限为一个纳税年度。纳税人清算时，应当以清算期间作为一个纳税年度。纳税人必须在税法规定的范围内选择和确定纳税年度。

（二）纳税会计处理原则

1. 遵从税法原则

纳税会计在核算和监督企业的纳税活动时，必须以税法为依据，严格遵守税收法律法规的相关规定，正确确定计税依据，准确计算应纳税额，及时上缴税款，严格履行纳税义务。同时，纳税人还必须依照《税收征管法》的要求进行税务登记，建立健全账簿凭证管理制度，严格按照规定使用发票，及时进行纳税申报。

2. 慎用谨慎性原则

企业在处理经济业务时应保持谨慎的态度，以达到规避风险的目的。该原则一般在安排税务计划时运用。为了保证国家的财政收入，税法很少运用谨慎性原则，一般不允许纳税人像财务会计那样预计未来费用，只有在有客观依据表明费用已经发生的情况下才能扣除。税务处理中的应税销售额、应纳税所得额与财务会计确定的销售收入、会计利润不会完全一致。在企业纳税实务中，处理可以预见的损失或费用、不确定的收入或收益时，必须慎用谨慎性原则。

3. 纳税筹划原则

纳税筹划是指纳税人为达到减轻税收负担和实现税收零风险的目的，在税法所允许的范围内，对企业的经营、投资、理财、组织、交易等各项活动进行事先安排的过程。企业的纳税会计在提供准确的纳税资料和信息的同时，要深刻理解税法的精神，认真学习税收法律法规，积极研究纳税筹划，以获得经济利益最大化。

4. 接受监督检查原则

企业纳税实务工作的办理直接关系到国家的财政收入，为了保证国家和企业的权益，企业在进行会计核算时，要特别注重涉税经济业务的会计核算，提供真实的信息和会计资料。企业纳税实务工作提供资料的真实性必须接受税务机关的监督检查，以便及时堵塞漏洞，保证企业应纳税款及时、足额入库。任何违反税收法律法规的行为，都将受到处罚。

（三）纳税会计核算的主要会计科目设置

企业应主要设置"应交税费""税金及附加""所得税费用"等会计科目进行涉税会计业务核算。

1. "应交税费"科目

本科目属于负债类,用来核算企业按照税法等规定计算应缴纳的各种税费,可按应缴纳的税费项目进行明细核算。企业实际缴纳的各项税费记在借方,企业按照税法规定计算的应缴增值税、消费税、企业所得税、资源税、土地增值税、城市维护建设税、房产税、土地使用税、车船税、教育费附加、矿产资源补偿费、环境保护税等记在贷方;本科目期末如果为贷方余额,则反映企业尚未缴纳的税费;期末如果为借方余额,则反映企业多缴或尚未抵扣的税费。企业代扣代缴的个人所得税等,也通过本科目核算。"应交增值税"还应分别设置"进项税额""销项税额""出口退税""进项税额转出""已交税金"等专门科目。

2. "税金及附加"科目

本科目属于损益类,用来核算企业经营活动发生的消费税、城市维护建设税、资源税、教育费附加、环境保护税及房产税、土地使用税、车船使用税、印花税等相关税费。企业按规定计算确定的与经营活动相关的税费,借记本科目,贷记"应交税费"科目;期末,应将本科目余额转入"本年利润"科目,结转后本科目无余额。

3. "所得税费用"科目

"所得税费用"科目相关内容详见项目八任务二。

任务四 纳税申报和税款缴纳

纳税申报流程认知

一、纳税申报流程

纳税申报是纳税人按照税法规定的期限和内容,向税务机关提交有关纳税事项书面报告的法律行为,是纳税人履行纳税义务、界定纳税人法律责任的主要依据。

(一)纳税申报方式

纳税人、扣缴义务人既可以直接到税务机关办理纳税申报或报送代扣代缴、代收代缴税款报告表,也可以按照规定采取邮寄、数据电文或其他方式办理上述申报、报送事项。除直接申报、邮寄申报、数据电文申报之外,实行定期定额缴纳税款的纳税人,可以实行简易申报、简并征期等申报纳税方式。简易申报是指实行定期定额缴纳税款的纳税人在法律、行政法规规定的期限内或税务机关依据法规规定确定的期限内缴纳税款的,税务机关可以视同申报;简并征期是指实行定期定额缴纳税款的纳税人,经税务机关批准,可以采取将纳税期限合并为按季、半年、年的方式缴纳税款。

(二)正常纳税申报流程

纳税人纳税申报流程如图1-3所示。

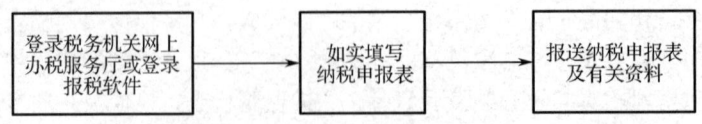

图1-3 纳税人纳税申报流程

1)登录税务机关网上办税服务厅或登录所购置的报税软件,查阅纳税申报方式、时间、内容、申报表等有关资料。

2)如实填写纳税申报表或代扣代缴、代收代缴税款报告表。纳税人的纳税申报表和扣缴义务人的代扣代缴、代收代缴税款报告表的主要内容包括：税种，税目，应纳税项目或应代扣代缴、代收代缴税款项目，计税依据，扣除项目及标准，适用税率或单位税额，应退税项目及税额、应减免税项目及税额，应纳税额或应代扣代缴、代收代缴税额，税款所属期限，延期缴纳税款，欠税，滞纳金等。

3）纳税人、扣缴义务人在主管税务机关确定的申报期限内办理纳税申报，将纳税申报表及相关资料上传税务机关，并缴纳税款。纳税人在纳税期内没有应纳税款的，应当办理零申报；纳税人享受减税、免税待遇的，在减税、免税期间应当办理减免税申报。

企业已经签署银行、税务、企业三方协议的，纳税人纳税申报表及有关资料通过网络申报成功后，直接单击"税款扣缴"按钮，税款即可从银行直接划转入库。

（三）延期申报

凡纳税人和扣缴义务人因不可抗力的作用或客观困难的影响，需要延期申报的，应于其所延期申报税种的纳税期限终了前 5 日内向主管税务机关提出延期申报申请，并填写延期申报申请核准表（见表1-5），经税务机关核准后并向其发送核准延期申报通知书后，可以延期办理纳税申报。延期时限由各省市在最长不超过 3 个月的期限内自行核准。延期期间，纳税人的应纳税款一律不加收滞纳金、不罚款。

表1-5 延期申报申请核准表

纳税人识别号		纳税人（扣缴义务人）名称	
申请延期申报税种	税款所属时期	规定申报期限	申请延期申报的期限
申请延期申报的理由：			
经办人： 年 月 日	法定代表人（负责人）： 年 月 日		纳税人（签章） 年 月 日
以下由税务机关填写			
核准延期申报期限：	年 月 日前		
预缴税款核定方式	□上期实际缴纳税额 □税务机关核定税额		
预缴税种	税 目	税款所属时期	上期实际缴纳税额	核定预缴税额
经办人： 年 月 日	负责人： 年 月 日		税务机关（签章） 年 月 日

（四）零申报

在税务机关办理了税务登记的纳税人、扣缴义务人当期未发生应税行为的，应按照国家税收法律、行政法规和规章的规定，向税务机关办理零申报手续，并注明当期无应税事项。纳税人进行零申报，应在申报期内向主管税务机关正常报送纳税申报表和有关资料，并在纳税申报表上注明"零"或"无收入"字样。

二、税款缴纳流程

（一）税款征收方式

① 查账征收。查账征收是指税务机关根据纳税人会计账簿等财务核算资料，依照税法规定

计算征收税款的方式。它适用于财务制度健全、核算严格规范、纳税意识较强的纳税人。

② 核定征收。核定征收是指税务机关根据纳税人从业人数、生产设备、耗用原材料、经营成本、平均利润率等因素，查定核实其应纳税所得额，据以征收税款的方式。它一般适用于经营规模较小、实行简易记账或会计核算不健全的纳税人。

③ 定期定额征收。定期定额征收是指税务机关根据纳税人自报和一定的审核评议程序，核定其一定时期应税收入和应纳税额，并按月或季度征收税款的方式。它一般适用于生产经营规模小、不能准确计算营业额和所得额的小规模纳税人或个体工商户。

④ 代收代缴、代扣代缴。代收代缴、代扣代缴是指税务机关按照税法规定，对负有代收代缴、代扣代缴税款义务的单位和个人，在其向纳税人收取或支付交易款项的同时，依法从交易款项中扣收纳税人应纳税款并按规定期限和缴库办法申报解缴的税款征收方式。它适用于有代收代缴、代扣代缴税款义务的单位和个人。

⑤ 委托代征。委托代征是指税务机关依法委托有关单位和个人，代其向纳税人征收税款的方式。它主要适用于零星、分散、流动性大的税款征收，如集贸市场税收、车船税等。

⑥ 查验征收。查验征收是指税务机关对纳税人应税商品通过查验数量，按照市场同类产品平均价格，计算其收入并据以征收税款的方式。它一般适用于在市场、车站、码头等场外临时经营的零星、流动性税源。

⑦ 邮寄纳税。邮寄纳税是一种新的纳税方式，主要适用于那些有能力按期纳税，但采用其他方式纳税又不方便的纳税人。

⑧ 其他方式。例如，利用网络申报、IC卡纳税等方式。

（二）正常缴纳税款流程

税款缴纳程序因征收方式的不同而有所不同。

1．纳税人直接申报缴纳税款

纳税人根据税务机关的规定，可分别采取"预储划转""现金缴税""支票缴款"缴库方式。

① "预储划转"缴库方式的程序。纳税人在办税服务厅内所设的银行专柜开设"税款预储"账户，在自行计算出应缴税款后，先将应纳税款转入"税款预储"账户，然后持纳税申报表到办税服务厅办理申报缴税手续，由税务机关开具缴款书或完税证明并通知银行将其应纳税款直接从其"税款预储"账户划转国库。

② "现金缴税"缴库方式的程序。纳税人持现金到办税服务厅申报缴税，税务机关填开缴款书或完税证明交纳税人，纳税人持现金和缴款凭证到办税服务厅内银行专柜办理缴款；纳税人持现金向税务机关缴税，税务机关收款后当即开具完税证明，现金于当日由税务机关汇总缴入国库。

③ "支票缴款"缴库方式的程序。纳税人持纳税申报表和应付税款等额支票向税务机关申报缴税，税务机关审核无误后当即填开完税证明交纳税人，支票由税务机关当日集中送交国库办理缴款。

2．纳税人网上数据电文等方式申报缴纳税款

实行网上申报、电话申报和银行批量扣缴申报的纳税人办理申报纳税程序如下。

1）纳税人在建立银税网络的银行网点开设税款结算账户用于授权银行扣缴应纳税款，纳税人应保证在税务机关规定的纳税期之前在税款结算账户中存足不低于当月应纳税额的存款（也可一次存足数月应纳税额的存款）。

2）纳税人在税务机关规定的申报纳税期限内通过使用申报纳税客户端软件（网上申报方式）

或拨打 12366 电话（电话申报方式）进行申报纳税，银行批量扣缴，不需要纳税人主动申报，而由税务机关通知银行在申报期内直接扣缴税款。纳税人申报成功后，由税务机关通知银行及时扣缴税款并开具税收完税凭证。

3）纳税人申报后如果需要取得完税凭证，则可在申报纳税后的 6 个月内持营业执照副本到开设税款结算账户的银行网点领取。

纳税人未按照规定期限缴纳税款的，扣缴义务人未按照规定期限解缴税款的，税务机关除责令限期缴纳外，从滞纳税款之日起按日加收滞纳税款5‰的滞纳金。

（三）延期缴纳税款流程

纳税人和扣缴义务人必须在税法规定的期限内缴纳、解缴税款。但纳税人因有特殊困难，不能按期缴纳税款的，经省、自治区、直辖市税务局批准，可以延期缴纳税款，但最长不得超过 3 个月。

1）在规定期限内提出书面申请延期。当因不可抗力导致纳税人发生较大损失，或者当期货币资金在扣除应付职工工资、社会保险费后不足以缴纳税款时，纳税人应填写延期缴纳税款申请审批表（见表 1-6）提交主管税务机关。

表 1-6 延期缴纳税款申请审批表　　　　　　　　　　　　元（列至角分）

纳税人识别号				纳税人名称		
申请延期缴纳税款情况	税　种	税款所属时期	应纳税额	申请延期缴纳税额	申请延期缴纳期限	
当期货币资金余额	人民币（大写）			¥		
当期应付职工工资支出预算			当期社会保险费支出预算			
申请延期缴纳税款理由	经办人： 年　月　日		法定代表人（负责人）： 年　月　日		纳税人（签章） 年　月　日	
税务机关审批意见						
管理部门意见			县（区）税务机关意见			
税　种	延期缴纳税额	延期缴纳期限	税　种	延期缴纳税额	延期缴纳期限	
经办人：　负责人：　税务机关（签章） 年　月　日　　年　月　日			经办人：　负责人：　税务机关（签章） 年　月　日　　年　月　日			
（地）市级税务机关审核意见			省级税务机关批准意见			
税　种	延期缴纳税额	延期缴纳期限	税　种	延期缴纳税额	延期缴纳期限	
经办人：　负责人：　税务机关（签章） 年　月　日　　年　月　日			经办人：　负责人：　税务机关（签章） 年　月　日　　年　月　日			

2）主管税务机关审核无误后，必须经省、自治区、直辖市税务局批准方可延期缴纳税款。批准延期时限内免予加收滞纳金。

三、税款的减免税程序

减免税是指国家对特定纳税人或征税对象，给予减轻或免除税收负担的一种税收优惠措施，包括税基式减免、税率式减免和税额式减免3类，不包括出口退税和财政部门办理的减免税。减免税分为核准类减免税和备案类减免税。

纳税人依法可以享受减免税待遇，但是未享受而多缴税款的，纳税人可以在《税收征管法》规定的期限内申请减免税，要求退还多缴的税款。

纳税人享受核准类或备案类减免税的，对符合政策规定条件的材料有留存备查的义务。纳税人在税务机关后续管理中不能提供相关印证材料的，不得继续享受税收减免，追缴已享受的减免税款，并依照《税收征管法》的有关规定处理。

（一）核准类减免税程序

核准类减免税是指法律、法规规定应由税务机关核准的减免税项目。

1）纳税人申请。纳税人享受核准类减免税的，应当在政策规定的减免税期限内，向税务机关提出书面申请，并按要求提交核准材料，经依法具有批准权限的税务机关按《税收减免管理办法》（国家税务总局公告2015年第43号）规定核准确认后执行。未按规定申请或虽申请但未经有批准权限的税务机关核准确认的，纳税人不得享受减免税。

2）等待税务机关核准。税务机关收到纳税人的减免税申请后，应进行认真审核。税务机关受理或不予受理减免税申请，应当出具加盖本机关专用印章和注明日期的书面凭证。减免税的审核是对纳税人提供的材料与减免税法定条件的相关性进行审核，不改变纳税人真实申报责任。减免税申请符合法定条件、标准的，税务机关应当在规定的期限内做出准予减免税的书面决定；依法不予减免税的，应当说明理由，并告知纳税人享有依法申请行政复议及提起行政诉讼的权利。

纳税人在减免税书面核准决定未下达之前应按规定进行纳税申报。纳税人在减免税书面核准决定下达之后，所享受的减免税应当进行申报。纳税人享受减免税的情形发生变化时，应当及时向税务机关报告，税务机关对纳税人的减免税资质进行重新审核。

（二）备案类减免税程序

备案类减免税是指不需要税务机关核准的减免税项目。

纳税人享受备案类减免税，应当具备相应的减免税资质，并履行规定的备案手续。

1）备案类减免税的实施既可以按照减轻纳税人负担、方便税收征管的原则，要求纳税人在首次享受减免税的申报阶段在纳税申报表中附列或附送材料进行备案，也可以要求纳税人在申报征期后的其他规定期限内提交报备资料进行备案。

2）税务机关在纳税人首次减免税备案或变更减免税备案后，应及时开展后续管理工作，对纳税人减免税政策适用的准确性进行审核。对政策适用错误的，告知纳税人变更备案；对不应当享受减免税的，追缴已享受的减免税款，并依照《税收征管法》的有关规定处理。

工作完成情况

通过研读《税收征管法》、咨询税务师事务所和税务机关，王力很快准备了开业税务登记的资料，办理了企业税务信息补充登记及会计制度和银行账户备案，领取了发票领购簿和增值税发票。

专家评价

能够研读《税收征管法》并向专业人员咨询,为顺利办理开业税务登记打下了基础。

技能训练

试题自测

一、判断题

1. 生产经营规模小,确无建账能力的纳税人,只能聘请经批准从事会计代理记账业务的专业机构或经税务机关认可的财务人员代为建账和办理账务。( )
2. 纳税人未发生经营业务,一律不准开具发票。( )
3. 发票实行最高开票限额管理。( )
4. 一般纳税人应当通过增值税防伪税控系统使用专用发票。( )
5. 小规模纳税人以外的纳税人可以向主管税务机关申请一般纳税人资格登记。( )
6. 税务机关收到税款后,应当向纳税人开具完税凭证。纳税人通过银行缴纳税款的,税务机关可以委托银行开具完税凭证。( )
7. 增值税专用发票的认证是税务机关通过增值税防伪税控系统对增值税专用发票所列数据的识别、确认。( )
8. 报税是指用 IC 卡,或者 IC 卡和软盘抄取开票数据电文。( )
9. 纳税人如果在申报期内没有收入,则可以不办理纳税申报。( )
10. 纳税人因有特殊困难,经县级税务局批准,可以延期缴纳税款。( )
11. 电子发票可以作为会计记账的原始凭证。( )
12. 开具发票的单位和个人可以根据自己的具体情况随时变更发票核定内容。( )
13. 单位和个人取得电子发票后,可作为财务报销凭证,及时入账。( )
14. 增值税电子普通发票的受票方需要纸质发票的,可以自行打印增值税电子普通发票的版式文件。( )
15. 企业缴纳的增值税防伪税控系统专用设备技术维护费允许全额抵减增值税,贷记"管理费用"科目。( )

二、单选题

1. 自领取营业执照之日起( )内,纳税人应持有关证件到税务机关进行涉税基础信息补充登记。
   A. 15 日   B. 30 日   C. 60 日   D. 90 日
2. 企业涉税基础信息发生变化的,由企业直接向税务机关申报( ),并及时更新税务系统中的企业信息。
   A. 开业   B. 变更   C. 注销   D. 注册
3. "五证合一、一照一码"工商登记制度实行后,应在领取营业执照之日起( )内将其财务、会计制度或财务、会计处理办法报送主管税务机关备案。
   A. 10 日   B. 15 日   C. 20 日   D. 30 日
4. 法律、行政法规法定负有"代扣代缴、代收代缴"税款义务的单位和个人称为( )。
   A. 纳税人   B. 代扣代缴税款义务人

C．代收代缴税款义务人　　　　D．扣缴义务人

5．企业缴纳的技术维护费，扣减增值税时，贷记（　　）科目。
　　A．"固定资产"　　B．"管理费用"　　C．"递延税款"　　D．"累计折旧"

6．从事生产、经营的纳税人应当按照国家有关规定，持营业执照在银行或其他金融机构开立基本存款账户和其他存款账户，并将其（　　）账号向税务机关报告。
　　A．基本存款　　B．一般存款　　C．临时存款　　D．全部

7．纳税人因有特殊困难，不能按期缴纳税款的，经省级税务机关批准，可以延期缴纳税款，但最长不得超过（　　）。
　　A．6个月　　B．3个月　　C．12个月　　D．1个月

8．增值税防伪税控系统（　　）是指金税卡、IC卡、读卡器和其他设备。
　　A．专用设备　　B．通用设备　　C．硬件设备　　D．设备

9．一般纳税人领购专用设备后，需要到税务机关办理（　　）。
　　A．初始发行　　B．抄税、报税　　C．纳税申报　　D．比对

10．税务机关征收税款时，必须给纳税人开具（　　）。
　　A．发票　　B．收据　　C．代收税款凭证　　D．完税凭证

11．根据税收优惠，一般纳税人初次购买增值税防伪税控系统专用设备（　　）。
　　A．支付的费用允许在增值税应纳税额中全额抵减
　　B．支付的费用不允许在增值税应纳税额中全额抵减
　　C．支付的增值税不允许在增值税应纳税额中抵减
　　D．支付的增值税允许在增值税销项税额中抵扣

12．税控装置适用对象主要是以（　　）为课税对象的纳税人。
　　A．所得额　　B．流转额　　C．自然资源　　D．财产

13．"五证合一、一照一码"工商登记制度实行后，将原五证代码统一为一个（　　），加载在营业执照上。
　　A．组织机构代码证号　　　　B．社保登记证号
　　C．税务登记证号　　　　　　D．统一社会信用代码

14．自2015年12月起在全国范围推行通过增值税发票管理新系统开具（　　）发票。
　　A．增值税网络　　　　　　　B．增值税电子普通
　　C．增值税电子专用　　　　　D．增值税普通

15．（　　）是用IC卡，或者IC卡和软盘抄取开票数据电文。
　　A．抄税　　B．报税　　C．认证　　D．比对

三、多选题

1．单位和个人（　　）属于虚开发票行为。
　　A．为他人、为自己开具与实际经营业务情况不符的发票
　　B．让他人为自己开具与实际经营业务情况不符的发票
　　C．介绍他人开具与实际经营业务情况不符的发票
　　D．以其他凭证代替发票使用

2．纳税人凭（　　）领购增值税专用发票。
　　A．纳税人公章　　　　　　　B．发票领购簿
　　C．IC卡　　　　　　　　　　D．经办人身份证明

项目一　熟悉纳税工作流程

3．根据《税收征管法》及其实施细则的规定，税款征收的方式包括（　　　　）。
　　A．代扣代缴　　　　　　　　B．查验征收
　　C．邮寄申报纳税　　　　　　D．纳税申报
4．兼有销售货物、提供加工修理修配劳务及应税服务，且不经常发生应税行为的（　　　　）可选择按照小规模纳税人纳税。
　　A．非企业性单位　　　　　　B．个体工商户
　　C．企业　　　　　　　　　　D．个体工商户以外的其他个人
5．"五证合一、一照一码"，即营业执照的注册号、（　　　　）统一为一个代码，加载标注在营业执照上。
　　A．组织机构代码证号　　　　B．税务登记证号
　　C．统计证号　　　　　　　　D．社保登记证号
6．目前已推行的税控装置主要有（　　　　）。
　　A．税控打印机　　　　　　　B．税控加油机
　　C．税控收款机　　　　　　　D．出租车税控计价器
7．税务登记证件的使用要求是（　　　　）。
　　A．只限本人使用　　　　　　B．可以转借他人
　　C．不得损毁、涂改　　　　　D．不得伪造或买卖
8．发票管理的内容包括发票的（　　　　）。
　　A．印刷和开具　　　　　　　B．领购和保管
　　C．取得和缴销　　　　　　　D．处理和销毁
9．发票的使用要求包括（　　　　）。
　　A．不得转借、转让、代开发票
　　B．未经批准，不得拆本使用发票
　　C．不得扩大增值税专业发票的使用范围
　　D．禁止倒买、倒卖发票
10．增值税防伪税控系统的专用设备包括（　　　　）。
　　A．金税卡　　B．IC卡　　C．申报软件　　D．发票打印机
11．必须载入空白金税卡和IC卡的一般纳税人的信息有（　　　　）。
　　A．开票限额　　B．税务登记号　　C．企业名称　　D．计算机数量
12．经认证，（　　　　）的，不得作为增值税进项税额的抵扣凭证，税务机关退还增值税专用发票原件。
　　A．无法认证　　　　　　　　B．增值税专用发票代码认证不符
　　C．纳税人识别号认证不符　　D．密文有误
13．经认证，（　　　　）的，暂不得作为增值税进项税额的抵扣凭证，税务机关扣留增值税专用发票原件。
　　A．无法认证　　B．重复认证　　C．号码不符　　D．认证不符
14．增值税电子普通发票的（　　　　）需要纸质发票的，可以打印增值税电子普通发票的版式文件。
　　A．开票方　　B．受票方　　C．税务机关　　D．运输方

15. 一般纳税人有（　　　）之一的，不得领购开具增值税专用发票。
　　A. 会计核算不健全的
　　B. 有《税收征管法》规定的税收违法行为，拒不接受税务机关处理的
　　C. 虚开增值税专用发票，经税务机关责令限期改正而仍未改正的
　　D. 向税务机关以外的单位和个人买取专用发票的

四、业务题

1. 华美公司属于小规模纳税人，在 2024 年 8 月 5 日，以银行存款支付技术服务费（含税）180 元。

要求：根据经济业务编制支付时、享受税务优惠时的会计分录。

2. 胜利公司开业登记为一般纳税人，在 2024 年 8 月 10 日购置金税盘，金额 200 元（含税）。以银行存款支付。

要求：根据经济业务编制购置时、享受税务优惠时的会计分录。

五、综合实训题

实训 1

实训目的：会其他涉税基础信息补充登记；会填制增值税一般纳税人登记表。

实训方式：模拟企业填制增值税一般纳税人登记表。

实训要求：填制增值税一般纳税人登记表。

实训准备：增值税一般纳税人登记表（单位纳税人）。

实训资料：华美有限公司经河北省×市北市区裕华路工商所批准，于 2024 年 5 月 10 日取得企业法人营业执照，注册号为 911306022013081001，经营期限 30 年；法人代表李丽，从业人数 40 人；注册地址为×市裕华路 3001 号，邮政编码 071000，电话号码 0310-2222222；开户银行为工商银行裕华路分理处，账号为 03092004011000708888；经营范围为零售、批发服装；注册资本为 150 万元人民币。

实训 2

实训目的：初步了解新成立企业中的会计人员应当完成的工作。

实训方式：组织学生到校外实习基地进行参观，与会计人员或税务人员座谈。

实训要求：

（1）了解企业纳税工作流程。

（2）掌握新成立企业在领取营业执照后纳税申报前应完成哪些工作。

项目二

增值税实务

学习目标

通过增值税实务的学习,学生应学会增值税的会计处理、纳税申报等实务技能。增强学生正确使用增值税发票的法律意识,引导学生通过社会实践关注现实问题,培育诚信服务、德法兼备的职业素养。

工作过程

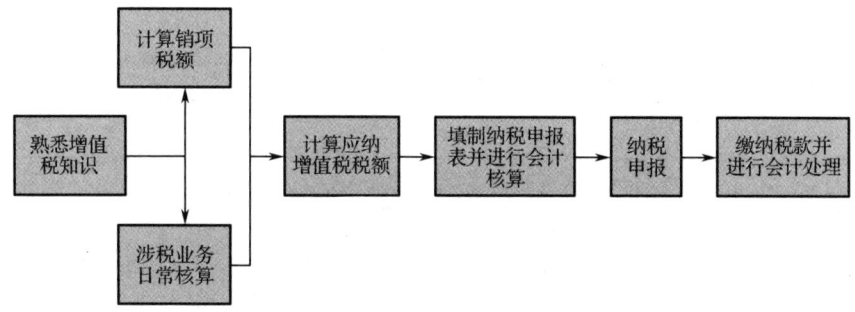

增值税事宜的办理

场景介绍	保定弘扬印刷厂属于增值税一般纳税人,主营书刊、写字本等印刷业务,2024 年 9 月 13 日向其主管税务机关申报 2024 年 8 月的增值税。2024 年 8 月发生如下业务。 1)3 日,接受保定旅游出版社委托,自行购买纸张,印刷有统一书号的图书。购买纸张取得的增值税专用发票上注明金额为 2 000 000 元。纸张已入库,货款以银行存款支付。增值税专用发票已通过税务机关认证。原始凭证如表 2-1、表 2-2、表 2-3 所示。 2)10 日,向保定旅游出版社提交所委托印刷的图书,开具的增值税专用发票上注明金额为 2 900 000 元。货款尚未收到。原始凭证如表 2-4 和表 2-5 所示。

(续表)

场景介绍	3）10 日，接受邢台新东方报社委托，印刷有统一刊号的报纸，纸张由邢台新东方报社提供，报社提供的纸张成本为 500 000 元，收取加工费和代垫辅料款。12 日，向该报社开具的增值税专用发票上注明金额为 200 000 元。货款已存入银行。原始凭证如表 2-6 和表 2-7 所示。 4）12 日，用支票支付运费 20 000 元及增值税，取得增值税专用发票。原始凭证如表 2-8、表 2-9 所示。 5）接受保定向阳中学委托，印刷会议记录本和练习本，自行购买纸张。12 日，购买纸张，取得的增值税专用发票（已认证）上注明的价款为 400 000 元和增值税税额为 52 000 元。货款已付，纸张已验收入库。20 日，向该学校提交货物，开具的普通发票上注明的含税金额为 565 000 元。货款尚未收到。原始凭证如表 2-10、表 2-11、表 2-12、表 2-13、表 2-14 所示。 6）25 日，销售印刷过程中产生的纸张边角废料，取得含税收入 3 000 元，已收款。26 日，购买其他印刷用材料，取得的增值税专用发票上注明的金额为 300 000 元（已认证），以银行存款支付（原始凭证略）。 7）月末盘点时发现部分库存纸张因保管不善而潮湿霉烂，成本为 5 700 元（见表 2-15）
工作目标	进行日常涉税业务会计处理；计算增值税应纳税额；填制增值税纳税申报表；进行纳税申报，缴纳税款并做会计处理
所需知识	增值税法律知识、增值税会计核算知识
已具备知识和技能	知识储备：增值税法律知识，包括纳税人、征税范围、税率、计税依据、应纳税额的计算方法、纳税义务发生时间、纳税期限、纳税地点、税收优惠。 技能储备：增值税应纳税额的计算

表 2-1

动态二维码	电子发票（增值税专用发票）	发票号码：20010001 开票日期：2024 年 08 月 03 日

购买方信息	名称：保定弘扬印刷厂	销售方信息	名称：保定市绿色造纸厂
	统一社会信用代码/纳税人识别号：911306028806025881		统一社会信用代码/纳税人识别号：911306055536125991

项目名称	规格型号	单位	数量	单价	金额	税率/征收率	税额
*纸制品*纸		刀	10000	200.00	2000000.00	13%	260000.00
合　计					¥2000000.00		¥260000.00
价税合计（大写）	⊗ 贰佰贰拾陆万圆整				（小写）¥2260000.00		
备注							

开票人：王强

项目二 增值税实务

表 2-2

中国建设银行单位客户专用回单

转账日期：2024 年 08 月 03 日　　　　　凭证字号：202208032004031201

付款人	全　称	保定弘扬印刷厂	收款人	全　称	保定市绿色造纸厂	借方回单
	账　号	130601000555666001		账　号	130601000444786001	
	开户行	工商银行红旗路分理处		开户行	工商银行保定平安支行	
金额	人民币（大写）贰佰贰拾陆万元整			（小写）¥2260000.00		
凭证种类	电子转账凭证		凭证号码			
结算方式	转账		用　途	购买纸张		
			打印柜员：130600010001			
			打印机构：保定第一支行			
			打印卡号：130601000555666001			

（中国建设银行 电子回单专用章）

表 2-3

入 库 单

材料种类：原材料　　　2024 年 08 月 03 日　　　仓库：0001　　　编号：0001

品　名	单　位	单价/元	数　量	金额/元	备　注
纸张	刀	200.00	10000	2000000.00	
合　计			10000	2000000.00	

记账：张宏　　　主管：汪成　　　收料：梁彬　　　交库：高纯

表 2-4

| 动态二维码 | 电子发票（增值税专用发票） | 发票号码：10010001 |
| | | 开票日期：2024 年 08 月 10 日 |

| 购买方信息 | 名　称： | 保定旅游出版社 | 销售方信息 | 名　称： | 保定弘扬印刷厂 |
| | 统一社会信用代码/纳税人识别号：911306055636127771 | | | 统一社会信用代码/纳税人识别号：911306028806025881 | |

项目名称	规格型号	单位	数量	单价	金额	税率/征收率	税额
*纸制品*图书		册	100000	29.00	2900000.00	9%	261000.00
合　计					¥2900000.00		¥261000.00
价税合计（大写）	⊗ 叁佰壹拾陆万壹仟圆整				（小写）¥3161000.00		
备注							

开票人：胡涂

表 2-5　　　　　　　　　　　　　出 库 单

单位：销售部门　　　　　　　2024 年 08 月 10 日　　　　　仓库：0002　　　　　编号：2001

品　名	单　位	单位成本/（元/册）	数　量	总成本/元	备　注
图书	册	28.00	100000	2800000.00	
合　计			100000	2800000.00	

负责人　汪成　　　　　　　　　　　　　经手人　张画

表 2-6

动态二维码		电子发票（增值税专用发票）		发票号码：10010003 开票日期：2024 年 08 月 12 日			
购买方信息	名称：邢台新东方报社 统一社会信用代码/纳税人识别号：911305012312457891			销售方信息	名称：保定弘扬印刷厂 统一社会信用代码/纳税人识别号：911306028806025881		
项目名称	规格型号	单位	数量	单价	金额	税率/征收率	税额
*劳务*加工劳务					200000.00	13%	26000.00
合　计					¥200000.00		¥26000.00
价税合计（大写）	⊗ 贰拾贰万陆仟圆整				（小写）¥226000.00		
备注							

开票人：胡涂

表 2-7

中国建设银行　　　　　　中国建设银行单位客户专用回单

转账日期：2024 年 08 月 12 日　　　　凭证字号：202208122004031203

付款人	全　称	邢台新东方报社	收款人	全　称	保定弘扬印刷厂	贷方回单
	账　号	130501000123459712		账　号	130601000555666001	
	开户行	工商银行天谭路分理处		开户行	工商银行红旗路分理处	
金额	人民币（大写）贰拾贰万陆仟元整		（小写）¥226000.00			
凭证种类	银行汇票		凭证号码			
结算方式	转账		用　途	加工费		
			打印柜员：130600010001 打印机构：保定第一支行 打印卡号：130601000555666001 汇款附言：加工费		中国建设银行电子回单专用章	

项目二 增值税实务

表 2-8

电子发票（增值税专用发票）

发票号码：20010002
开票日期：2024 年 08 月 12 日

动态二维码

（国家税务总局 河北省税务局 国统一发票监制章）

购买方信息	名称：保定弘扬印刷厂						销售方信息	名称：保定广大物流公司		
	统一社会信用代码/纳税人识别号：911306028806025881							统一社会信用代码/纳税人识别号：911306018809097771		
项目名称	规格型号	单位	数量	单价	金额	税率/征收率	税额
*运输服务*陆路货物运输服务					20000.00	9%	1800.00
合　计					¥20000.00		¥1800.00
价税合计（大写）	⊗ 贰万壹仟捌佰圆整				（小写）¥21800.00		
备注							

开票人：王强

表 2-9

中国建设银行单位客户专用回单

转账日期：2024 年 08 月 12 日　　　凭证字号：202208122004031204

付款人	全　称	保定弘扬印刷厂	收款人	全　称	保定广大物流公司	借方回单
	账　号	130601000555666001		账　号	130601000444786002	
	开户行	工商银行红旗路分理处		开户行	工商银行保定平安支行	
金额	人民币（大写）贰万壹仟捌佰元整			（小写）¥21800.00		
凭证种类	电子转账凭证		凭证号码			
结算方式	转账		用　途	支付运费		
			打印柜员：130600010001			
			打印机构：保定第一支行			
			打印卡号：130601000555666001			

表 2-10

| 动态二维码 | 电子发票（增值税专用发票）  | | 发票号码：20010005 开票日期：2024 年 08 月 12 日 |

| 购买方信息 | 名称：保定弘扬印刷厂 统一社会信用代码/纳税人识别号：911306028806025881 | 销售方信息 | 名称：保定市绿色造纸厂 统一社会信用代码/纳税人识别号：911306055536125991 |

项目名称	规格型号	单位	数量	单价	金额	税率/征收率	税额
*纸制品*纸		刀	2000	200.00	400000.00	13%	52000.00
合　计					¥400000.00		¥52000.00
价税合计（大写）	⊗ 肆拾伍万贰仟圆整				（小写）¥452000.00		
备注							

开票人：王强

表 2-11

中国建设银行单位客户专用回单

转账日期：2024 年 08 月 12 日　　　　　凭证字号：20220803200431206

付款人	全　称	保定弘扬印刷厂	收款人	全　称	保定市绿色造纸厂	借方回单
	账　号	130601000555666001		账　号	130601000444786001	
	开户行	工商银行红旗路分理处		开户行	工商银行保定平安支行	
金额	人民币（大写）肆拾伍万贰仟元整			（小写）¥452000.00		
凭证种类	电子转账凭证		凭证号码			
结算方式	转账		用　途	购买纸张		
			打印柜员：130600010001 打印机构：保定第一支行 打印卡号：130601000555666001			

表 2-12　　　　　　　　　　　　　　　**入　库　单**

材料种类：原材料　　　　　　2024 年 08 月 12 日　　　　　　仓库：0001　　编号：0002

品　名	单位	单价	数量	金额/元	备　注
纸张	刀	200.00 元/刀	2000	400000.00	
合　计			2000	400000.00	

记账：张宏　　　主管：汪成　　　收料：梁彬　　　交库：高纯

项目二 增值税实务

表 2-13

动态二维码	电子发票（普通发票） 	发票号码：10010003 开票日期：2024 年 08 月 20 日

购买方信息	名称：保定向阳中学 统一社会信用代码/纳税人识别号：911306040000111100011	销售方信息	名称：保定弘扬印刷厂 统一社会信用代码/纳税人识别号：911306028806025881

项目名称	规格型号	单位	数量	单价	金额	税率/征收率	税额
*纸制品*信纸		本	20000	5.00	100000.00	13%	13000.00
*纸制品*信封		个	100000	1.00	100000.00	13%	13000.00
*纸制品*会议记录本		本	10000	10.00	100000.00	13%	13000.00
*纸制品*练习本		本	100000	2.00	200000.00	13%	26000.00
合　　计					¥500000.00		¥65000.00

价税合计（大写）	⊗ 伍拾陆万伍仟圆整	（小写）¥565000.00

备注	

开票人：胡涂

表 2-14

出库单

单位：销售部门　　　　　　　　2024 年 08 月 20 日　　　　　　　仓库：0003　　　　编号：2002

品　名	单　位	单位成本	数　量	总成本/元	备　注
信纸	本	4.00 元/本	20000	80000.00	
信封	个	0.50 元/个	100000	50000.00	
会议记录本	本	8.00 元/本	10000	80000.00	
练习本	本	1.50 元/本	100000	150000.00	
合　计				360000.00	

负责人：汪成　　　　　　　　　　　　　　　　　　　　经手人：张画

表 2-15

材料盘盈盘亏核销报告表

部门：仓库　　　　　　　　　　2024 年 08 月 29 日　　　　　　　　　　金额单位：元

编号	品名规格	单位	账面数量	实存数量	盘盈		盘亏		原因
					数量	金额	数量	金额	
	纸张	刀	128.5	100			28.5	5700	保管不善
处理意见	保管部门		清查小组			审批部门			

供应部门负责人：陈建红　　　　　　　保管：徐浩　　　　　　　清点人：张丽

任务一　计算增值税应纳税额

> 《中华人民共和国增值税法》已由中华人民共和国第十四届全国人民代表大会常务委员会第十三次会议于2024年12月25日通过，现予公布，自2026年1月1日起施行。

一、确定纳税义务人和征税范围

（一）纳税义务人

在中华人民共和国境内销售货物、服务、无形资产、不动产（以下称为应税交易），以及进口货物的单位和个人（包括个体工商户），为增值税的纳税人。

增值税纳税人分为小规模纳税人和一般纳税人两类，实行不同的征收和管理方式。

（二）征税范围

① 销售或进口货物。销售货物是指有偿转让货物的所有权，有偿是指从购买方取得货币、货物或其他经济利益；货物是指有形动产，包括电力、热力、气体。

② 销售服务、无形资产、不动产。销售服务是指提供加工修理修配服务、交通运输服务、邮政服务、电信服务、建筑服务、金融服务、现代服务和生活服务。

二、确定应税销售额

应税销售额是指纳税人发生应税交易向购买方收取的全部价款和价外费用。一般计税方法的销售额不包括收取的销项税额；简易计税方法的销售额不包括其应纳税额。实际工作中经常会出现销售额和销项税额、应纳税额合并定价的情况，即形成含税销售额。为避免重复纳税，故采取以下换算方法。

① 一般计税方法

$$销售额 = 含税销售额 \div (1 + 税率)$$

② 简易计税方法

$$销售额 = 含税销售额 \div (1 + 征收率)$$

 例 2-1　某商场为增值税一般纳税人，5月份零售货物565 000元。试计算其应税销售额。

应税销售额 = 565 000 ÷ (1 + 13%) = 500 000 (元)

三、确定适用税率

自2026年1月1日起，适用税率如下。

① 税率13%。纳税人销售货物，提供加工修理修配服务、有形动产租赁服务，进口货物，税率为13%。

② 税率9%。纳税人销售交通运输、邮政、基础电信、建筑、不动产租赁服务，销售不动产，转让土地使用权，税率为9%。

纳税人销售或进口下列货物，税率为9%：农产品、食用植物油、食用盐、自来水、暖气、冷气、热水、煤气、石油液化气、天然气、二甲醚、沼气、居民用煤炭制品、图书、报纸、杂志、音像制品、电子出版物、饲料、化肥、农药、农机、农膜。

③ 税率6%。纳税人销售无形资产（不含土地使用权）、金融服务、增值电信服务、现代服务（不含租赁服务）、生活服务时适用6%的税率。

④ 零税率。纳税人销售无形资产（不含土地使用权）、金融服务、增值电信服务、现代服务（不含租赁服务）、生活服务时适用6%的税率。

适用简易计税方法计算缴纳增值税的征收率为3%。

四、一般计税方法计算应纳税额

应纳税额为当期销项税额抵扣当期进项税额后的余额。其计算公式为：

$$应纳税额 = 当期销项税额 - 当期进项税额$$

一般计税方法下应纳税额的计算

当期销项税额小于当期进项税额不足抵扣时，其不足部分可以结转下期继续抵扣。

纳税人发生应税销售行为，按照销售额和规定的税率计算并向购买方收取的增值税税额，为销项税额。其计算公式为：

$$销项税额 = 销售额 \times 税率$$

纳税人购进货物、服务、无形资产、不动产支付或负担的增值税税额，为进项税额。

（一）准予从销项税额中抵扣的进项税额

① 从销售方或提供方取得的增值税专用发票（含机动车销售统一发票，下同）上注明的增值税税额。

② 从海关取得的海关进口增值税专用缴款书上注明的增值税税额。

③ 购进农产品，除取得增值税专用发票或海关进口增值税专用缴款书外，按照农产品收购发票或销售发票上注明的农产品买价和9%的扣除率计算的进项税额（国务院另有规定的除外）。其计算公式为：

$$进项税额 = 买价 \times 扣除率$$

④ 自境外单位或个人购进服务、无形资产或境内的不动产，从税务机关或扣缴义务人取得的代扣代缴税款的完税凭证上注明的增值税税额。

准予抵扣的项目和扣除率的调整，由国务院决定。

（二）不得从销项税额中抵扣的进项税额

① 适用简易计税方法计税项目、免征增值税项目、非正常损失项目对应的进项税额。

② 购进并用于集体福利或个人消费的货物、服务、无形资产、不动产对应的进项税额。

③ 购进并直接用于消费的餐饮服务、居民日常服务和娱乐服务对应的进项税额。

④ 国务院规定的其他进项税额。

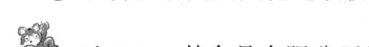 例2-2 某食品有限公司为增值税一般纳税人，2024年8月发生业务如下。

1）购进"老干妈"辣酱一批，取得的增值税专用发票上注明的价款为100万元、增值税税额为13万元。当月将其中的40%用于集体福利。

2）上月外购价值4万元（不含税）的货物，本月将其全部发放给职工。

3）购进加工辣酱的设备1套，取得的增值税专用发票上注明的价款为200万元、增值税税额为26万元。

4) 上月向农业生产者收购的辣椒因保管不善，本月发生霉烂，辣椒账面成本为 18 万元。

5) 当月销项税额为 50 万元。

该企业当期应纳的增值税计算如下。

当月销项税额 = 50（万元）

当月进项税额 = 13 ×（1-40%）+ 26 = 33.8（万元）

当月进项税额转出 = 4 × 13% + 18 ÷（1-9%）× 9% = 2.01（万元）

当月应纳增值税税额 = 50 -（33.8-2.01）= 18.21（万元）

例 2-3 某技术服务公司为增值税一般纳税人，2024 年 8 月初留抵税额为 12 万元。8 月提供技术服务，收取的服务费金额为 318 万元（含税），为提供技术服务发生进项税 0.8 万元。

该企业当期应纳的增值税计算如下。

当期销项税额 = 318 ÷（1 + 6%）× 6% = 18（万元）

应纳增值税税额 = 18-0.8-12 = 5.2（万元）

五、简易计税方法应纳税额的计算

简易计税方法，按照销售额和征收率计算应纳税额，不得抵扣进项税额。其计算公式为：

$$应纳税额 = 销售额 \times 征收率$$

例 2-4 某小超市 2024 年 2 月份取得含税销售额 5.15 万元，款项已存入银行；本月购进货物 1 万元，取得增值税专用发票，注明税款为 0.16 万元，货款未付。

该超市当月应纳的增值税计算如下。

应纳增值税税额 = 5.15 ÷（1 + 3%）× 3% = 0.15（万元）

六、进口货物应纳税额计算

纳税人进口货物，按照组成计税价格和规定的税率计算应纳税额，不得抵扣任何税额。其计算公式为：

$$应纳税额 = 组成计税价格 \times 税率$$

$$组成计税价格 = 关税完税价格 + 关税 + 消费税$$

任务二　设置增值税会计科目

关于印发《增值税会计处理规定》的通知财会〔2016〕22 号：国务院有关部委，有关中央管理企业，各省、自治区、直辖市、计划单列市财政厅（局），新疆生产建设兵团财务局，财政部驻各省、自治区、直辖市、计划单列市财政监察专员办事处：

为进一步规范增值税会计处理，促进《关于全面推开营业税改征增值税试点的通知》（财税〔2016〕36 号）的贯彻落实，我们制定了《增值税会计处理规定》，现印发给你们，请遵照执行。

为了准确反映应纳增值税的计算和缴纳情况，增值税纳税人应设置"应交税费"科目。

项目二 增值税实务

一、一般纳税人设置会计科目

增值税一般纳税人应当在负债类科目"应交税费"下（见表2-16），设置"应交增值税""未交增值税""预交增值税""待抵扣进项税额""待认证进项税额""待转销项税额""增值税留抵税额""简易计税""转让金融商品应交增值税""代扣代交增值税"10个明细科目。税务机关纳税检查后，如果纳税人需要进行增值税账务调整，则还应设立"增值税检查调整"专门科目。

除了"应交税费——应交增值税"明细账，其他的明细科目均使用三栏式账簿格式。

表2-16 一般纳税人会计科目设置

一级科目	二级科目	三级科目	说　明
应交税费	应交增值税	进项税额	借方专栏
		销项税额抵减	借方专栏
		已交税金	借方专栏
		转出未交增值税	借方专栏
		减免税款	借方专栏
		出口抵减内销产品应纳税额	借方专栏
		销项税额	贷方专栏
		出口退税	贷方专栏
		进项税额转出	贷方专栏
		转出多交增值税	贷方专栏
	未交增值税		
	预交增值税		
	待抵扣进项税额		
	待认证进项税额		
	待转销项税额		
	增值税留抵税额		
	简易计税		
	转让金融商品应交增值税		
	代扣代缴增值税		

其中，增值税一般纳税人应在"应交增值税"明细账内设置"进项税额""销项税额抵减""已交税金""转出未交增值税""减免税款""出口抵减内销产品应纳税额""销项税额""出口退税""进项税额转出""转出多交增值税"10个专栏。

企业"应交税费——应交增值税"科目的账页使用多栏式账簿格式（见表2-17），设置上述10个明细专栏，并按规定进行核算。

表 2-17 "应交税费——应交增值税"明细账　　　　　　　　　　　　　　　元

年		凭证号数	摘要	借方							贷方					余额
月	日			合计	进项税额	销项税额抵减	已交税金	减免税款	出口抵减内销产品应纳税额	转出未交增值税	合计	销项税额	出口退税	进项税额转出	转出多交增值税	

二、一般纳税人增值税会计科目核算内容和应用举例

(一)"应交税费——应交增值税"科目

"应交税费——应交增值税"科目为负债类科目。购进货物,进口货物,购买应税服务、无形资产、不动产等支付的进项税额、销项税额抵减、已缴税金、转出未缴增值税、减免税款、出口抵减内销产品应纳税额,记入该科目的借方;销售货物、发生应税服务、转让无形资产、销售不动产等的销项税额、出口退税额、进项税额转出额、转出多缴增值税,记入该科目的贷方。该科目贷方余额为未缴增值税,结转未缴增值税后一般无余额;该科目如果有借方余额,表示尚未抵扣的增值税。

① "进项税额"专栏为借方专栏,记录一般纳税人购进货物,提供应税服务而支付或负担的、准予从当期销项税额中抵扣的增值税税额。如果有应冲销的进项税额,用红字登记。

例 2-5 某企业为增值税一般纳税人。6月份购进原材料一批,取得增值税专用发票,注明不含税价款为 10 000 元、增值税税额为 1 300 元。以银行存款支付。

相关会计处理如下。

借:原材料　　　　　　　　　　　　　　　　　　　　　　　　10 000
　　应交税费——应交增值税(进项税额)　　　　　　　　　　　 1 300
　　贷:银行存款　　　　　　　　　　　　　　　　　　　　　　　11 300

② "销项税额抵减"专栏为借方专栏,记录一般纳税人按照现行增值税制度规定因扣减销售额而减少的销项税额。

注意

"销项税额抵减"专栏,用于记录"营改增"试点企业按规定允许扣减销售额而减少的销项税额。由于无法取得增值税专用发票,因此无法做进项税额抵扣。

例 2-6 某企业为增值税一般纳税人。6月份提供旅游服务时,收到旅游费 80 万元,支付给甲公司门票费 20 万元,乙公司住宿费、餐饮费 30 万元,均取得合法的普通发票。

该业务应做如下会计处理。

(1) 提供应税服务,收到旅游费时

借:银行存款　　　　　　　　　　　　　　　　　　　　　　　800 000
　　贷:主营业务收入　　　　　　　　　　　　　　　　　　　　754 716.98
　　　　应交税金——应交增值税(销项税额)　　　　　　　　　 45 283.02

项目二 增值税实务

（2）接受甲、乙公司提供的劳务，取得普通发票，支付款项时

借：主营业务成本　　　　　　　　　　　　　　　　　　　471 698.11
　　应交税金——应交增值税（销项税额抵减）　　　　　　　28 301.89
　　贷：银行存款　　　　　　　　　　　　　　　　　　　　　　　500 000

> **注意**
>
> 财税〔2016〕36号文规定，试点纳税人提供旅游服务，可以选择以取得的全部价款和价外费用，扣除向旅游服务购买方收取并支付给其他单位或个人的住宿费、餐饮费、交通费、签证费、门票费和支付给其他接团旅游企业的旅游费用后的余额为销售额。选择上述办法计算销售额的试点纳税人，向旅游服务购买方收取并支付的上述费用，不得开具增值税专用发票，可以开具普通发票。

③ "已交税金"专栏为借方专栏，记录一般纳税人当月已缴纳的应交增值税税额。

 **例 2-7**　某企业为增值税一般纳税人，以10天为一个纳税期，每月11日至15日期间需预缴一次增值税。假设预缴20万元。

预缴时，会计处理如下。

借：应交税费——应交增值税（已交税金）　　　　　　　　　200 000
　　贷：银行存款　　　　　　　　　　　　　　　　　　　　　　　200 000

④ "转出未交增值税"专栏为借方专栏，记录一般纳税人月度终了转出当月应缴未缴的增值税税额。

 **例 2-8**　某企业为增值税一般纳税人，6月应缴未缴的增值税税额为15万元。

月度终了，相关会计处理如下。

借：应交税费——应交增值税（转出未交增值税）　　　　　　150 000
　　贷：应交税费——未交增值税　　　　　　　　　　　　　　　　150 000

⑤ "减免税款"专栏为借方专栏，记录一般纳税人按现行增值税制度规定准予减免的增值税税额。企业按规定减免的增值税税额借记本科目，贷记"营业外收入"科目。

 **例 2-9**　某国有粮食储备企业为增值税一般纳税人，按国家有关规定承担粮食收储任务，其销售的粮食享受免征增值税的政策，但可以开具增值税专用发票。假设本月向生产企业销售粮食不含税价为100万元，开具的增值税专用发票注明的价款为100万元，增值税税额为9万元。款项109万元已存入银行。

相关会计处理如下。

借：银行存款　　　　　　　　　　　　　　　　　　　　　　1 090 000
　　贷：主营业务收入　　　　　　　　　　　　　　　　　　　　　1 000 000
　　　　应交税费——应交增值税（销项税额）　　　　　　　　　　　90 000
借：应交税费——应交增值税（减免税款）　　　　　　　　　　　90 000
　　贷：营业外收入　　　　　　　　　　　　　　　　　　　　　　　90 000

⑥ "出口抵减内销产品应纳税额"专栏为借方专栏，记录实行"免、抵、退"办法的一般纳税人按规定计算的出口货物的进项税抵减内销产品的应纳税额。

例 2-10 某企业为增值税一般纳税人，有进出口经营权。6月份应纳增值税税额为-50万元。当月出口货物按免、抵、退税方法计算的免、抵、退税额为50万元。

相关会计处理如下。

借：应交税费——应交增值税（出口抵减内销产品应纳税额）　　500 000
　　贷：应交税费——应交增值税（出口退税）　　　　　　　　　　500 000

⑦ "销项税额"专栏为贷方专栏，记录一般纳税人销售货物，销售服务、无形资产或转让不动产应收取的增值税税额。如果有销货退回应冲销的销项税额，用红字登记。

例 2-11 某工业企业为增值税一般纳税人。5月份销售的货物由于质量问题，6月份被购买方退回。该批货物不含税价为10万元，增值税税额为1.3万元。该批货物的成本为6万元，企业已经按税法相关规定开具了红字增值税专用发票。

相关会计处理如下。

借：主营业务收入　　　　　　　　　　　　　　　　　　　　　100 000
　　贷：银行存款　　　　　　　　　　　　　　　　　　　　　　　113 000
　　　　应交税费——应交增值税（销项税额）　　　　　　　　　　-13 000

同时冲减相关成本。

借：库存商品　　　　　　　　　　　　　　　　　　　　　　　　60 000
　　贷：主营业务成本　　　　　　　　　　　　　　　　　　　　　　60 000

⑧ "出口退税"专栏为贷方专栏，记录一般纳税人出口货物，销售服务、无形资产或转让不动产按规定退回的增值税税额。如果退税后发生退货或退换而补缴已退的税款，用红字登记。

例 2-12 某生产企业为增值税一般纳税人，出口的产品享受增值税免、抵、退政策。假设当月企业按税法规定计算的免、抵、退税额为16万元，计算的应退税额为10万元，免、抵税额为6万元。

企业当月相关会计处理如下。

借：其他应收款——应收出口退税款（增值税）　　　　　　　　100 000
　　应交税费——应交增值税（出口抵减内销产品应纳税额）　　 60 000
　　贷：应交税费——应交增值税（出口退税）　　　　　　　　　　160 000

收到出口退税时的会计处理如下。

借：银行存款　　　　　　　　　　　　　　　　　　　　　　　100 000
　　贷：其他应收款——应收出口退税款（增值税）　　　　　　　　100 000

⑨ "进项税额转出"专栏为贷方专栏，记录一般纳税人销售货物，销售服务、无形资产、不动产等发生非正常损失及因其他原因而不应从销项税额中抵扣、按规定转出的进项税额。

例 2-13 某企业为增值税一般纳税人。8月份由于管理不善，6月份外购材料霉烂变质。经查，成本为2万元（不含增值税）。增值税进项税额0.26万元已经认证抵扣。

相关会计处理如下。

借：待处理财产损溢 22 600
　　贷：库存商品 20 000
　　　　应交税费——应交增值税（进项税额转出） 2 600

例 2-14 某企业为增值税一般纳税人。8月份出口自产货物一批，销售额为1 000 000 美元，人民币兑美元汇率为1∶7，货物适用的增值税税率为13%，适用的退税率为10%。

相关会计处理如下。

不得免征和抵扣的税额＝1 000 000×7×（13%-10%）＝210 000（元）

借：主营业务成本 210 000
　　贷：应交税费——应交增值税（进项税额转出） 210 000

⑩ "转出多交增值税"专栏为贷方专栏，记录一般纳税人月度终了转出当月多缴的增值税税额。

例 2-15 某企业为增值税一般纳税人。8月份已缴增值税税额为60万元，应缴的增值税税额为55万元。

月度终了，相关会计处理如下。

借：应交税费——未交增值税 50 000
　　贷：应交税费——应交增值税（转出多交增值税） 50 000

（二）"应交税费——未交增值税"科目

"未交增值税"科目核算一般纳税人月度终了从"应交增值税"或"预交增值税"明细科目转入当月应缴未缴、多缴或预缴的增值税税额，以及当月缴纳的以前期间未缴的增值税税额。

本科目借方发生额反映企业月终转入的多缴或预缴的增值税和缴纳的以前期间未缴增值税，贷方发生额反映企业月终转入的当月发生的应缴未缴增值税；期末借方余额反映多缴或预缴的增值税，贷方余额反映应缴未缴的增值税。

例 2-16 某工业企业为一般纳税人。8月份销售产品100万元（不含税），增值税税额为13万元；购进各种材料40万元，增值税税额为5.2万元。期末增值税账户贷方余额为10.2万元。

8月应纳增值税税额＝130 000-52 000＝78 000（元）

（1）8月末会计处理

借：应交税费——应交增值税（转出未交增值税） 78 000
　　贷：应交税费——未交增值税 78 000

（2）9月初缴纳8月份增值税时

借：应交税费——未交增值税 78 000
　　贷：银行存款 78 000

例 2-17 某企业为增值税一般纳税人。8月份发生的增值税销项税额为100万元、进项税额为70万元，已缴税金50万元（当月缴纳当月增值税在"已交税金"明细科目核算）。

月末相关会计处理如下。

借：应交税费——未交增值税　　　　　　　　　　　　　　200 000
　　贷：应交税费——应交增值税（转出多交增值税）　　　　200 000

例 2-18　某企业为增值税一般纳税人。8月份发生的增值税销项税额为100万元、进项税额为130万元，已缴税金13万元。

月末相关会计处理如下。

借：应交税费——未交增值税　　　　　　　　　　　　　　130 000
　　贷：应交税费——应交增值税（转出多交增值税）　　　　130 000

> **注意**
> 转出多缴增值税只能在本期已缴税金范围内转回，例2-18转出多缴的增值税只有13万元，而不是30万元，借方和贷方的差额17万元属于尚未抵扣的增值税。

（三）"应交税费——预交增值税"科目

"预交增值税"科目核算一般纳税人转让不动产、提供不动产经营租赁服务、提供建筑服务、采用预收款方式销售自行开发的房地产项目等，以及其他按现行增值税制度规定应预缴的增值税税额。

本科目借方发生额反映建筑业、房地产企业预缴的增值税，贷方发生额反映结转至"未交增值税"科目的金额；期末借方余额反映预缴的增值税；月末，将本科目余额转入"未交增值税"科目。结转后，本科目无余额。

> **注意**
> 房地产开发企业等在预缴增值税后，应直至纳税义务发生时，才能从"应交税费——预交增值税"科目结转至"应交税费——未交增值税"科目。
> 一般来说，建筑、房地产等企业开发周期长，存在预缴税款和实际纳税义务时间跨度大的情况，单独设置"预交增值税"二级科目核算符合税法规定，也符合期末对增值税相关金额分项目列报的要求。
> 预缴的增值税税款，可以在当期增值税应纳税额中抵减，抵减不完的，结转下期继续抵减。纳税人以预缴税款抵减应纳税额，应以完税凭证作为合法有效凭证。

例 2-19　某房地产企业为增值税一般纳税人。8月以银行存款预缴增值税10万元。相关会计处理如下。

借：应交税费——预交增值税　　　　　　　　　　　　　　100 000
　　贷：银行存款　　　　　　　　　　　　　　　　　　　　100 000

例 2-20　接例2-19，某房地产企业为增值税一般纳税人。8月以银行存款预缴增值税10万元，8月没有纳税义务发生，9月发生增值税纳税义务，应缴未缴增值税15万元。9月相关会计处理如下。

借：应交税费——应交增值税（转出未交增值税）　　　　　150 000
　　　贷：应交税费——未交增值税　　　　　　　　　　　　　　　150 000
借：应交税费——未交增值税　　　　　　　　　　　　　　100 000
　　　贷：应交税费——预交增值税　　　　　　　　　　　　　　　100 000

（四）"应交税费——待抵扣进项税额"科目

"待抵扣进项税额"科目核算一般纳税人已取得增值税扣税凭证并经税务机关认证，按照现行增值税制度规定准予以后期间从销项税额中抵扣的进项税额。它包括：①一般纳税人自2016年5月1日后取得并按固定资产核算的不动产，或者2016年5月1日后取得的不动产在建工程，按现行增值税制度规定准予以后期间从销项税额中抵扣的进项税额；②实行纳税辅导期管理的一般纳税人取得的尚未交叉稽核比对的增值税扣税凭证上注明或计算的进项税额。

本科目借方发生额反映本期认证相符且本期不能抵扣，而留待以后期间从销项税额中抵扣的进项税额，贷方发生额反映以前期间待抵扣且本期可以从销项税额中抵扣的进项税额；本科目期末借方余额反映留待以后期间从销项税额中抵扣的进项税额，以后期间从销项税额中抵扣后本科目无余额。

（五）"应交税费——待认证进项税额"科目

"待认证进项税额"科目核算一般纳税人由于未经税务机关认证而不得从当期销项税额中抵扣的进项税额。它包括：①一般纳税人已取得增值税扣税凭证，按照现行增值税制度规定准予从销项税额中抵扣，但尚未经税务机关认证的进项税额；②一般纳税人已申请稽核但尚未取得稽核相符结果的海关缴款书进项税额。

本科目借方发生额反映未经税务机关认证而不得从当期销项税额中抵扣的进项税额，贷方发生额反映经税务机关认证而从当期销项税额中抵扣的进项税额；本科目期末借方余额反映留待以后税务机关认证的进项税额，经税务机关认证通过后本科目无余额。

例2-21　某企业为增值税一般纳税人。8月份进口原材料，取得海关开具的海关进口增值税专用缴款书，注明关税完税价格200 000元、关税20 000元、增值税税额28 600元。货款和税款已经以银行存款支付。9月份从海关取得的海关进口增值税专用缴款书取得稽核相符结果。

1）8月会计处理
借：原材料　　　　　　　　　　　　　　　　　　　　　220 000
　　应交税费——待认证进项税额　　　　　　　　　　　　 28 600
　　　贷：银行存款　　　　　　　　　　　　　　　　　　　　　 248 600

2）9月会计处理
借：应交税费——应交增值税（进项税额）　　　　　　　　 28 600
　　　贷：应交税费——待认证进项税额　　　　　　　　　　　　　28 600

（六）"应交税费——待转销项税额"科目

"待转销项税额"科目核算一般纳税人销售货物，销售服务、无形资产或转让不动产，已确认相关收入（或利得）但尚未发生增值税纳税义务而需在以后期间确认为销项税额的增值税税额。

本科目贷方发生额反映按照会计规定已确认相关收入（或利得）但尚未发生增值税纳税义务的增值税税额，借方发生额反映根据税法规定以后期间确认为销项税额的增值税税额；本科目期末贷方余额反映留待以后期间确认为销项税额的增值税税额，以后期间按税法规定确认为销项税额后本科目无余额。

> **注意**
>
> 按照会计规定确认收入或利得的时间，早于按照税法规定的增值税纳税义务发生时，使用"应交税费——待转销项税额"明细科目。

例 2-22 甲公司为增值税一般纳税人。2021 年 8 月 1 日，甲公司在公开市场按照面值购入 A 股份公司发行的 3 年期债券 500 张，债券每张面值 1 000 元。债券约定付息利率 6%，2022 年、2023 年 8 月 1 日各付息一次，2024 年 8 月 1 日付息一次同时支付本金。甲公司准备持有至到期（为简化计算，对持有至到期投资的投资收益按名义利率，不按照实际利率计算）。

根据会计规定，按照权责发生制记账基础，分年度确认持有至到期投资的债券收益；根据税法规定，债券的投资收益的增值税纳税义务发生时间是在收讫销售款项或取得索取销售款项凭据的当天（在约定的付息时）。

（1）2021 年 12 月末会计处理

2021 年 12 月计提利息 = 500×1 000×6%÷2 = 15 000（元）

不含税利息 = 15 000÷（1+6%）= 14 150.94（元）

利息中的增值税税额 = 14 150.94×6% = 849.06（元）

借：持有至到期投资——应计利息　　　　　　　　　　　　15 000
　　贷：投资收益　　　　　　　　　　　　　　　　　　　14 150.94
　　　　应交税费——待转销项税额　　　　　　　　　　　　849.06

（2）2022 年 6 月 30 日计提利息

借：持有至到期投资——应计利息　　　　　　　　　　　　15 000
　　贷：投资收益　　　　　　　　　　　　　　　　　　　14 150.94
　　　　应交税费——待转销项税额　　　　　　　　　　　　849.06

同时，"应交税费——待转销项税额"科目转入"应交税费——应交增值税（销项税额）"科目，相关会计处理如下。

借：应交税费——待转销项税额（849.06×2）　　　　　　　1 698.12
　　贷：应交税费——应交增值税（销项税额）　　　　　　1 698.12

（七）"应交税费——增值税留抵税额"科目

"增值税留抵税额"科目核算兼有销售服务、无形资产或不动产的原增值税一般纳税人，截至纳入"营改增"试点之日前的增值税期末留抵税额按照现行增值税制度规定不得从销售服务、无形资产或不动产的销项税额中抵扣的增值税留抵税额。

开始"营改增"试点当月月初，企业应按不得从销售服务、无形资产或不动产的销项税额中抵扣的增值税留抵税额，借记"应交税费——增值税留抵税额"科目，贷记"应交税费——应交增值税（进项税额转出）"科目。待以后期间允许抵扣时，按允许抵扣的金额，借记"应交税费——应交增值税（进项税额）"科目，贷记"应交税费——增值税留抵税额"科目。

从目前来看，这其实变成了一个多余的科目，估计以后极少能用到了。

（八）"应交税费——简易计税"科目

"简易计税"科目核算一般纳税人采用简易计税方法发生的增值税计提、扣减、预缴、缴纳等业务。

本科目借方发生额反映扣减、预缴、缴纳的增值税，贷方发生额反映采用简易计税方法计提的增值税；本科目期末如有贷方余额，反映按简易计税方法计提的增值税；缴纳税款后本科目无余额。

例 2-23 某电影院为增值税一般纳税人，选择按简易计税办法计征增值税。8月电影放映收入为5万元，已存入银行。

8月的会计处理如下。

不含税收入 = 50 000 ÷ （1 + 3%） = 48 543.69（元）

增值税税额 = 48 543.69 × 3% = 1 456.31（元）

借：银行存款　　　　　　　　　　　　　　　　　　　　　　　50 000
　　贷：主营业务收入　　　　　　　　　　　　　　　　　　　　48 543.69
　　　　应交税费——简易计税　　　　　　　　　　　　　　　　1 456.31

9月缴纳税款时，会计处理如下。

借：应交税费——简易计税　　　　　　　　　　　　　　　　　1 456.31
　　贷：银行存款　　　　　　　　　　　　　　　　　　　　　　1 456.31

> **注意**
>
> 简易计税方法下，销售额的换算公式为：
>
> 计税销售额 = 含税销售额 ÷ （1 + 征收率）

（九）"应交税费——转让金融商品应交增值税"科目

"转让金融商品应交增值税"科目核算增值税纳税人转让金融商品发生的增值税税额。

需要注意的是，金融商品持有期间（含到期）利息（含保本收益、报酬、资金占用费、补偿金等）收入应当按照贷款服务缴纳增值税，不在此科目核算。

例 2-24 某企业为增值税一般纳税人。8月2日购入丙上市公司股票5万股，每股市价10元。8月20日，将手中的股票全部售出，售出时，丙上市公司每股市价12元。

增值税含税销售额 = 卖出价 - 买入价 = 50 000 × （12 - 10） = 100 000（元）

增值税不含税销售额 = 100 000 ÷ （1 + 6%） = 94 339.62（元）

增值税应纳税额 = 94 339.62 × 6% = 5 660.38（元）

借：投资收益——丙上市公司股票　　　　　　　　　　　　　　5 660.38
　　贷：应交税费——转让金融商品应交增值税　　　　　　　　5 660.38

缴纳增值税的会计处理如下。

借：应交税费——转让金融商品应交增值税　　　　　　　　　　5 660.38
　　贷：银行存款　　　　　　　　　　　　　　　　　　　　　　5 660.38

(十)"应交税费——代扣代交增值税"科目

"代扣代交增值税"科目核算纳税人购进在境内未设经营机构的境外单位或个人在境内的应税行为代扣代缴的增值税。

本科目借方发生额反映缴纳的代扣代缴增值税,贷方发生额反映根据税法规定代扣代缴的增值税;本科目期末如有贷方发生额,反映尚未缴纳的代扣代缴的增值税,缴纳代扣代缴的增值税之后本科目无余额。

 例 2-25 某企业为增值税一般纳税人。8月份支付境外公司丁公司技术服务费,合同中约定购买方支付价款 106 000 元人民币。

应扣缴增值税税额 = 106 000 ÷(1+6%)×6% = 6 000(元)

代扣代缴增值税时,会计处理如下。

借:管理费用	106 000
贷:银行存款	100 000
应交税费——代扣代交增值税	6 000

实际缴纳代扣代缴增值税时,会计处理如下。

借:应交税费——代扣代交增值税	6 000
贷:银行存款	6 000

(十一)"应交税费——增值税检查调整"科目

增值税一般纳税人在税务机关对其增值税纳税情况进行检查后,凡涉及应缴增值税账务调整的,应设立"应交税费——增值税检查调整"科目。凡检查后应调减账面进项税额或调增销项税额和进项税额转出的,借记有关科目,贷记"应交税费——增值税检查调整"科目;凡检查后应调增账面进项税额或调减销项税额和进项税额转出的,借记"应交税费——增值税检查调整"科目,贷记有关科目。全部调账事项入账后,应对该科目的余额进行处理,处理后该科目无余额。

例 2-26 某企业为增值税一般纳税人。经主管税务局检查,发现企业自产产品用于无偿赠送他人。同类产品售价金额为 8 000 元,适用增值税率为 13%,企业未计提增值税。税务机关要求该企业在本月做出调账处理并补缴税款入库(不考虑滞纳金和罚款)。

(1)调账时的会计处理

应纳增值税税额 = 8 000 × 13% = 1 040(元)

借:营业外支出	1 040
贷:应交税费——增值税检查调整	1 040
借:应交税费——增值税检查调整	1 040
贷:应交税费——未交增值税	1 040

(2)补缴税款时的会计处理

借:应交税费——未交增值税	1 040
贷:银行存款	1 040

三、小规模纳税人设置会计科目和应用举例

小规模纳税人只需要在"应交税费"科目下设置"应交增值税"科目。

"应交税费——应交增值税"科目的账页采用三栏式账簿格式,不需要在"应交增值税"明细账中设置专栏。其借方发生额反映企业已缴纳的增值税税额,贷方发生额反映企业销售货物或提供应税劳务应缴纳的增值税税额;期末贷方余额反映企业应缴未缴的增值税税额,期末借方余额反映企业多缴的增值税税额。

> **提示**
> 增值税小规模纳税人收入的核算与一般纳税人相同,金额也是不含税销售额。其应纳增值税税额,也要通过"应交税费——应交增值税"科目核算,只是由于小规模纳税人不得抵扣进项税额,不需要设置若干专栏和除"转让金融商品应交增值税""代扣代交增值税"外的科目。

例 2-27 某超市为增值税小规模纳税人。8月份销售货物实现含增值税销售额 30 900 元。

相关会计处理如下。

应纳增值税税额 = 30 900 ÷ (1 + 3%) × 3% = 900(元)

借:银行存款	30 900	
贷:主营业务收入		30 000
应交税费——应交增值税		900

缴纳增值税时的会计处理如下。

借:应交税费——应交增值税	900	
贷:银行存款		900

任务三 增值税业务会计处理

一、一般纳税人取得资产或接受服务等业务的会计处理

一般纳税人核算进项税额的原始依据是增值税专用发票(含机动车销售统一发票)、海关进口增值税专用缴款书、农产品收购发票或销售发票、税收缴款凭证等。

(一)采购等业务进项税额允许抵扣的会计处理

一般纳税人销售货物、服务、无形资产、不动产,按应计入相关成本费用或资产的金额,借记"在途物资"或"原材料""库存商品""生产成本""无形资产""固定资产""管理费用"等科目,按当月已认证的可抵扣增值税税额,借记"应交税费——应交增值税(进项税额)"科目,按当月未认证的可抵扣增值税税额,借记"应交税费——待认证进项税额"科目;按应付或实际支付的金额,贷记"应付账款""应付票据""银行存款"等科目。发生退货的,如果原增值税专用发票已做认证,则应根据税务机关开具的红字增值税专用发票做相反的会计分录;如果原增值税专用发票未做认证,则应将发票退回并做相反的会计分录。

1. 购买商品、材料等货物

借：在途物资、原材料、库存商品等　　　　　　　　　　（应计入资产的金额）
　　应交税费——应交增值税（进项税额）（当月已认证的可抵扣的增值税）
　　或：应交税费——待认证进项税额　　（当月未认证的可抵扣的增值税）
　　贷：银行存款、应付账款、应付票据等　　　　　　　（应付或实付的金额）

（1）支付货款，材料入库，同时到税务机关认证

例 2-28　某企业为增值税一般纳税人。8月份购进甲原材料，取得增值税专用发票并通过认证，注明价款200 000元、增值税税额26 000（200 000×13%）元。以银行存款支付，材料尚未入库。

（1）款项支付且增值税专用发票认证后的会计处理

借：在途物资　　　　　　　　　　　　　　　　　　　　200 000
　　应交税费——应交增值税（进项税额）　　　　　　　　 26 000
　　贷：银行存款　　　　　　　　　　　　　　　　　　 226 000

（2）入库时的会计处理

借：原材料　　　　　　　　　　　　　　　　　　　　　 26 000
　　贷：在途物资　　　　　　　　　　　　　　　　　　　26 000

（2）专用发票当月未认证

例 2-29　承例2-28，假设8月份取得的增值税专用发票未认证。

相关的会计处理如下。

借：在途物资　　　　　　　　　　　　　　　　　　　　200 000
　　应交税费——待认证进项税额　　　　　　　　　　　　26 000
　　贷：银行存款　　　　　　　　　　　　　　　　　　 226 000

待认证的专用发票通过认证后，将其进项税额从"应交税费——待认证进项税额"科目贷方转入"应交税费——应交增值税（进项税额）"科目借方进行核算。

例 2-30　承例2-29，假设8月取得的增值税专用发票9月通过认证。

相关的会计处理如下。

借：应交税费——应交增值税（进项税额）　　　　　　　　26 000
　　贷：应交税费——待认证进项税额　　　　　　　　　　26 000

2. 购买设备等有形动产类固定资产

借：固定资产　　　　　　　　　　　　　　　　　　　　（应计入资产的金额）
　　应交税费——应交增值税（进项税额）（当月已认证的可抵扣的增值税）
　　或：应交税费——待认证进项税额　　（当月未认证的可抵扣的增值税）
　　贷：银行存款、应付账款、应付票据等　　　　　　　（应付或实付的金额）

例 2-31　某企业为增值税一般纳税人。8月份从A企业购进不需安装的生产设备一套，A企业提供所售货物的同时负责运输。该企业取得增值税专用发票，注明价款100 000元、增

值税税额 13 000（100 000×13%）元；取得货物运输增值税专用发票，注明价款 1 000 元、增值税税额 90（1 000×9%）元。以银行存款支付以上款项。两张专用发票均于 8 月份通过认证。

相关会计处理如下。

借：固定资产　　　　　　　　　　　　　　　　　　　　　　　101 000
　　应交税费——应交增值税（进项税额）　　　　　　　　　　　 13 090
　　贷：银行存款　　　　　　　　　　　　　　　　　　　　　　114 090

3．购买无形资产

借：无形资产　　　　　　　　　　　　　　　　　（应计入资产的金额）
　　应交税费——应交增值税（进项税额）　　（当月已认证的可抵扣的增值税）
　　或：应交税费——待认证进项税额　　　　（当月未认证的可抵扣的增值税）
　　贷：银行存款、应付账款、应付票据等　　　　　（应付或实付的金额）

例 2-32　某企业为增值税一般纳税人。8 月份从 B 企业购进专利一项，取得增值税专用发票（尚未认证），注明价款 100 000 元、增值税税额 6 000（100 000×6%）元。以银行存款支付以上款项。

相关会计处理如下。

借：无形资产　　　　　　　　　　　　　　　　　　　　　　　100 000
　　应交税费——待认证进项税额　　　　　　　　　　　　　　　 6 000
　　贷：银行存款　　　　　　　　　　　　　　　　　　　　　　106 000

4．购进修理修配服务

借：生产成本、制造费用、管理费用等　　　　　（应计入成本费用的金额）
　　应交税费——应交增值税（进项税额）　　（当月已认证的可抵扣的增值税）
　　或：应交税费——待认证进项税额　　　　（当月未认证的可抵扣的增值税）
　　贷：银行存款、应付账款、应付票据等　　　　　（应付或实付的金额）

例 2-33　大海厂 8 月份修理车间办公设备，取得的增值税专用发票上注明的修理费为 20 000 元、增值税税额为 2 600（20 000×13%）元。另外，修理行政部使用的计算机，取得的增值税专用发票上注明的修理费为 300 元、增值税税额为 39（300×13%）元。上述修理支出均通过银行存款支付，取得的两张增值税专用发票当月已经通过认证。

相关会计处理如下。

借：制造费用　　　　　　　　　　　　　　　　　　　　　　　 20 000
　　管理费用　　　　　　　　　　　　　　　　　　　　　　　　　 300
　　应交税费——应交增值税（进项税额）　　　　　　　　　　　 2 639
　　贷：银行存款　　　　　　　　　　　　　　　　　　　　　　 22 939

5．购进加工服务

对企业接受加工货物进行会计处理时应设置"委托加工物资"科目进行核算。

该科目为资产类科目，用来核算企业委托外单位加工的各种材料、商品等物资的实际成本，可按加工合同、受托加工单位和加工物资的品种等进行明细核算。该科目期末借方余额反映企业委托外单位加工尚未完成物资的实际成本。

（1）发出委托加工材料

企业发给外单位加工的物资，按实际成本，借记"委托加工物资"科目，贷记"原材料""库存商品"等科目；"原材料""库存商品"科目按计划成本或售价核算的，还应同时结转材料成本差异或商品进销差价。

例 2-34　华海厂委托包装箱厂加工产品包装用木箱，发出材料为 16 000 元。

相关会计处理如下。

借：委托加工物资	16 000
贷：原材料	16 000

（2）支付加工费、运杂费

委托加工方支付的加工费一并计入委托加工的所加工货物成本。支付加工费、运费时，借记"委托加工物资""应交增值税——应交增值税（进项税额）"或"应交增值税——待抵扣进项税额"科目，贷记"应付账款""银行存款"等科目。

例 2-35　华海厂收到包装箱厂开具的增值税专用发票，支付加工费 3 600 元和增值税税额 468（3 600×13%）元。收到物流公司开具的增值税专用发票，支付运费 400 元和运费增值税税额 36（400×9%）元。两张增值税专用发票当月均已经通过认证。

相关会计处理如下。

借：委托加工物资	4 000
应交税费——应交增值税（进项税额）（468＋36）	504
贷：银行存款	4 504

（3）加工完成验收入库

加工完成验收入库的物资和剩余的物资，按加工收回物资的实际成本和剩余物资的实际成本，借记"原材料""库存商品"等科目，贷记"委托加工物资"科目。"原材料"或"库存商品"科目采用计划成本或售价核算的，按计划成本或售价，借记"原材料"或"库存商品"科目，按实际成本，贷记"委托加工物资"科目；按实际成本和计划成本或售价之间的差额，借记或贷记"材料成本差异"或贷记"商品进销差价"科目。

例 2-36　华海厂收到包装箱加工完毕的包装箱，结转加工材料成本。

相关会计处理如下。

借：周转材料——木箱（16 000＋4 000）	20 000
贷：委托加工物资	20 000

如果企业委托加工的包装箱是用于销售的商品，则会计处理如下。

借：库存商品——木箱（16 000＋4 000）	20 000
贷：委托加工物资	20 000

6. 购进交通运输等应税服务

借：销售费用、主营业务成本等　　　　　（应计入成本费用的金额）
　　应交税费——应交增值税（进项税额）　（当月已认证的可抵扣的增值税）

或：应交税费——待认证进项税额　　　（当月未认证的可抵扣的增值税）
　　　贷：银行存款、应付账款、应付票据等　　　　（应付或实付的金额）

例 2-37　E 企业为增值税一般纳税人。委托运输公司运输货物，收到运输公司开具的增值税专用发票（已通过认证），支付货物运输费用 20 000 元和增值税税额 1 800（20 000×9%）元。

相关会计处理如下。

借：销售费用　　　　　　　　　　　　　　　　　　　　　　20 000
　　应交税费——应交增值税（进项税额）　　　　　　　　　　1 800
　　贷：银行存款　　　　　　　　　　　　　　　　　　　　　　21 800

例 2-38　Y 运输公司为增值税一般纳税人。支付联运企业运费 500 000 元和增值税税额 50 000 元，并取得增值税专用发票（已通过认证）。相关会计处理如下。

借：主营业务成本　　　　　　　　　　　　　　　　　　　　500 000
　　应交税费——应交增值税（进项税额）　　　　　　　　　　45 000
　　贷：银行存款　　　　　　　　　　　　　　　　　　　　　545 000

例 2-39　E 企业为增值税一般纳税人。为了推销产品，在 G 会展中心举行产品展销会，取得增值税专用发票（已通过认证），注明会展服务费 100 000 元、增值税税额 6 000（100 000×6%）元。以银行存款支付。

相关会计处理如下。

借：销售费用　　　　　　　　　　　　　　　　　　　　　　100 000
　　应交税费——应交增值税（进项税额）　　　　　　　　　　6 000
　　贷：银行存款　　　　　　　　　　　　　　　　　　　　　106 000

7．购进建筑服务

借：工程施工等　　　　　　　　　　　　　（应计入成本费用的金额）
　　应交税费——应交增值税（进项税额）　（当月已认证的可抵扣的增值税）
　　或：应交税费——待认证进项税额　　　（当月未认证的可抵扣的增值税）
　　贷：银行存款、应付账款、应付票据等　　　（应付或实付的金额）

例 2-40　某建筑企业为增值税一般纳税人。接受采用简易征收方式计税的 C 公司提供的建筑服务，取得税务机关代开的增值税专用发票，含税价为 12 000 元。款项已支付。

相关会计处理如下。

借：工程施工——合同成本[12 000÷（1+3%）]　　　　　　11 650.49
　　应交税费——应交增值税（进项税额）　　　　　　　　　349.51
　　贷：银行存款　　　　　　　　　　　　　　　　　　　　　12 000

8．接受实物投资、捐赠、股利等的会计处理

企业接受投资者转入的货物，按照专用发票上注明的增值税税额借记"应交税费——应交增值税（进项税额）""应交税费——待认证进项税额"科目，按确认的投资货物价值（不含增值税）借记"原材料"等科目；按其在注册资本中所占的份额贷记"实收资本"或"股本"等科目，按其差额贷记"资本公积"科目，接受捐赠者按规定的入账价值贷记"营业外收入——捐赠利得"科目。

例2-41 光华公司11月份接受国内B机械厂新生产的设备投资，取得增值税专用发票并已通过认证。双方确认价值为1 000 000元、增值税税额为130 000元。确定B机械厂的投资在光华公司的注册资本为900 000元。

光华公司的会计处理如下。

借：固定资产　　　　　　　　　　　　　　　　　　　　　　1 000 000
　　应交税费——应交增值税（进项税额）　　　　　　　　　　130 000
　　贷：实收资本　　　　　　　　　　　　　　　　　　　　　　900 000
　　　　资本公积　　　　　　　　　　　　　　　　　　　　　　230 000

例2-42 光华公司8月份接受G供应商赠送的原材料，取得增值税专用发票并已通过认证。注明价款5 000元、增值税税额650元。材料已入库。

光华公司的会计处理如下。

借：原材料　　　　　　　　　　　　　　　　　　　　　　　　5 000
　　应交税费——应交增值税（进项税额）　　　　　　　　　　　650
　　贷：营业外收入　　　　　　　　　　　　　　　　　　　　　5 650

例2-43 光华公司8月份接受C企业分配的实物股利，取得增值税专用发票并已通过认证。注明价款10 000元、增值税税额1 300元。材料已入库。

光华公司的会计处理如下。

借：原材料　　　　　　　　　　　　　　　　　　　　　　　　10 000
　　应交税费——应交增值税（进项税额）　　　　　　　　　　　1 300
　　贷：投资收益　　　　　　　　　　　　　　　　　　　　　　11 300

9. 进口货物

增值税一般纳税人进口货物，按照海关提供的完税凭证上注明的增值税税额借记"应交税费——应交增值税（进项税额）""应交税费——待认证进项税额"科目，按照进口货物应计入采购成本的金额借记"材料采购""库存商品""原材料"等科目，贷记"银行存款"等科目。

例2-44 光华公司为增值税一般纳税人。8月份进口一批商品，到岸价为60 000元，以信用证支付。进口环节的税款用银行存款支付，取得海关进口增值税专用缴款书并比对相符，取得海关进口关税专用缴款书。假设商品关税税率为10%。

相关会计处理如下。

进口关税税额＝60 000×10%＝6 000（元）
组成计税价格＝60 000＋6 000＝66 000（元）
进口环节应纳增值税税额＝66 000×13%＝8 580（元）

借：库存商品　　　　　　　　　　　　　　　　　　　　　　　66 000
　　应交税费——应交增值税（进项税额）　　　　　　　　　　　8 580

```
贷：其他货币资金——信用证存款                    60 000
    银行存款                                    14 580
```

例2-45 光华公司为增值税一般纳税人。收到从英国D公司进口需安装的设备一台，货款及其他相关费用已经于上月用外币预付，关税完税价格为1 200万元，缴纳关税24万元，取得海关进口关税缴款书。组成计税价格为1 224万元，缴纳进口环节的增值税159.12（1 224×13%）万元，取得海关进口增值税专用缴款书。

相关会计处理如下。

```
借：工程物资                                 12 000 000
    贷：预付账款                             12 000 000
借：工程物资                                    240 000
    应交税费——应交增值税（进项税额）         1 591 200
    贷：银行存款                              1 831 200
```

10. 购进农产品

购进农产品时，取得增值税专用发票的，按发票上注明的增值税税额，取得海关进口增值税专用缴款书的，按缴款书上注明的增值税税额，取得农产品收购发票或销售发票的，按购入农产品的买价和规定的扣除率计算的进项税额，借记"应交税费——应交增值税（进项税额）""应交税费——待认证进项税额"科目，按买价扣除按规定计算的进项税额后的数额，借记"材料采购""库存商品""生产性生物资产"等科目；按应付或实际支付的价款，贷记"应付账款""应付票据""银行存款"等科目。

例2-46 某商业企业为增值税一般纳税人。8月，收购农产品一批，实际支付的价款为100万元。收购的农产品尚未入库，取得农产品销售发票并支付款项。

相关会计处理如下。

增值税税额=100×9%=9（万元）

```
借：在途物资                                    910 000
    应交税费——应交增值税（进项税额）             90 000
    贷：银行存款                              1 000 000
```

例2-47 西海公司为增值税一般纳税人，进行农产品栽培技术研发。8月，从附近农民手中收购1 500元农产品用作研发过程中的栽培基料。按规定已开具收购凭证，价款已支付。

相关会计处理如下。

增值税税额=1 500×9%=135（元）

```
借：生产性生物资产                                1 365
    应交税费——应交增值税（进项税额）               135
    贷：现金                                      1 500
```

例2-48 某工业企业为增值税一般纳税人。8月，收购农产品一批，用以生产税率为13%的货物，实际支付的价款为100万元。收购的农产品已入库，取得农产品销售发票并支付款项。假设该企业采用实际成本进行日常核算。

相关会计处理如下。

增值税进项税额＝100×12%＝12（万元）

借：原材料		880 000
应交税费——应交增值税（进项税额）		120 000
贷：银行存款		1 000 000

（二）采购等业务进项税额不得抵扣的会计处理

一般纳税人销售货物、服务、无形资产、不动产，用于简易计税方法计税项目、免征增值税项目、集体福利或个人消费等，其进项税额按照现行增值税制度规定不得从销项税额中抵扣的，取得增值税专用发票时，应借记相关成本费用或资产科目，以及"应交税费——待认证进项税额"科目，贷记"银行存款""应付账款"等科目。经税务机关认证后，应借记相关成本费用或资产科目，贷记"应交税费——应交增值税（进项税额转出）"科目。相关会计处理如下。

借：库存商品、管理费用、无形资产、固定资产、应付职工薪酬等
　　应交税费——待认证进项税额
　　贷：银行存款、应付账款等

增值税专用发票经税务机关认证后的会计处理如下。

借：库存商品、管理费用、无形资产、固定资产、应付职工薪酬等
　　贷：应交税费——应交增值税（进项税额转出）

例2-49 光华公司为增值税一般纳税人。8月份购入食用油用于职工食堂，取得的增值税专用发票上注明的价款为1 000元、增值税税额为90元。以银行存款支付。

（1）增值税专用发票未认证时的会计处理

借：库存商品		1 000
应交税费——待认证进项税额		90
贷：银行存款		1 090

（2）增值税专用发票经税务机关认证后的会计处理

借：应付职工薪酬		1 090
贷：应交税费——应交增值税（进项税额转出）		90
库存商品		1 000

（三）货物等已验收入库但尚未取得增值税扣税凭证的会计处理

一般纳税人购进的货物等已到达并验收入库，但尚未收到增值税扣税凭证且未付款的，应在月末按货物清单或相关合同/协议上的价格暂估入账，不需要将增值税的进项税额暂估入账。下月初，用红字冲销原暂估入账金额。

待取得相关增值税扣税凭证并经认证后，按应计入相关成本费用或资产的金额借记"原材料""库存商品""固定资产""无形资产"等科目，按可抵扣的增值税税额借记"应交税费——应交增值税（进项税额）"科目；按应付金额贷记"应付账款"等科目。

（四）购买方作为扣缴义务人的会计处理

按照现行增值税制度的规定，境外单位或个人在境内发生应税行为，在境内未设有经营机构

的,以购买方为增值税扣缴义务人。境内一般纳税人购进服务、无形资产或不动产,按应计入相关成本费用或资产的金额借记"生产成本""无形资产""固定资产""管理费用"等科目,按可抵扣的增值税税额借记"应交税费——进项税额"科目(小规模纳税人应借记相关成本费用或资产科目);按应付或实际支付的金额贷记"应付账款"等科目,按应代扣代缴的增值税税额贷记"应交税费——代扣代交增值税"科目。实际缴纳代扣代缴增值税时,按代扣代缴的增值税税额,借记"应交税费——代扣代交增值税"科目,贷记"银行存款"科目。其会计处理如下。

借:生产成本、无形资产、固定资产、管理费用等
　　应交税费——应交增值税(进项税额)　　　　　(可抵扣的增值税税额)
　贷:应付账款
　　　应交税费——代扣代交增值税　　　　　　　　(应代扣代缴的增值税税额)

例 2-50　光华公司为增值税一般纳税人,向境外单位支付 50 万元人民币的咨询费。境外单位在境内未设有经营机构,光华公司代扣代缴增值税,取得税务机关开具的增值税完税凭证。相关会计处理如下。

代扣代缴增值税税额 = 500 000 ÷ (1 + 6%) × 6% = 28 301.89(元)
管理费用金额 = 500 000 − 28 301.89 = 471 698.11(元)

借:管理费用——咨询费　　　　　　　　　　　　471 698.11
　　应交税费——应交增值税(进项税额)　　　　　28 301.89
　贷:应付账款——境外单位　　　　　　　　　　　471 698.11
　　　应交税费——代扣代交增值税　　　　　　　　28 301.89

(五)进项税额抵扣情况发生改变的会计处理

因发生非正常损失或改变用途等,原已计入进项税额、待抵扣进项税额或待认证进项税额,但按现行增值税制度规定不得从销项税额中抵扣的,借记"待处理财产损溢""应付职工薪酬""固定资产""无形资产"等科目,贷记"应交税费——应交增值税(进项税额转出)"、"应交税费——待抵扣进项税额"或"应交税费——待认证进项税额"科目。相关会计处理如下。

借:待处理财产损溢、应付职工薪酬、固定资产、无形资产等
　贷:应交税费——应交增值税(进项税额转出)、应交税费——待抵扣进项税额
　　　或应交税费——待认证进项税额等

例 2-51　E 公司为增值税一般纳税人。8 月份购进的原材料由于保管不善在 11 月发生非正常损失。原材料账面成本为 6 000 元,货物适用增值税税率为 9%。

相关会计处理如下。

进项税额转出 = 6 000 × 9% = 540(元)

借:待处理财产损溢——待处理流动资产损溢　　　6 540
　贷:原材料　　　　　　　　　　　　　　　　　6 000
　　　应交税费——应交增值税(进项税额转出)　　540

例 2-52　某商场为增值税一般纳税人。8 月份购进的农产品由于保管不善在 11 月发生非正常损失。原材料账面成本为 9 100 元,货物适用的扣除率为 9%。

相关会计处理如下。

进项税额转出＝9 100÷（1-9%）×9%＝900（元）

借：待处理财产损溢——待处理流动资产损溢　　　　　　　　　　　10 000
　　贷：原材料　　　　　　　　　　　　　　　　　　　　　　　　　　9 100
　　　　应交税费——应交增值税（进项税额转出）　　　　　　　　　　　900

> **提示**
>
> 已抵扣进项税额的不动产，发生非正常损失，或者改变用途，专用于简易计税方法计税项目免征增值税项目、集体福利或个人消费的，按照下列公式计算不得抵扣的进项税额。
>
> 不得抵扣的进项税额＝（已抵扣进项税额＋待抵扣进项税额）×不动产净值率
>
> 不动产净值率＝（不动产净值÷不动产原值）×100%
>
> 不得抵扣的进项税额小于或等于该不动产已抵扣进项税额的，应于该不动产改变用途的当期将不得抵扣的进项税额从进项税额中扣减。
>
> 不得抵扣的进项税额大于该不动产已抵扣进项税额的，应于该不动产改变用途的当期，将已抵扣进项税额从进项税额中扣减，并从该不动产待抵扣进项税额中扣减不得抵扣进项税额和已抵扣进项税额之间的差额。

二、销售等业务的会计处理

增值税销项税额核算的原始依据是增值税专用发票，特殊销售方式和视同销售业务没有发票或开具普通发票的，按税法规定确定应税销售额计算销项税额，作为记账依据。

（一）一般销售业务的会计处理

① 企业销售货物、服务、无形资产或不动产，应当按应收或已收的金额借记"应收账款""应收票据""银行存款"等科目；按取得的收入金额贷记"主营业务收入""其他业务收入""固定资产清理""工程结算"等科目，按现行增值税制度规定计算的销项税额（或采用简易计税方法计算的应纳增值税税额）贷记"应交税费——应交增值税（销项税额）"或"应交税费——简易计税"科目（小规模纳税人应贷记"应交税费——应交增值税"科目）。其会计处理如下。

借：应收账款、应收票据、银行存款等
　　贷：主营业务收入、其他业务收入、固定资产清理、工程结算等
　　　　应交税费——应交增值税（销项税额）或应交税费——简易计税

发生销售退回的，应根据按规定开具的红字增值税专用发票做相反的会计处理。

例2-53 F企业为增值税一般纳税人。8月1日，向E企业销售产品，F企业提供所售货物的同时负责运输。向E企业开具增值税专用发票，注明价款为100 000元、增值税税额为13 000元；开具货物运输增值税专用发票，注明价款为1 000元、增值税税额为90元。以上款项均已收到。

F企业相关会计处理如下。

增值税税额＝13 000＋90＝13 090（元）

收到款项时的会计处理如下。

借：银行存款　　　　　　　　　　　　　　　　　　　　　　　　　　114 090

贷：主营业务收入　　　　　　　　　　　　　　　　　　　　　100 000
　　　　其他业务收入　　　　　　　　　　　　　　　　　　　　　　1 000
　　　　应交税费——应交增值税（销项税额）　　　　　　　　　　　13 090

例2-54　F企业为增值税一般纳税人。11月2日，以折扣方式（折扣5%）销售货物，开具的增值税专用发票上注明的价款为100 000元、增值税税额为13 000元。另开具红字增值税专用发票，注明的折扣为5 000元、增值税税额为650元。收到款项107 350元。

　　相关会计处理如下。
　　借：银行存款　　　　　　　　　　　　　　　　　　　　　　　107 350
　　　　财务费用　　　　　　　　　　　　　　　　　　　　　　　　5 650
　　　贷：主营业务收入　　　　　　　　　　　　　　　　　　　　100 000
　　　　　应交税费——应交增值税（销项税额）　　　　　　　　　　13 000

提示

　　企业销售货物由于品种规格不符或质量原因造成购货方要求退货或折让，不论是当月销售还是以前月份销售的，均应冲减退回当月的销售收入。
　　① 在折扣销售方式下，只有销售额和折扣额在同一张发票上分别注明的，才能按折扣后的余额作为计税销售额，否则不得从销售额中减去折扣额。
　　② 在销售折扣方式下，增值税的计税依据是原销售额，销售折扣不得从销售额中扣减。

　　例2-55　F公司为增值税一般纳税人。8月3日销售货物，开具的增值税专用发票上注明的价款为100 000元及增值税税额为13 000元。为及早收回货款，与买方J公司约定现金折扣条件为"2/10,1/20,n/30"。9日收到J公司款项，给予J公司总价款2%的折扣。12日，由于质量问题，J公司退货，F公司退款，并按规定开具了红字增值税专用发票。
　　F公司相关会计处理如下（成本结转略）。
　　（1）8月3日销售
　　借：应收账款　　　　　　　　　　　　　　　　　　　　　　　113 000
　　　贷：主营业务收入　　　　　　　　　　　　　　　　　　　　100 000
　　　　　应交税费——应交增值税（销项税额）　　　　　　　　　　13 000
　　（2）8月9日收款
　　借：银行存款　　　　　　　　　　　　　　　　　　　　　　　111 000
　　　　财务费用　　　　　　　　　　　　　　　　　　　　　　　　2 000
　　　贷：应收账款　　　　　　　　　　　　　　　　　　　　　　113 000
　　（3）8月12日销货退回
　　借：主营业务收入　　　　　　　　　　　　　　　　　　　　　100 000
　　　贷：银行存款　　　　　　　　　　　　　　　　　　　　　　111 000
　　　　　财务费用　　　　　　　　　　　　　　　　　　　　　　　2 000
　　　　　应交税费——应交增值税（销项税额）　　　　　　　　　−13 000

例2-56 A运输公司是增值税一般纳税人。10月，取得运输业务款项2 376 200元（含税），取得物流辅助收入1 060 000元（含税）。

相关会计处理如下。
运输收入销售额＝2 376 200÷（1＋9%）＝2 180 000（元）
运输收入增值税税额＝2 180 000×9%＝196 200（元）
物流辅助收入销售额＝1 060 000÷（1＋6%）＝1 000 000（元）
物流辅助收入增值税税额＝1 000 000×6%＝60 000（元）

借：银行存款	3 436 200
贷：主营业务收入——运输	2 180 000
其他业务收入——物流	1 000 000
应交税费——应交增值税（销项税额）	256 200

例2-57 G会展中心是增值税一般纳税人。11月，收到B企业会展服务费，不含税价格为100 000元，开具增值税专用发票。

相关会计处理如下。
增值税税额＝100 000×6%＝6 000（元）

借：应收账款	106 000
贷：主营业务收入	100 000
应交税费——应交增值税（销项税额）	6 000

例2-58 C企业为增值税一般纳税人。9月2日，与B公司（一般纳税人）签订货物运输合同，收取运费6万元（含税），开具了货物运输服务增值税专用发票。9月8日，由于前往目的地的道路被冲毁，双方同意终止履行合同。B公司将尚未认证的专用发票退还给C企业，C企业返还运费。

C企业相关会计处理如下。
（1）9月2日取得运输收入
销售额＝60 000÷（1＋9%）＝55 045.87（元）
增值税税额＝55 045.87×9%＝4 954.13（元）

借：银行存款	60 000
贷：主营业务收入——运输	55 045.87
应交税费——应交增值税（销项税额）	4 954.13

（2）9月8日发生服务终止

借：主营业务收入——运输	55 045.87
贷：银行存款	60 000
应交税费——应交增值税（销项税额）	－4 954.13

例2-59 H设备租赁公司为增值税一般纳税人。11月，出租给I公司两台数控机床，收取一个季度租金12万元并开具增值税专用发票。I公司使用一个月后，其中一台机床发生故障无法运转，H设备租赁公司派人进行维修并退还I公司维修期间租金2万元，I公司到主管税

务机关开具红字增值税专用发票通知单,H设备租赁公司据此通知单开具红字增值税专用发票,退还已收租金2万元。

H设备租赁公司相关会计处理如下。

(1) 11月份取得租金收入的会计处理

销售额=120 000÷(1+13%)=106 194.69(元)

增值税税额=106 194.69×13%=13 805.31(元)

借:银行存款　　　　　　　　　　　　　　　　　　　　　120 000

　　贷:主营业务收入——设备出租　　　　　　　　　　　　106 194.69

　　　　应交税费——应交增值税(销项税额)　　　　　　　　13 805.31

(2) 开具红字专用发票的会计处理

销售额=20 000÷(1+13%)=17 699.12(元)

增值税税额=17 699.12×13%=2 300.88(元)

借:主营业务收入——设备出租　　　　　　　　　　　　　17 699.12

　　贷:银行存款　　　　　　　　　　　　　　　　　　　　20 000

　　　　应交税费——应交增值税(销项税额)　　　　　　　　-2 300.88

一般纳税人发生视同提供应税服务应计算的销项税额,借记"营业外支出""应付利润"等科目,贷记"应交税费——应交增值税(销项税额)"科目。

例2-60 J会计事务所为增值税一般纳税人。11月3日,安排会计师参加某企业家沙龙,免费提供资产重组相关业务会计咨询服务3小时。该事务所类似业务咨询服务价格为1 000元。

J会计事务所相关会计处理如下。

11月3日免费提供资产重组业务会计咨询,按最近时期提供同类应税服务的平均价格计算增值税税额如下。

销售额=1 000÷(1+6%)=943.40(元)

增值税税额=943.40×6%=56.60(元)

借:营业外支出　　　　　　　　　　　　　　　　　　　　56.60

　　贷:应交税费——应交增值税(销项税额)　　　　　　　　56.60

一般纳税人提供适用简易计税方法应税服务的,借记"银行存款""应收账款"等科目,贷记"主营业务收入""其他业务收入""应交税费——简易计税"等科目。一般纳税人发生视同提供应税服务应缴纳的增值税税额,借记"营业外支出""应付利润"等科目,贷记"应交税费——未交增值税"科目。

例2-61 某建筑公司为增值税一般纳税人。2024年8月,提供一项建筑服务,选择按照老项目进行增值税处理,开具的增值税专用发票上注明的金额为100万元、增值税税额为3万元。款项已收到,存入银行。8月份会计处理如下。

借:银行存款　　　　　　　　　　　　　　　　　　　　1 030 000

　　贷:主营业务收入　　　　　　　　　　　　　　　　　　1 000 000

　　　　应交税费——简易计税　　　　　　　　　　　　　　30 000

> **提示**
>
> 如果例 2-61 中的建筑公司发生销售退回，应根据按规定开具的红字增值税专用发票，做相反的会计处理。
>
> 借：主营业务收入 1 000 000
> 　　应交税费——简易计税 30 000
> 　　贷：银行存款 1 030 000

② 按照国家统一的会计制度确认收入或利得的时点早于按照增值税制度确认增值税纳税义务发生时点的，应将相关销项税额记入"应交税费——待转销项税额"科目，待实际发生纳税义务时再转入"应交税费——应交增值税（销项税额）"或"应交税费——简易计税"科目。

例如，国家税务总局 2016 年第 69 号公告中规定，关于纳税人提供建筑服务，被工程发包方从应支付的工程款中扣押的质押金、保证金，未开具发票的，以纳税人实际收到质押金、保证金的当天为纳税义务发生时间，而按照建造合同准则核算确认收入的时间在实际收款前。

③ 按照增值税制度确认增值税纳税义务发生时点早于按照国家统一的会计制度确认收入或利得的时点的，应将应纳增值税税额，借记"应收账款"科目，贷记"应交税费——应交增值税（销项税额）"或"应交税费——简易计税"科目。按照国家统一的会计制度确认收入或利得时，应按扣除增值税销项税额后的金额确认收入。

例 2-62 某建筑公司为增值税一般纳税人。承包建设 A 工程项目，采用一般计税方法计算增值税。8 月，按建筑承包合同约定的日期收到预收账款 36 000 元，开具增值税专用发票。

根据营业税改征增值税试点政策的规定，纳税人提供建筑服务，采取预收款方式的，纳税义务发生时间为收到预收款的当天。因此，8 月份发生了增值税纳税义务。根据《企业会计准则》，8 月份尚不能确认收入。虽然根据会计制度未确认营业收入，但应计提销项税额。相关会计处理如下。

不含税销售额 = 36 000 ÷（1+9%）= 33 027.52（元）

增值税税额 = 33 027.52 × 9% = 2 972.48（元）

借：银行存款 36 000
　　贷：应交税费——应交增值税（销项税额） 2 972.48
　　　　工程结算或预收账款 33 027.52

> **注意**
>
> 一般纳税人销售货物，提供应税劳务、应税服务，应按税法规定的纳税义务发生时间确认增值税纳税义务，因为《企业会计准则》规定的收入确认时间与税法规定的不是完全一致的。

（二）视同应税交易业务的会计处理

企业发生税法上视同应税交易的行为，应当按照《企业会计准则》相关规定进行相应的会计处理，并按照现行增值税制度规定计算的销项税额（或采用简易计税方法计算的应纳增值税税额），借记"应付职工薪酬""利润分配"等科目，贷记"应交税费——应交增值税（销项税额）"或"应交税费——简易计税"科目（小规模纳税人应记入"应交税费——应交增值税"

科目)。

在具体的会计处理上,不同的视同应税交易行为采取不同的方法。

1. 将自产、委托加工的货物用于集体福利或个人消费

单位和个体工商户将自产、委托加工的货物用于集体福利时,会计上做销售处理,税法上视同应税交易;企业将自产、委托加工的货物用于个人消费时,会计上一般不做销售处理,而是记入"管理费用""销售费用"等科目,税法上视同应税交易。

例2-63 L公司(一般纳税人)为一家洗衣机生产企业。9月4日,公司决定以其生产的空调作为福利发给职工。公司共有职工250人。其中,生产工人200人,车间管理人员20人,厂部管理人员30人。同类型号的洗衣机不含税售价为1 000元/台,单位成本600元/台。

相关会计处理如下。

自产货物用于集体福利时视同销售,需要计算增值税税额。

增值税税额=1 000×250×13%=32 500(元)

(1)决定发放洗衣机时

借:生产成本[1 000×200×(1+13%)] 226 000
　　制造费用[1 000×20×(1+13%)] 22 600
　　管理费用[1 000×30×(1+13%)] 33 900
　　贷:应付职工薪酬——非货币性福利 282 500

(2)实际发放时

借:应付职工薪酬——非货币性福利 282 500
　　贷:主营业务收入 250 000
　　　　应交税费——应交增值税(销项税额) 32 500

(3)结转成本时

借:主营业务成本(600×250) 150 000
　　贷:库存商品 150 000

例2-64 P公司(一般纳税人)为食品生产企业。9月4日,公司招待客户,使用自己生产的货物,成本为1 000元,同类货物的销售价格为1 500元。

相关会计处理如下。

自产的货物用于交际应酬消费等个人消费视同销售货物,需要计算增值税税额。

增值税税额=1 500×13%=195(元)

借:管理费用——业务招待费 1 195
　　贷:库存商品(按成本转账) 1 000
　　　　应交税费——应交增值税(销项税额) 195

> **提示**
>
> 如果将购进的货物用于非应税项目、集体福利或个人消费,则购进货物时支付的增值税进项税额不允许抵扣。如果已经申报抵扣,则应做"进项税额转出"处理。

2. 将货物无偿转让

单位和个体工商户无偿转让货物，企业未获得实际经济利益的，会计上不做销售处理，不通过收入类科目核算，但税法上视同应税交易，需要计算增值税销项税额。根据按视同应税交易计算出的增值税销项税额和货物的成本，借记"销售费用""营业外支出"等科目，贷记"应交税费——应交增值税（销项税额）""库存商品"等科目。

例2-65 A企业向F公司捐赠自己生产的设备一台，开具的增值税专用发票上注明的设备价款为100 000元、配套模具价款为4 000元、增值税税额分别为13 000元和520元。设备已计提存货跌价准备500元。假定A企业设备生产成本为80 000元，配套模具成本为3 000元。

A企业相关会计处理如下。

借：营业外支出　　　　　　　　　　　　　　　　　　　　　　96 020
　　存货跌价准备　　　　　　　　　　　　　　　　　　　　　　500
　贷：库存商品（80 000＋3 000）　　　　　　　　　　　　　　83 000
　　　应交税费——应交增值税（销项税额）（13 000＋520）　　13 520

例2-66 L公司将新开发的部分产品捐赠给客户使用。已知新产品成本为100 000元，新产品尚未定价，国家规定的成本利润率为10%。

L公司相关会计处理如下。

销售额（组成计税价格）＝100 000×（1＋10%）＝110 000（元）
增值税税额＝110 000×13%＝14 300（元）

借：营业外支出　　　　　　　　　　　　　　　　　　　　　　114 300
　贷：库存商品　　　　　　　　　　　　　　　　　　　　　　　100 000
　　　应交税费——应交增值税（销项税额）　　　　　　　　　　14 300

当纳税人自己或其他纳税人有同类货物的销售价格时，应当参照确定计算增值税销项税额的销售额，否则按照组成计税价格确定计算增值税销项税额的销售额。

3. 将无形资产、不动产或金融商品无偿转让

单位和个人无偿转让无形资产、不动产或金融商品，企业未获得实际经济利益的，会计上不做销售处理，不通过收入类科目核算，但税法上视同应税交易，需要计算增值税销项税额。根据按视同应税交易计算出的增值税销项税额和货物的成本，借记"投资收益""营业外支出"等科目，贷记"应交税费——应交增值税（销项税额）""应交税费——转让金融商品应交增值税""无形资产"等科目。

例2-67 L公司无偿转让持有的股票，买入价为100万元，卖出价为120万元，增值税税率为6%。

L公司相关会计处理如下。

销售额为20（120-100）万元，应纳税额为1.13[20÷（1+6%）×6%]万元。

会计分录为：

借：投资收益 11 300
　　贷：应交税费——转让金融商品应交增值税 11 300

（四）兼营行为的会计处理

企业发生兼营行为的，在会计核算时，应当设置"主营业务收入""其他业务收入"等科目，分别核算不同税率、征收率的货物、应税服务的销售额；在"应交税费"科目下设置"应交增值税"科目，核算企业销售货物、应税服务应缴的增值税税额。

例 2-68 Q 企业为增值税一般纳税人，与某发电企业签订一份合同。合同约定销售变压器设备，并负责运输、安装等相关工作。开具的增值税专用发票上注明的设备价款为 10 000 000 万元、交通运输服务价款为 2 万元（不含税）、物流辅助服务价款为 500 元、建筑安装服务价款为 8 万元。Q 企业已经分别核算，款项已收取。

Q 企业相关会计处理如下。

货物运输服务应按 9%计算增值税，装卸等物流辅助服务应按 6%计算增值税，安装调试应按建筑业 9%计算增值税。

增值税税额=10 000 000×13%+20 000×9%+500×6%+80 000×9%=1 309 030（元）

借：银行存款 11 409 530
　　贷：主营业务收入 10 000 000
　　　　其他业务收入 100 500
　　　　应交税费——应交增值税（销项税额） 1 309 030

（五）包装物的会计处理

① 生产车间领用用于生产产品的包装物，其购进包装物的进项税额可以抵扣，领用环节不涉税。相关会计处理如下。

借：生产成本
　　贷：周转材料

包装物的会计处理

② 随同产品销售单独计价的包装物，应单独反映其销售收入和销售成本，收入记入"其他业务收入"科目，成本记入"其他业务成本"科目。税务处理上，应计算缴纳增值税。

例 2-69 某日化厂为增值税一般纳税人。6 月，销售高档化妆品一批，不含税售价为 50 000 元，随同产品销售但单独计价的包装物 1 000 个，普通发票上注明单价为 10 元/个。款项尚未收到。产品成本为 35 000 元，包装物成本为 7 000 元。

相关会计处理如下。

包装物销售额=1 000×10÷（1+13%）=8 849.56（元）

增值税税额=50 000×13%+8 849.56×13%=7 650.44（元）

借：应收账款 66 500
　　贷：主营业务收入 50 000
　　　　其他业务收入 8 849.56
　　　　应交税费——应交增值税（销项税额） 7 650.44

消费税=（50 000+8 849.56）×15%=8 827.43（元）

借：税金及附加　　　　　　　　　　　　　　　　　　　　　　8 827.43
　　　贷：应交税费——应交消费税　　　　　　　　　　　　　　　8 827.43
成本结转时的会计处理如下。
借：主营业务成本　　　　　　　　　　　　　　　　　　　　　35 000
　　　贷：库存商品　　　　　　　　　　　　　　　　　　　　　　35 000
借：其他业务成本　　　　　　　　　　　　　　　　　　　　　　7 000
　　　贷：周转材料　　　　　　　　　　　　　　　　　　　　　　7 000

③ 随同产品销售不单独计价的包装物，其价值随同产品价值一起体现，其成本借记"销售费用"科目。

例 2-70　日化厂为增值税一般纳税人。8月，销售高档化妆品一批，不含税售价为50 000元，随同产品销售不单独计价的包装物1 000个。款项尚未收到。产品成本为35 000元，包装物成本为7 000元。

相关会计处理如下。

增值税税额 = 50 000 × 13% = 6 500（元）

借：应收账款　　　　　　　　　　　　　　　　　　　　　　　56 500
　　　贷：主营业务收入　　　　　　　　　　　　　　　　　　　　50 000
　　　　　应交税费——应交增值税（销项税额）　　　　　　　　　6 500

消费税税额 = 50 000 × 15% = 7 500（元）

借：税金及附加　　　　　　　　　　　　　　　　　　　　　　7 500
　　　贷：应交税费——应交消费税　　　　　　　　　　　　　　　7 500

成本结转时的会计处理如下。

借：主营业务成本　　　　　　　　　　　　　　　　　　　　　35 000
　　　贷：库存商品　　　　　　　　　　　　　　　　　　　　　　35 000
借：销售费用　　　　　　　　　　　　　　　　　　　　　　　7 000
　　　贷：周转材料　　　　　　　　　　　　　　　　　　　　　　7 000

④ 出租的包装物收取的租金，应当区分具体情况。在"营改增"税收政策实施之后，出租包装物为提供有形动产租赁服务，应当按13%的税率计算缴纳增值税。在会计核算上，与随同产品销售单独计价的包装物基本相同，不含税租金收入记入"其他业务收入"科目，摊销成本记入"其他业务成本"科目。

⑤ 出借的包装物，企业所收取的包装物租金按上述④进行会计核算和税务处理。对所收取的包装物押金，会计上不作为销售，税务处理上也不计税。但对逾期未退的包装物押金应视同包装物销售，作为"其他业务收入"处理，并计提增值税，包装物成本记入"其他业务成本"科目。

例 2-71　F公司5月出借包装物一批，收到包装物租金2 000元（含税）、押金1 000元。

相关会计处理如下。

（1）收到租金、押金时

包装物租金销售额 = 2 000 ÷ (1 + 13%) = 1 769.91（元）

增值税税额＝1 769.91×13%＝230.09（元）
借：银行存款　　　　　　　　　　　　　　　　　　　　　3 000
　　贷：其他业务收入　　　　　　　　　　　　　　　　　　1 769.91
　　　　应交税费——应交增值税（销项税额）　　　　　　　　230.09
　　　　其他应付款　　　　　　　　　　　　　　　　　　　　1 000
（2）如果出借包装物在一年以内收回，则退还押金
借：其他应付款　　　　　　　　　　　　　　　　　　　　　1 000
　　贷：银行存款　　　　　　　　　　　　　　　　　　　　　1 000
（3）如果出借的包装物逾期，则收取的押金不再退还或收取一年以上的押金
借：其他应付款　　　　　　　　　　　　　　　　　　　　　1 000
　　贷：其他业务收入　　　　　　　　　　　　　　　　　　　884.96
　　　　应交税费——应交增值税（销项税额）　　　　　　　　115.04

三、差额征税的会计处理

（一）企业发生相关成本费用允许扣减销售额的会计处理

按现行增值税制度的规定，企业发生相关成本费用允许扣减销售额的，发生成本费用时，按应付或实际支付的金额借记"主营业务成本""存货""工程施工"等科目，贷记"应付账款""应付票据""银行存款"等科目。

待取得合规增值税扣税凭证且纳税义务发生时，按照允许抵扣的税额，借记"应交税费——应交增值税（销项税额抵减）"或"应交税费——简易计税"科目（小规模纳税人应借记"应交税费——应交增值税"科目），贷记"主营业务成本""存货""工程施工"等科目。

> **提示**
>
> 国家税务总局公告 2016 年第 18 号第四条：房地产开发企业中的一般纳税人销售自行开发的房地产项目，适用一般计税方法计税，按照取得的全部价款和价外费用，扣除当期销售房地产项目对应的土地价款后的余额计算销售额。

> **说明**
>
> 一般纳税人开发的房地产老项目，可以选择一般计税方法纳税申报，税率为 9%。其纳税处理与一般纳税人开发的房地产新项目没有质的不同。
>
> 计税销售额＝（全部价款和价外费用－当期允许扣除的土地价款）÷（1＋9%）

例 2-72　美居房地产公司是一家主营房地产开发经营的企业，机构所在地在北市区，开发的 A 房地产项目在南市区。该项目建筑工程施工许可证登记的开工日期在 2016 年 4 月 30 日前。"营改增"税收政策实施后登记为一般纳税人，对 A 房地产项目选择了一般计税方法计税。已知公司为开发 A 项目，取得土地 150 000 平方米，土地出让金财政票据金额为 30 000 万元；A 项目总可售面积为 390 000 平方米。2023 年 12 月，A 项目尚未完工，预售收入 10 000

万元,对应的建筑面积为10 000平方米,按10 000万元全额给业主开具了增值税普通发票。期初没有进项税额留抵。

相关会计处理如下。

允许扣除的土地价款=(10 000÷390 000)×30 000=769.23(万元)

计税销售额=(10 000-769.23)÷(1+9%)=8 468.60(万元)

增值税税额=8 468.60×9%=762.17(万元)

(1)预售的10 000万元房款

不含增值税的价款=10 000÷(1+9%)=9 174.31(万元)

增值税税额=9 174.31×9%=825.69(万元)

借:银行存款 100 000 000
　　贷:主营业务收入 91 743 100
　　　　应交税费——应交增值税(销项税额) 8 256 900

(2)预售房屋对应的土地价款扣除

允许扣除的土地计税价款=769.23÷(1+9%)=705.72(万元)

允许扣除的土地价款所对应的税额=705.72×9%=63.51(万元)

借:应交税费——应交增值税(销项税额抵减) 635 100
　　贷:主营业务成本 635 100

一般计税方法下,12月应纳增值税税额=825.69-63.51=762.18(万元)

例2-73 诚信建筑公司为一般纳税人,采用简易计税方式。收取业主全部工程款100万元,自建部分成本为16万元,支付C公司分包款80万元。诚信建筑公司向业主开具了增值税专用发票。

相关会计处理如下。

诚信建筑公司按差额计算增值税进行纳税申报,应纳增值税税额=(1 000 000-800 000)÷(1+3%)×3%=5 825.24(元)

(1)工地发生成本费用时

借:工程施工——合同成本 160 000
　　贷:原材料等 160 000

(2)支付C公司分包款时

借:工程施工——合同成本 800 000
　　贷:银行存款 800 000

(3)取得分包发票且纳税义务发生时

允许抵扣的税额=800 000÷(1+3%)×3%=23 300.97(元)

借:应交税费——简易计税 23 300.97
　　贷:工程施工——合同成本 23 300.97

(4)确认收入和费用时

合同总收入=1 000 000÷(1+3%)=970 873.79(元)

合同总成本=160 000+(800 000-23 300.97)=936 699.03(元)

借:主营业务成本 936 699.03
　　工程施工——合同毛利(970 873.79-936 699.03) 34 174.76

项目二　增值税实务

　　　　贷：主营业务收入　　　　　　　　　　　　　　　　　　　970 873.79
（5）收取业主工程款时
不含税金额＝1 000 000÷（1＋3％）＝970 873.79（元）
增值税税额＝970 873.79×3％＝29 126.21（元）
　　借：银行存款　　　　　　　　　　　　　　　　　　　　　1 000 000
　　　　贷：工程结算　　　　　　　　　　　　　　　　　　　　　970 873.79
　　　　　　应交税费——简易计税　　　　　　　　　　　　　　　 29 126.21
（6）工程项目结束时
　　借：工程结算　　　　　　　　　　　　　　　　　　　　　　970 873.79
　　　　贷：工程施工——合同成本　　　　　　　　　　　　　　　936 699.03
　　　　　　工程施工——合同毛利　　　　　　　　　　　　　　　 34 174.76
简易计征应纳增值税税额＝29 126.21－23 300.97＝5 825.24（元）

> **提示**
> 　　简易计税方法下，建筑业差额纳税属于可以全额开具增值税专用发票的情况。业主取得增值税专用发票后，可以抵扣的增值税进项税额应包括全部工程的增值税。

（二）金融商品转让按规定以盈亏相抵后的余额作为销售额的会计处理

　　金融商品实际转让月末，如果产生转让收益，则按应纳税额借记"投资收益"等科目，贷记"应交税费——转让金融商品应交增值税"科目；金融商品实际转让月末，如果产生转让损失，则按可结转下月抵扣税额，借记"应交税费——转让金融商品应交增值税"科目，贷记"投资收益"等科目。

　　缴纳增值税时，应借记"应交税费——转让金融商品应交增值税"科目，贷记"银行存款"科目。

　　年末，"应交税费——转让金融商品应交增值税"科目如有借方余额，则借记"投资收益"等科目，贷记"应交税费——转让金融商品应交增值税"科目。

　　金融商品转让不得开具增值税专用发票。

　　**例2-74**　爱股票公司为一般纳税人。2024年2月买入国债，买入价为10万元，2024年12月卖出，卖出价为20万元，未开具发票。2024年10月买入股票，买入价为20万元，2024年12月卖出，卖出价为15万元，未开具发票。

　　金融商品卖出价＝200 000＋150 000＝350 000（元）
　　金融商品买入价＝100 000＋200 000＝300 000（元）
　　金融商品转让销售额＝350 000－300 000＝50 000（元）
　　不含税销售额＝50 000÷（1＋6％）＝47 169.81（元）
　　销项税额＝47 169.81×6％＝2 830.19（元）
　　增值税会计处理如下。
（1）计算12月增值税时
　　借：投资收益　　　　　　　　　　　　　　　　　　　　　　　　2 830.19
　　　　贷：应交税费——转让金融商品应交增值税　　　　　　　　　　2 830.19

（2）缴纳12月增值税时

借：应交税费——转让金融商品应交增值税　　　　　　　　　2 830.19
　　贷：银行存款　　　　　　　　　　　　　　　　　　　　　　　2 830.19

例2-75 A企业（一般纳税人）2024年10月10日购入甲上市公司股票10万股，每股市价10元，支付价款100万元。当月20日卖出5万股，卖出时每股市价12元。

2024年11月1日，购入乙上市公司股票6万股，每股市价15元。11月30日，A企业将手中的股票全部售出，售出时，甲上市公司股票每股市价13元，乙上市公司股票每股市价12元。2024年12月份，A企业未发生任何股票交易。请对A企业以上业务的增值税和会计事项做出处理。

10月份的增值税和会计处理如下。

（1）购买甲上市公司股票时

借：交易性金融资产——甲上市公司股票　　　　　　　　　　1 000 000
　　贷：其他货币资金——存出投资款　　　　　　　　　　　　　1 000 000

（2）转让甲上市公司股票时

借：其他货币资金——存放证券款项　　　　　　　　　　　　　600 000
　　贷：交易性金融资产——甲上市公司股票　　　　　　　　　　　500 000
　　　　投资收益——甲上市公司股票　　　　　　　　　　　　　　100 000

（3）计提增值税时

增值税含税销售额=卖出价-买入价=50 000×（12-10）=100 000（元）

增值税不含税销售额=100 000÷（1+6%）=94 339.62（元）

增值税应纳税额=94 339.62×6%=5 660.38（元）

借：投资收益——甲上市公司股票　　　　　　　　　　　　　　5 660.38
　　贷：应交税费——转让金融商品应交增值税　　　　　　　　　　5 660.38

（4）缴纳增值税时

借：应交税费——转让金融商品应交增值税　　　　　　　　　　5 660.38
　　贷：银行存款　　　　　　　　　　　　　　　　　　　　　　　5 660.38

11月份转让金融商品，相关会计处理如下。

（1）购入乙上市公司股票时

借：交易性金融资产——乙上市公司股票　　　　　　　　　　　900 000
　　贷：其他货币资金——存出投资款　　　　　　　　　　　　　　900 000

（2）销售甲上市公司股票时

借：其他货币资金——存出投资款　　　　　　　　　　　　　　650 000
　　贷：交易性金融资产——甲上市公司股票　　　　　　　　　　　500 000
　　　　投资收益——甲上市公司股票　　　　　　　　　　　　　　150 000

（3）销售乙上市公司股票时

借：其他货币资金——存出投资款　　　　　　　　　　　　　　720 000
　　投资收益——甲上市公司股票　　　　　　　　　　　　　　　180 000
　　贷：交易性金融资产——甲上市公司股票　　　　　　　　　　　900 000

（4）对当月股票转让损失的增值税进行会计处理

增值税含税销售额=卖出价-买入价=50 000×（13-10）+60 000×（12-15）
　　　　　　　　=-30 000（元）

因11月股票转让盈亏相抵后为负差，当月没有增值税销售额。

可结转下月抵扣税额=30 000÷（1+6%）×6%=1 698.11（元）

借：应交税费——转让金融商品应交增值税　　　　　　　1 698.11
　　贷：投资收益——乙上市公司股票　　　　　　　　　　　　1 698.11

注意，该借方余额可用来抵减以后月份的增值税应纳税额。

（5）2024年年末时

借：投资收益——乙上市公司股票　　　　　　　　　　　1 698.11
　　贷：应交税费——转让金融商品应交增值税　　　　　　　　1 698.11

> 纳税人转让金融商品，按照卖出价扣除买入价后的余额为销售额。转让金融商品出现的正差，以盈亏相抵后的余额为销售额。如果相抵后出现负差，则可结转入下一纳税期与下期转让金融商品销售额相抵。但年末时仍出现负差的，不得转入下一个会计年度。

四、出口退税的会计处理

为核算纳税人出口货物应收取的出口退税款，应设置"应收出口退税款"科目。该科目借方反映销售出口货物按规定向税务机关申报应退回的增值税、消费税等，贷方反映实际收到的出口货物应退回的增值税、消费税等；期末借方余额，反映尚未收到的应退税额。

（一）未实行"免、抵、退"办法的一般纳税人出口货物

按规定退税的，按规定计算的应收出口退税额，借记"应收出口退税款"科目，贷记"应交税费——应交增值税（出口退税）"科目。收到出口退税时，借记"银行存款"科目，贷记"应收出口退税款"科目。

退税额低于购进时取得的增值税专用发票上的增值税税额的差额，借记"主营业务成本"科目，贷记"应交税费——应交增值税（进项税额转出）"科目。

（二）实行"免、抵、退"办法的一般纳税人出口货物

在货物出口销售后结转产品销售成本时，按规定计算的退税额低于购进时取得的增值税专用发票上的增值税税额的差额，借记"主营业务成本"科目，贷记"应交税费——应交增值税（进项税额转出）"科目；按规定计算的当期出口货物的进项税抵减内销产品的应纳税额，借记"应交税费——应交增值税（出口抵减内销产品应纳税额）"科目，贷记"应交税费——应交增值税（出口退税）"科目。

在规定期限内，内销产品的应纳税额不足以抵减出口货物的进项税额，不足部分按有关税法规定给予退税的，应在实际收到退税款时，借记"银行存款"科目，贷记"应交税费——应交增值税（出口退税）"科目。

例 2-76 环球公司是具有进出口经营权的生产企业,既在境内销售自产货物,也出口自产货物。该企业2024年8月份购进原材料、辅助材料等货物,取得增值税专用发票并已通过认证,注明价款为4 000 000元、增值税税额为520 000元。内销产品取得销售额2 000 000元,出口货物离岸价折合人民币4 000 000元,已收款。假设上期留抵税款为50 000元,增值税税率为13%,退税率为11%。

环球公司相关会计处理如下。

(1) 外购原材料、辅助材料等时

借:原材料	4 000 000
应交税费——应交增值税(进项税额)	520 000
贷:银行存款	4 520 000

(2) 产品出口,收到货款时

借:银行存款	4 000 000
贷:主营业务收入	4 000 000

(3) 境内销售产品时

借:银行存款	2 260 000
贷:主营业务收入	2 000 000
应交税费——应交增值税(销项税额)	260 000

月末,结转销售货物的成本(略),计算确定当月出口货物不予抵扣和退税的税额、免抵退税额、出口退税额、应纳税额。

不得免征和抵扣税额=当期出口货物离岸价×人民币外汇牌价×(征税率-退税率)
　　　　　　　　　=4 000 000×(13%-11%)=80 000(元)

借:主营业务成本	80 000
贷:应交税费——应交增值税(进项税额转出)	80 000

本月应纳税额=销项税额-进项税额=当期内销货物的销项税额-(当期进项税额+
　　　　　　上期留抵税款-当期不予抵扣或退税的金额)
　　　　　　=320 000-(640 000+50 000-80 000)=-290 000(元)

本月免抵退税额=当期出口货物离岸价×人民币外汇牌价×退税率
　　　　　　　=4 000 000×11%=440 000(元)

290 000元(当期期末留抵税额)<440 000元(当期免抵退税额)

当期应退税额=当期期末留抵税额=290 000(元)

当期免抵税额=当期免抵退税额-当期应退税额=440 000-290 000=150 000(元)

借:应收出口退税款	290 000
应交税费——应交增值税(出口抵减内销产品应纳税额)	150 000
贷:应交税费——应交增值税(出口退税)	440 000

(4) 实际收到出口退税款时

借:银行存款	290 000
贷:应收出口退税款	290 000

（三）销售自己使用过的固定资产

自 2009 年 1 月 1 日起，纳税人销售自己使用过的固定资产，应分不同情形征收增值税：销售自己使用过的 2009 年 1 月 1 日以后购进或自制的固定资产，按照适用税率征收增值税；销售自己使用过的 2008 年 12 月 31 日以前购进或自制的固定资产，2014 年 7 月 1 日前按照 4% 征收率减半征收增值税，自 2014 年 7 月 1 日起，按照 3% 征收率减按 2% 征收增值税。

例 2-77 F 公司为增值税一般纳税人。2024 年 6 月 10 日，转让 4 月份购入的机器设备，原值 100 000 元，已提折旧 5 000 元，转让价 79 100 元。转让 2008 年以前购进的机器设备，原值 200 000 元，已提折旧 100 000 元，转让价 103 000 元。

F 公司相关会计处理如下。

转让 4 月购入的机器设备：按适用税率计算增值税。

不含税销售额 = 79 100 ÷ （1 + 13%） = 70 000（元）

增值税税额 = 70 000 × 13% = 9 100（元）

借：固定资产清理	95 000
累计折旧	5 000
贷：固定资产	100 000
借：银行存款	79 100
贷：固定资产清理	70 000
应交税费——应交增值税（销项税额）	9 100
借：资产处置损益	25 000
贷：固定资产清理	25 000

转让 2008 年以前购进的机器设备按简易征税办法计算增值税。

不含税销售额 = 103 000 ÷ （1 + 3%） = 100 000（元）

应纳增值税税额 = 100 000 × 3% = 3 000（元）

应纳增值税减征额 = 100 000 × 1% = 1 000（元）

实际应纳增值税税额 = 100 000 × 2% = 2 000（元）

借：固定资产清理	100 000
累计折旧	100 000
贷：固定资产	200 000
借：银行存款	103 000
贷：固定资产清理	100 000
应交税费——简易计税	3 000
借：应交税费——简易计税	1 000
贷：固定资产清理	1 000
借：固定资产清理	2 000
贷：资产处置损益	2 000

五、其他增值税业务的会计处理

（一）月末转出多缴增值税和未缴增值税的会计处理

月度终了，企业应当将当月应缴未缴或多缴的增值税自"应交增值税"明细科目转入"未交增值税"科目。对于当月应缴未缴的增值税，借记"应交税费——应交增值税（转出未交增值税）"科目，贷记"应交税费——未交增值税"科目；对于当月多缴的增值税，借记"应交税费——未交增值税"科目，贷记"应交税费——应交增值税（转出多交增值税）"科目。

（二）增值税期末留抵税额的会计处理

纳入"营改增"税收政策试点当月月初，原增值税一般纳税人应按不得从销售服务、无形资产或不动产的销项税额中抵扣的增值税留抵税额，借记"应交税费——增值税留抵税额"科目，贷记"应交税费——应交增值税（进项税额转出）"科目。待以后期间允许抵扣时，按允许抵扣的金额，借记"应交税费——应交增值税（进项税额）"科目，贷记"应交税费——增值税留抵税额"科目。

（三）小规模纳税人的会计处理

小规模纳税人购买物资、服务、无形资产或不动产，取得的增值税专用发票上注明的增值税税额应计入相关成本费用或资产，不通过"应交税费——应交增值税"科目核算。

小规模纳税人采取简易办法计算增值税，其征收率为3%，按不含税销售额乘以征收率，计算其应缴增值税税额。在会计核算时，设置"应交增值税"科目，不需要设置专栏。

例 2-78 Y公司为增值税小规模纳税人。9月份购进货物 11 600元，货物收到尚未付款；销售取得零售收入 51 500元。10月5日上缴9月份增值税。

相关会计处理如下。

销售额 = 51 500 ÷（1 + 3%）= 50 000（元）

增值税税额 = 50 000 × 3% = 1 500（元）

借：银行存款　　　　　　　　　　　　　　　　　　　51 500
　　贷：主营业务收入　　　　　　　　　　　　　　　　50 000
　　　　应交税费——应交增值税　　　　　　　　　　　 1 500

（1）购进货物时

借：库存商品　　　　　　　　　　　　　　　　　　　11 600
　　贷：应付账款　　　　　　　　　　　　　　　　　　11 600

（2）10月5日上缴9月份应纳增值税时

借：应交税费——应交增值税　　　　　　　　　　　　 1 500
　　贷：银行存款　　　　　　　　　　　　　　　　　　 1 500

（四）关于小微企业免征增值税的会计处理

小微企业在取得销售收入时，应当按照税法的规定计算应缴增值税税额，并确认为应缴税费，在达到增值税制度规定的免征增值税条件时，将有关应缴增值税税额转入当期损益。

项目二　增值税实务

任务四　增值税纳税申报

自 2021 年 8 月 1 日起，增值税与城市维护建设税、教育费附加、地方教育附加申报表整合，启用《增值税及附加税费申报表（一般纳税人适用）》《增值税及附加税费申报表（小规模纳税人适用）》《增值税及附加税费预缴表》及其附列资料。

一、财务报表相关项目列示

"应交税费"科目下的"应交增值税""未交增值税""待抵扣进项税额""待认证进项税额""增值税留抵税额"等科目期末借方余额应根据情况，在资产负债表中的"其他流动资产"或"其他非流动资产"项目列示；"应交税费——待转销项税额"等科目期末贷方余额应根据情况，在资产负债表中的"其他流动负债"或"其他非流动负债"项目列示；"应交税费"科目下的"未交增值税""简易计税""转让金融商品应交增值税""代扣代交增值税"等科目期末贷方余额应在资产负债表中的"应交税费"项目列示。

二、纳税申报资料和申报缴纳流程

增值税纳税人纳税申报需要提交的资料包括纳税申报表及其附列资料和其他资料。

（一）一般纳税人申报缴纳流程

1．抄税

一般纳税人进行纳税申报必须实行电子信息采集。使用防伪税控系统开具增值税专用发票的纳税人必须在抄税成功后，方可进行纳税申报。

2．填写纳税申报表及其附列资料

纳税申报表及其附列资料是增值税一般纳税人（以下简称一般纳税人）增值税申报的必报资料。一般纳税人纳税申报表填写步骤如下。

1）所有一般纳税人填写"增值税及附加税费申报表附列资料（一）（本期销售情况明细）"第 1 至 11 列。

2）有扣除项目的一般纳税人填写"增值税及附加税费申报表附列资料（三）（服务、不动产和无形资产扣除项目明细）"。

3）有扣除项目的一般纳税人填写"增值税及附加税费申报表附列资料（一）（本期销售情况明细）"第 12 至 14 列。

4）所有一般纳税人填写"增值税及附加税费申报表附列资料（二）（本期进项税额明细）"。

5）有税额抵减业务的一般纳税人填写"增值税及附加税费申报表附列资料（四）（税额抵减情况表）"。

6）根据上述附表数据，所有一般纳税人填写"增值税及附加税费申报表（一般纳税人适用）"（主表）（格式与内容见表 2-18）。

表 2-18 增值税及附加税费申报表
（一般纳税人适用）

根据国家税收法律法规及增值税相关规定制定本表。纳税人不论有无销售额，均应按税务机关核定的纳税期限填写本表，并向当地税务机关申报。

税款所属时间：自　年　月　日至　年　月　日　填表日期：　年　月　日　　金额单位：元（列至角分）
纳税人识别号（统一社会信用代码）：□□□□□□□□□□□□□□□□□□　所属行业：

纳税人名称：		法定代表人姓名		注册地址		生产经营地址	
开户银行及账号		登记注册类型				电话号码	

	项　目	栏　次	一般项目		即征即退项目	
			本月数	本年累计	本月数	本年累计
销售额	（一）按适用税率计税销售额	1				
	其中：应税货物销售额	2				
	应税劳务销售额	3				
	纳税检查调整的销售额	4				
	（二）按简易办法计税销售额	5				
	其中：纳税检查调整的销售额	6				
	（三）免、抵、退办法出口销售额	7			—	—
	（四）免税销售额	8			—	—
	其中：免税货物销售额	9			—	—
	免税劳务销售额	10			—	—
税款计算	销项税额	11				
	进项税额	12				
	上期留抵税额	13				
	进项税额转出	14				
	免、抵、退应退税额	15				
	按适用税率计算的纳税检查应补缴税额	16				
	应抵扣税额合计	17=12+13-14-15+16		—		—
	实际抵扣税额	18（如17<11，则为17，否则为11）				
	应纳税额	19=11-18				
	期末留抵税额	20=17-18				—
	简易计税办法计算的应纳税额	21				
	按简易计税办法计算的纳税检查应补缴税额	22				
	应纳税额减征额	23				
	应纳税额合计	24=19+21-23				
税款缴纳	期初未缴税额（多缴为负数）	25				
	实收出口开具专用缴款书退税额	26			—	—
	本期已缴税额	27=28+29+30+31				
	①分次预缴税额	28		—		—
	②出口开具专用缴款书预缴税额	29		—		—
	③本期缴纳上期应纳税额	30				
	④本期缴纳欠缴税额	31				
	期末未缴税额（多缴为负数）	32=24+25+26-27				
	其中：欠缴税额（≥0）	33=25+26-27		—		—
	本期应补(退)税额	34=24-28-29				
	即征即退实际退税额	35	—	—		
	期初未缴查补税额	36			—	—
	本期入库查补税额	37			—	—
	期末未缴查补税额	38=16+22+36-37			—	—
附加税费	城市维护建设税本期应补（退）税额	39			—	—
	教育费附加本期应补（退）费额	40			—	—
	地方教育附加本期应补（退）费额	41			—	—

声明：此表是根据国家税收法律法规及相关规定填写的，本人（单位）对填报内容（及附带资料）的真实性、可靠性、完整性负责。

纳税人（签章）：　　年　月　日

经办人：		
经办人身份证号：	受理人：	
代理机构签章：		
代理机构统一社会信用代码：	受理税务机关（章）：	受理日期：　年　月　日

3．整理纳税申报必报资料

增值税一般纳税人纳税申报的必报资料包括如下内容。

① 增值税及附加税费申报表（一般纳税人适用）及其附列资料。

② 使用防伪税控系统的纳税人，必须报送记录当期纳税信息的 IC 卡（明细数据备份在软盘上的纳税人，还须报送备份数据软盘）、增值税专用发票存根联明细表及增值税专用发票抵扣联明细表。

③ 会计报表。

④ 成品油购销存情况明细表（发生成品油零售业务的纳税人填报）。

⑤ 主管税务机关规定的其他必报资料。

4．整理纳税申报其他资料

① 已开具的机动车销售统一发票和普通发票的存根联。

② 符合抵扣条件且在本期申报抵扣的增值税专用发票、税控机动车销售统一发票的抵扣联。

③ 符合抵扣条件且在本期申报抵扣的海关进口增值税专用缴款书、购进农产品取得的普通发票的复印件。

④ 符合抵扣条件且在本期申报抵扣的中华人民共和国税收缴款凭证及其清单，书面合同、付款证明和境外单位的对账单或发票。

⑤ 已开具的农产品收购凭证的存根联或报查联。

⑥ 纳税人提供应税服务，在确定应税服务销售额时，按照有关规定从取得的全部价款和价外费用中扣除价款的合法凭证及其清单。

⑦ 主管税务机关规定的其他资料。

5．纳税申报并缴纳税款

6．对缴纳税款业务进行会计处理

注意

纳税申报其他资料的报备要求由各省、自治区、直辖市和计划单列市税务局确定。

（二）小规模纳税人申报缴纳流程

1．填制纳税申报表及其附列资料

① 有扣除业务的小规模纳税人填写"增值税及附加税费申报表（小规模纳税人适用）附列资料（一）（服务、不动产和无形资产扣除项目明细）"。

② 有税收优惠业务的小规模纳税人填写"增值税减免税申报明细表"。

③ 所有小规模纳税人填写"增值税及附加税费申报表（小规模纳税人适用）"（主表）（格式与内容见表 2-19）。

表 2-19 增值税及附加税费申报表
（小规模纳税人适用）

纳税人识别号（统一社会信用代码）：□□□□□□□□□□□□□□□□□□

纳税人名称：　　　　　　　　　　　　　　　　　　　　　　　　　　金额单位：元（列至角分）

税款所属期：　　年　月　日至　　年　月　日　　　　　　　　　填表日期：　　年　月　日

			本期数		本年累计	
	项 目	栏 次	货物及劳务	服务、不动产和无形资产	货物及劳务	服务、不动产和无形资产
一、计税依据	（一）应征增值税不含税销售额（3%征收率）	1				
	增值税专用发票不含税销售额	2				
	其他增值税发票不含税销售额	3				
	（二）应征增值税不含税销售额（5%征收率）	4		—		—
	增值税专用发票不含税销售额	5		—		—
	其他增值税发票不含税销售额	6		—		—
	（三）销售使用过的固定资产不含税销售额	7(7≥8)		—		—
	其中：其他增值税发票不含税销售额	8		—		—
	（四）免税销售额	9=10+11+12				
	其中：小微企业免税销售额	10				
	未达起征点销售额	11				
	其他免税销售额	12				
	（五）出口免税销售额	13(13≥14)				
	其中：其他增值税发票不含税销售额	14				
二、税款计算	本期应纳税额	15				
	本期应纳税额减征额	16				
	本期免税额	17				
	其中：小微企业免税额	18				
	未达起征点免税额	19				
	应纳税额合计	20=15-16				
	本期预缴税额	21				
	本期应补（退）税额	22=20-21		—		—
三、附加税费	城市维护建设税本期应补（退）税额	23				
	教育费附加本期应补（退）费额	24				
	地方教育附加本期应补（退）费额	25				

声明：此表是根据国家税收法律法规及相关规定填写，本人（单位）对填报内容（及附带资料）的真实性、可靠性、完整性负责。

　　　　　　　　　　　　　　　　　　　　　　　　　　　纳税人（签章）：　　　　　　年　月　日

经办人：	受理人：
经办人身份证号：	
代理机构签章：	受理税务机关（章）：
代理机构统一社会信用代码：	受理日期：　　年　月　日

2．整理申报资料

增值税小规模纳税人进行增值税纳税申报时，应提交以下资料。

① 增值税及附加税费申报表（小规模纳税人适用）（主表）。

② 增值税及附加税费申报表（小规模纳税人适用）附列资料。

③ 增值税减免税申报明细表。

④ 会计报表。

⑤ 主管税务机关要求的其他资料。

3．纳税申报并缴纳税款

4．对缴纳税款业务进行会计处理

三、缴纳增值税税款的会计处理

缴纳增值税税款的会计处理

（一）缴纳当月应缴增值税的会计处理

企业缴纳当月应缴增值税，收到完税凭证，借记"应交税费——应交增值税（已交税金）"科目（小规模纳税人应借记"应交税费——应交增值税"科目），按实际纳税金额贷记"银行存款"科目，按加计抵减的金额贷记"其他收益"科目。

（二）上缴上月应缴增值税或以前期间未缴增值税的会计处理

企业按规定申报上月应缴增值税或以前期间未缴增值税，收到完税凭证，借记"应交税费——未交增值税"科目，按实际纳税金额贷记"银行存款"科目，按加计抵减的金额贷记"其他收益"科目。

例 2-79 某印刷厂（增值税一般纳税人）以10天为一期计算缴纳增值税，次月15日内申报纳税并结清上月税款。5月上旬，购进材料2 000 000元，增值税税额为260 000元；实现销售收入5 000 000元，增值税税额为650 000元。5月12日，缴纳上月应纳增值税100 000元。

相关会计处理如下。

当月应纳增值税税额 = 650 000 - 260 000 = 390 000（元）

借：应交税费——应交增值税（已交税金）　　　　　390 000
　　应交税费——未交增值税　　　　　　　　　　　100 000
　　贷：银行存款　　　　　　　　　　　　　　　　　　　490 000

（三）预缴增值税的会计处理

企业预缴增值税时，借记"应交税费——预交增值税"科目，贷记"银行存款"科目。

月末，企业应将"预交增值税"科目余额转入"未交增值税"科目，借记"应交税费——未交增值税"科目，贷记"应交税费——预交增值税"科目。

房地产开发企业等在预缴增值税后，应直至纳税义务发生时方可从"应交税费——预交增值税"科目结转至"应交税费——未交增值税"科目。

（四）减免增值税的会计处理

增值税减免分先征收后返还、即征即退、直接减免3种形式，其会计处理有所不同，但企业收到返还的增值税都应通过"营业外收入——政府补助"科目进行核算。

采用先征收后返还、即征即退进行减免的企业，收到返还的增值税税款时，直接借记"银行存款"科目，贷记"营业外收入——政府补助"科目；采用直接减免的企业，应借记"应交税费——应交增值税（减免税款）"科目，贷记"营业外收入——政府补助"科目。

工作完成情况

1. 日常涉税业务会计核算

（1）3日，自行购买纸张

借：原材料	2 000 000
应交税费——应交增值税（进项税额）	260 000
贷：银行存款	2 260 000

（2）10日，向保定旅游出版社提交所委托印刷的图书时

借：应收账款	3 161 000
贷：主营业务收入	2 900 000
应交税费——应交增值税（销项税额）	261 000
借：主营业务成本	2 800 000
贷：库存商品	2 800 000

（3）12日，向报社提交报纸时，收取加工费

借：银行存款——工行存款	226 000
贷：主营业务收入	200 000
应交税费——应交增值税（销项税额）	26 000

（4）12日，支付物流公司运费

借：销售费用	20 000
应交税费——应交增值税（进项税额）	1 800
贷：银行存款	21 800

（5）12日，购买纸张

借：原材料	400 000
应交税费——应交增值税（进项税额）	52 000
贷：银行存款	452 000

（6）20日，向学校提交记录本和练习本时

增值税税额=565 000÷（1+13%）×13%=65 000（元）

借：应收账款	565 000
贷：主营业务收入	500 000
应交税费——应交增值税（销项税额）	65 000
借：主营业务成本	360 000
贷：库存商品	360 000

（7）25日，销售印刷过程中产生的纸张边角废料，取得含税收入3 000元

不含税销售额=3 000÷（1+13%）×13%=345.13（元）

借：银行存款——工行存款	3 000

贷：其他业务收入　　　　　　　　　　　　　　　　　　　　　2 654.87
　　　　应交税费——应交增值税（销项税额）　　　　　　　　　　345.13
　当月购买其他印刷用材料，取得的增值税专用发票上注明的价款为300 000元、增值税税额为39 000元。以银行存款支付货款。
　　借：原材料　　　　　　　　　　　　　　　　　　　　　　　300 000
　　　　应交税费——应交增值税（进项税额）　　　　　　　　　　39 000
　　贷：银行存款　　　　　　　　　　　　　　　　　　　　　　　339 000
（8）月末盘点时发现部分库存纸张因保管不善潮湿霉烂，账面成本为5 700元。
　增值税进项税额转出＝5 700×13％＝741（元）
　　借：待处理财产损溢——待处理流动资产损溢　　　　　　　　　6 441
　　贷：原材料　　　　　　　　　　　　　　　　　　　　　　　　5 700
　　　　应交税费——应交增值税（进项税额转出）　　　　　　　　　741

2．企业计算应纳增值税税额的过程

（1）应税销售额＝2 900 000＋200 000＋500 000＋2 654.87
　　　　　　　＝3 602 654.87（元）
（2）当月增值税销项税额＝261 000＋26 000＋65 000＋345.13＝352 345.13（元）
　　当月增值税进项税额＝260 000＋1 800＋52 000＋39 000＝352 800（元）
　　增值税进项税额转出＝741（元）
（3）应纳增值税税额＝352 345.13－（352 800－741）＝286.13（元）

3．填制纳税申报表和附列资料

4．月末计算的增值税为正数，需要缴纳增值税，月末结转至未缴增值税明细科目

技能训练

试题自测

一、判断题

1．纳税人兼营免税、减税项目的，应当分别核算免税、减税项目的销售额。未分别核算的，不得免税、减税。　　　　　　　　　　　　　　　　　　（　）
2．销售商品向购买方收取的全部价外费用，应并入销售额计算纳税。　　（　）
3．纳税人销售货物所收取的包装物押金，一律不得并入销售额征税。　　（　）
4．增值税一般纳税人将购买的货物无偿赠送给他人，因该货物购买时已经缴纳增值税，因而在赠送他人时不再计入销售额征税。　　　　　　　　　　　　　　　　（　）
5．在"营改增"税收政策施行后，某空调生产企业利用本企业运输队的汽车，采用送货制销售空调，其销售行为不再属于混合销售行为。　　　　　　　　　　　　（　）
6．小规模纳税人销售农产品适用10％的低税率。　　　　　　　　　　（　）
7．一般纳税人因销售货物退回或折让而退还给购买方的增值税税额，应从销售货物当期的销项税额中扣减。　　　　　　　　　　　　　　　　　　　　　　　（　）
8．因自然灾害造成企业购进货物的损失，增值税进项税额可以从当期销项税额中抵扣。（　）

9. 纳税人销售货物（增值税税率为13%）、提供货物运输服务，应当分别核算各自的销售额。未分别核算的，适用13%的增值税税率。（ ）

10. 一般纳税人进行纳税申报必须实行电子信息采集。（ ）

11. 增值税纳税申报表为增值税一般纳税人申报的必报资料。（ ）

12. 已开具的税控机动车销售统一发票和普通发票的存根联是增值税一般纳税人申报的其他资料。（ ）

13. 小规模纳税人当月无发生额，就不用填报增值税纳税申报表。（ ）

14. 已开具的农产品收购凭证的存根联或报查联是增值税纳税人申报的其他资料。（ ）

15. 增值税纳税人必须在抄税成功后，方可进行纳税申报。（ ）

二、单选题

1. 增值税一般纳税人购买汽车的增值税进项税额抵扣凭证为（   ）。
   A. 增值税专用发票   B. 税控机动车销售统一发票
   C. 增值税普通发票   D. 机动车销售发票

2. 增值税一般纳税人缴纳当月应缴增值税，借方应记入"应交税费"下的（   ）科目。
   A. "未交增值税"   B. "应交增值税（已交税金）"
   C. "预交增值税"   D. "应交增值税"

3. 某酒厂为增值税一般纳税人，5月向一家小规模纳税人销售粮食白酒，开具的增值税普通发票上注明的金额为56 500元。同时，收取单独核算的包装物押金1 130元（尚未逾期）。那么，此业务酒厂应计算的增值税销项税额为（   ）元。
   A. 6 500   B. 7 540   C. 6 630   D. 6 370

4. 某摩托车厂12月自产的10辆摩托车被盗，每辆成本为4 500元（材料成本占60%），每辆对外销售额为5 000元（不含税）。本月增值税进项税额转出额为（   ）元。
   A. 3 900   B. 5 850   C. 6 500   D. 3 510

5. 下列各项中，增值税一般纳税人的增值税进项税额不得从销项税额中抵扣的是（   ）。
   A. 接受的旅客运输服务   B. 接受的货物运输服务
   C. 自然灾害损失的购进货物   D. 购进农产品

6. 某商场6月1日分3期收款销售货物一批，合同约定的收款时间是每月20日，但直到7月末仍没有收到7月份应收的货款。那么，该批货物销售在7月份处理的方法为（   ）。
   A. 不做销售处理，不计算缴纳增值税
   B. 应做销售处理，并计算缴纳增值税
   C. 应做销售处理，可缓征增值税
   D. 不做销售处理，但计算缴纳增值税

7. 委托其他纳税人代销货物，其纳税义务发生的时间为（   ）。
   A. 收到代销单位销售的代销清单的当天
   B. 发出代销产品的当天   C. 按合同约定的收款日期的当天
   D. 代销方收到代销产品的当天

8. 购进货物用于（   ），其增值税进项税额不得抵扣。
   A. 交通运输服务   B. 加工服务   C. 个人消费   D. 修理修配服务

9. 下列不准予从增值税销项税额中抵扣的进项税额是（   ）。
   A. 从销售方取得的增值税专用发票上注明的增值税税额

B．从海关取得的海关进口增值税专用缴款书上注明的增值税税额

C．购进农产品，按照农产品收购发票上注明的农产品买价和扣除率计算的增值税税额

D．非正常损失的购进货物的增值税税额

10．"应交税费——应交增值税"科目的账页使用（　　）账簿格式。

  A．三栏式 B．数量金额式
  C．借方多栏、贷方多栏式 D．贷方多栏式

11．（　　）是"应交税费——应交增值税"科目设置的贷方明细栏目。

  A．"已交税金" B．"减免税款"
  C．"出口抵减内销产品应纳税额" D．"出口退税"

12．期末，"应交税费——应交增值税"科目如果有贷方余额，则将贷方余额结转到"应交税费——未交增值税"科目，结转后"应交增值税"科目（　　）。

  A．有借方余额 B．有贷方余额 C．余额为0 D．有借方、贷方两方余额

13．增值税一般纳税人纳税申报的必报资料是（　　）。

  A．增值税纳税申报表
  B．已开具的普通发票存根联
  C．符合抵扣条件且在本期申报抵扣的增值税专用发票的抵扣联
  D．符合抵扣条件且在本期申报抵扣的机动车销售统一发票的抵扣联

14．增值税一般纳税人纳税申报的其他资料是（　　）。

  A．增值税纳税申报表附列资料 B．增值税纳税申报表
  C．记录当期纳税信息的IC卡 D．已开具的普通发票存根联

15．以1个月为一期的增值税纳税人，于期满后（　　）日内申报缴纳增值税。

  A．1 B．5 C．10 D．15

三、多选题

1．增值税一般纳税人从销售方取得的增值税专用发票上注明的增值税税额准予从销项税额中抵扣。增值税专用发票包括（　　）。

  A．增值税专用发票 B．机动车销售统一发票
  C．增值税普通发票 D．增值税电子普通发票

2．下列各项中，属于增值税应税服务的有（　　）。

  A．加工面粉 B．修理房屋 C．修理汽车 D．加工服装

3．增值税扣税凭证是指（　　）。

  A．增值税专用发票 B．农产品收购发票
  C．增值税普通发票 D．农产品销售发票

4．将购买的货物用于下列项目，其增值税进项税额不予抵扣的有（　　）。

  A．免税项目 B．机器设备的维修
  C．职工集体福利 D．产品的生产

5．下列各项中，属于增值税应税服务的有（　　）。

  A．移动公司提供语音通话服务 B．装修公司装修房屋
  C．电梯厂销售电梯 D．4S店修理汽车

6．非正常损失是指因管理不善造成（　　）的损失，以及被执法部门依法没收或强令自行销毁的货物。

  A．被盗 B．丢失 C．霉烂变质 D．自然灾害损失

7. 下列各项中,属于"应交税费"二级科目的有(　　)。
　　A."未交增值税"　B."已交税金"　C."出口退税"　　D."简易计税"
8. 下列各项中,采用免、抵、退方法计算出口退税,使用"应交税费——应交增值税"科目专栏的有(　　)。
　　A. 已交税金　　　　　　　　B. 进项税额转出
　　C. 出口抵减内销产品应纳税额　D. 出口退税
9. 增值税一般纳税人购进不动产,确定合法扣税凭证已经认证,增值税税款核算使用"应交税费"科目下的(　　)科目。
　　A."进项税额"　　　　　　　B."应交增值税(进项税额)"
　　C."待认证进项税额"　　　　D."待抵扣进项税额"
10. 增值税一般纳税人用于(　　)的购进货物、接受加工修理修配劳务或应税服务的增值税进项税额不得从销项税额中抵扣。
　　A. 适用简易计税方法计税项目　B. 增值税应税项目
　　C. 免征增值税项目　　　　　　D. 集体福利或个人消费
11. "应交税费——应交增值税"科目的贷方明细栏目有(　　)。
　　A."已交税金"　B."减免税款"　C."销项税额"　D."出口退税"
12. "应交税费——应交增值税"科目的借方明细栏目有(　　)。
　　A."已交税金"　　　　　　　B."减免税款"
　　C."出口抵减内销产品应纳税额"　D."出口退税"
13. 下列关于增值税纳税义务发生时间的说法中,正确的有(　　)。
　　A. 纳税人采取直接收款方式销售货物,其增值税纳税义务发生时间为发出货物的当天
　　B. 纳税人采取托收承付方式销售货物,其增值税纳税义务发生时间为发出货物并办妥托收手续的当天
　　C. 纳税人采取赊销方式销售货物,其增值税纳税义务发生时间为书面合同约定的收款日期的当天
　　D. 纳税人进口货物,其增值税纳税义务发生时间为报关进口的当天
14. 增值税一般纳税人纳税申报的必报资料包括(　　)。
　　A. 增值税纳税申报表　　　　B. 增值税纳税申报表附列资料
　　C. 记录当期纳税信息的 IC 卡　D. 已开具的普通发票存根联
15. 增值税一般纳税人纳税申报的其他资料包括(　　)。
　　A. 增值税纳税申报表　　　　B. 增值税纳税申报表附列资料
　　C. 符合抵扣条件且在本期申报抵扣的增值税专用发票的抵扣联
　　D. 符合抵扣条件且在本期申报抵扣的机动车销售统一发票的抵扣联

四、思考题

1. 增值税应纳税额如何计算?
2. 增值税会计科目如何设置?
3. 涉及增值税的经济业务如何进行会计处理?
4. 增值税纳税申报表必报资料包括哪些?
5. 增值税纳税申报表怎样填制?

五、业务操作题

1. 某软件公司（增值税一般纳税人）8月销售外购的软件产品取得不含税销售额600 000元，已开具增值税专用发票；本月购进材料，取得的增值税专用发票上注明的价款为100 000元；支付运费，取得增值税专用发票，注明运输费用500元。增值税专用发票当月已通过认证。

要求：（1）计算当月应纳增值税税额。

（2）进行相应会计处理。

2. 甲公司是增值税一般纳税人，发生如下经济业务。

（1）2024年10月1日，将某商标权出租给乙公司使用，租期为4年，按年确认租金收入和摊销，每年收取不含税租金150万元，收取租金当日开出的增值税专用发票上注明的增值税税额为9万元。在出租期间，甲公司不再使用该商标权。该商标权系甲公司2022年10月1日购入的，初始入账价值为1 800万元，预计使用年限为15年，采用直线法摊销。假定按年摊销商标权，且不考虑增值税以外的其他相关税费。

（2）2024年11月1日，出售一项商标权，不含增值税价款为120万元，开出的增值税专用发票上注明的增值税税额为7.2万元，实际收到127.2万元，存入银行。该商标权成本为300万元，出售时已摊销金额为180万元，已计提的减值准备为30万元。

要求：根据经济业务，进行相应的会计处理。

3. 某工业企业系增值税一般纳税人。8月，同时生产免税甲产品和应税乙产品，本期共负担外购燃料柴油10吨。已知该批柴油外购时取得的增值税专用发票上注明的价款为87 300元、增值税税额为11 349元；当月实现产品销售收入总额350 000元，其中甲产品收入200 000元。已知乙产品适用13%的税率。增值税专用发票当月已通过认证。

要求：（1）计算当月应纳增值税税额。

（2）进行相应的会计处理。

4. 某交通运输企业为增值税一般纳税人。8月，进口一台货车自用，海关确定的完税价格为56万元，关税税率为10%。

要求：（1）计算当月应纳增值税税额。

（2）进行相应的会计处理。

5. 某书店为增值税小规模纳税人。8月发生业务如下。

（1）购入各类图书，合计不含税价款为2万元，取得增值税专用发票。

（2）销售各类图书，零售收入额为5.15万元。

（3）向社会收购古旧图书，支付价款2万元。当期销售古旧图书，零售收入额为3万元。

要求：（1）计算当月应纳增值税税额。

（2）进行相应的会计处理。

六、综合实训

实训目的：学生能够掌握增值税会计处理及其纳税申报。

实训要求：计算应纳增值税税额，填写增值税纳税申报表，进行相应的会计处理。

实训材料：增值税纳税申报表。

实训资料：某生产企业为增值税一般纳税人，取得的合法增值税扣税凭证当月已通过认证，货物适用税率为13%。6月发生如下业务。

（1）销售甲产品给某大型商场，开具增值税专用发票，取得不含税销售额80万元。

（2）销售乙产品，开具普通发票，取得含税销售额29.25万元。

(3) 将试制的一批应税新产品用于集体福利,成本价为 10 万元,成本利润率为 10%。该产品无同类产品市场销售价格。

(4) 销售 2008 年 3 月购进作为固定资产使用的小轿车 1 辆,开具普通发票,取得含税销售额 2.06 万元。该车原值 9 万元。

(5) 支付购货的运输费用,取得增值税专用发票,注明运费 5 万元。

(6) 购进货物取得增值税专用发票,注明支付货款 80 万元及增值税。

(7) 支付购货的运输费用,取得增值税专用发票,注明不含税运费 5 万元。

项目三

消费税实务

学习目标

通过消费税实务的学习，学生应学会应纳税额计算、消费税会计处理、纳税申报和税款缴纳等知识及技能。培育学生树立正确的消费观，增强学生的绿色环保意识。

工作过程

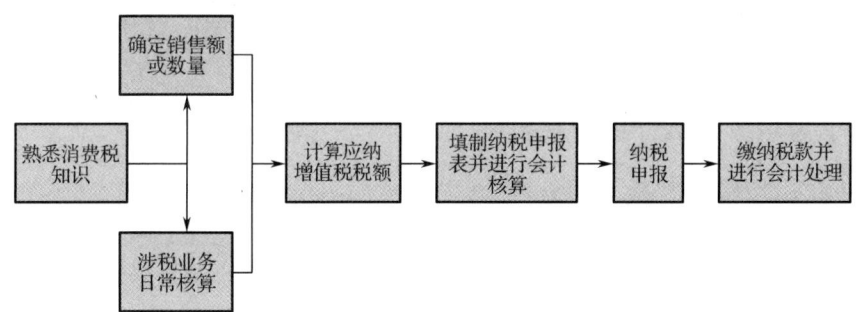

消费税事宜的办理

场景介绍	小张是某卷烟厂的会计，负责涉税业务核算和报税工作。该卷烟厂为增值税一般纳税人，7、8月份发生如下经济业务。 1）7月2日，使用上月外购的烟丝生产甲类卷烟，生产领用的烟丝购入时支付的含增值税的金额为101 700元。7月8日甲类卷烟生产完工入库，成本为300 000元。7月10日，销售甲类卷烟20个标准箱，共5 000标准条100万支。每标准条调拨价格120元（不含增值税），共计600 000元。采取托收承付结算方式，货已发出并办妥托收手续。 2）7月4日，将外购烟叶发给某烟丝加工厂，委托其加工成烟丝以备生产卷烟使用，发出材料（烟叶）成本100 000元、加工费36 000元。烟丝加工厂代垫辅助材料4 000元。7月20日，以银行存款支付加工费、辅助材料费和代缴的消费税，并收回加工好的烟丝，当日全部投入生产甲类卷烟。7月28日，10个标准箱共125标准条50万支卷烟生产完工入库，生产成本为207 800元。7月30日，全部售出，不含增值税价款为300 000元。款已收到。 3）8月8日，缴纳5月应纳消费税税款
工作目标	进行会计核算，计算应纳消费税税额，填制纳税申报表，进行纳税申报并缴纳税款
所需知识	消费税法律知识、消费税会计知识、纳税申报知识
已具备知识和技能	知识储备：消费税法律知识，包括纳税人、税目、计税依据、应纳税额的计算、纳税义务发生时间、纳税期限、纳税地点。 技能储备：消费税应纳税额的计算

任务一　计算消费税应纳税额

一、确定纳税人、税目、税率

> 中华人民共和国国务院令第539号:《中华人民共和国消费税暂行条例》已经2008年11月5日国务院第34次常务会议修订通过,现将修订后的《中华人民共和国消费税暂行条例》公布,自2009年1月1日起施行。

凡在中华人民共和国境内生产、委托加工和进口《中华人民共和国消费税暂行条例》(以下简称条例)规定消费品的单位和个人,以及国务院确定的销售本条例规定的消费品的其他单位和个人,均为消费税纳税义务人。

消费税的税目按产品类别设置,目前分为15项,有的税目还进一步划分若干子目,包括烟、酒、高档化妆品、贵重首饰及珠宝玉石、鞭炮、焰火、成品油、摩托车、小汽车、高尔夫球及球具、高档手表、游艇、木制一次性筷子、实木地板、电池、涂料。

消费税采用比例税率和定额税率两种形式。采用定额税率形式的税目和子目有黄酒、啤酒、成品油;同时采用比例税率和定额税率两种形式的税目和子目有卷烟、白酒;其他税目和子目采用比例税率形式。

二、从量定额办法计算应纳税额

实行从量定额办法的计算公式为:

$$应纳税额 = 销售数量 \times 单位税额$$

实行从量定额办法的应税消费品,其计税依据为应税消费品的销售数量。应纳税额计算的关键是确定应税消费品的销售数量,具体如下。

① 销售应税消费品的,为应税消费品的销售数量。
② 自产自用应税消费品的,为应税消费品的移送使用数量。
③ 委托加工应税消费品的,为纳税人收回的应税消费品数量。
④ 进口应税消费品的,为海关核定的应税消费品进口征税数量。

三、从价定率办法计算应纳税额

实行从价定率办法的计算公式为:

$$应纳税额 = 销售额 \times 税率$$

实行从价定率办法的应税消费品,其计税依据为应税消费品的销售额。由于消费税的纳税环节不同,所以其销售额也各不相同,现分别介绍如下。

(一)销售应税消费品

销售应税消费品的销售额为纳税人销售应税消费品向购买方收取的全部价款和价外费用。纳税人应税消费品的计税价格明显偏低且无正当理由的,由主管税务机关核定其计税价格。卷烟工业环节纳税人销售的卷烟,应按实际销售价格申报纳税,实际销售价格低于最低计税价格的,按照最低计税价格申报纳税。卷烟工业环节纳税人销售卷烟,因调拨价格调整重新开具增值税专用发票的,不再重新申报卷烟定额消费税。

销售额不包括应向购货方收取的增值税税额。如果纳税人应税消费品的销售额中未扣除增值税税额或因不得开具增值税专用发票而发生价款和增值税税额合并收取的,则在计算消费税税额时,应当换算为不含增值税税额的销售额。其换算公式为:

$$应税消费品的销售额 = 含增值税的销售额 \div (1 + 增值税税率或征收率)$$

应税消费品连同包装物销售的,无论包装物是否单独计价及在会计上如何核算,均应并入应税消费品的销售额中缴纳消费税。如果包装物不作价随同产品销售,而是收取押金,则此项押金不应并入应税消费品的销售额中征税。但对因逾期未收回的包装物不再退还的或已收取的时间超过 12 个月的押金,应并入应税消费品的销售额,按照应税消费品的适用税率缴纳消费税。对既作价随同应税消费品销售,又另外收取押金的包装物的押金,凡纳税人在规定的期限内没有退还的,均应并入应税消费品的销售额,按照应税消费品的适用税率缴纳消费税。

例 3-1 某生产企业为增值税一般纳税人。10 月销售应缴纳消费税的货物,开具普通发票含税金额为 22.6 万元,开具的增值税专用发票上注明的价款为 50 万元、增值税税额为 6.5 万元。该货物消费税税率为 30%。该企业 10 月份应纳消费税税额计算如下。

销售额 = 22.6 ÷ (1 + 13%) + 50 = 70 (万元)

应纳消费税税额 = 70 × 30% = 21 (万元)

(二) 自产自用应税消费品

纳税人自产自用的应税消费品,按照纳税人生产的同类消费品的销售价格计算纳税,没有同类消费品销售价格的按照组成计税价格计算纳税。实行从价定率办法计算纳税的组成计税价格的计算公式为:

$$组成计税价格 = (成本 + 利润) \div (1 - 比例税率)$$

式中,成本是指应税消费品的产品生产成本;利润是指根据应税消费品的全国平均成本利润率计算的利润。应税消费品的全国平均成本利润率由国家税务总局确定。

同类消费品的销售价格是指纳税人或代收代缴义务人当月销售的同类消费品的销售价格,如果当月同类消费品各期销售价格高低不同,则应按销售数量加权平均计算;如果当月无销售或当月未完结,则应按照同类消费品上月或最近月份的销售价格计算纳税。但销售的应税消费品有下列情况之一的,不得列入加权平均计算。

① 销售价格明显偏低且无正当理由的。

② 无销售价格的。

例 3-2 某汽车生产企业为增值税一般纳税人。10 月,将生产的新款汽车赠送给某明星。该款车没有市场同类产品销售价格。其成本为 15 万元,成本利润率为 8%,消费税税率为 25%。该企业 10 月份应纳消费税税额计算如下。

销售额 = 15 × (1 + 8%) ÷ (1 - 25%) = 21.6 (万元)

应纳消费税税额 = 21.6 × 25% = 5.4 (万元)

提示

纳税人用于换取生产资料和消费资料，投资入股和抵偿债务等方面的应税消费品，应当以纳税人同类应税消费品的最高销售价格作为计税依据计征消费税。

（三）委托加工应税消费品

委托加工应税消费品，按照受托方的同类消费品的销售价格计算纳税，没有同类消费品销售价格的按照组成计税价格计算纳税。实行从价定率办法计算纳税的组成计税价格的计算公式为：

$$组成计税价格 =（材料成本 + 加工费）\div（1 - 比例税率）$$

式中，材料成本是指委托方所提供加工材料的实际成本，委托加工应税消费品的纳税人必须在委托加工合同上如实注明（或以其他方式提供）材料成本，凡未提供材料成本的，受托方所在地主管税务机关有权核定其材料成本；加工费是指受托方加工应税消费品向委托方所收取的全部费用（包括代垫辅助材料的实际成本）。

例 3-3 某汽车制造厂委托外厂生产高尔夫球及球具。发出材料的成本为 65 000 元，支付不含税加工费为 38 000 元，消费税税率为 10%。试计算收回时的应纳消费税税额。

组成计税价格 =（65 000 + 38 000）÷（1 - 10%）= 114 444.44（元）

受托方代收代缴的消费税税额 = 114 444.44 × 10% = 11 444.44（元）

（四）进口的应税消费品

进口的应税消费品，按照组成计税价格计算纳税。实行从价定率办法计算纳税的组成计税价格的计算公式为：

$$组成计税价格 =（关税完税价格 + 关税）\div（1 - 消费税比例税率）$$

四、复合计税办法计算应纳税额

复合计税办法是从量定额和从价定率相结合的一种计税方法。目前，只有卷烟和白酒采用这种方法计税。其计算公式为：

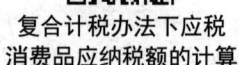
复合计税办法下应税消费品应纳税额的计算

$$应纳税额 = 销售额 \times 比例税率 + 销售数量 \times 定额税率$$

生产销售、自产自用、委托加工、进口卷烟和白酒的从量定额的计税依据分别为实际销售数量、移送使用数量、委托方收回数量、海关核定的进口征税数量。

生产销售卷烟和白酒的从价定率的计税依据为销售价格；自产自用、委托加工卷烟和白酒的从价定率的计税依据分别为纳税人生产的同类消费品的销售价格、受托方的同类消费品的销售价格。如果没有同类消费品的销售价格，则按组成计税价格计算纳税。进口卷烟和白酒的从价定率的计税依据为组成计税价格。

纳税人自产自用应税消费品的组成计税价格的计算公式为：

$$组成计税价格 =（成本 + 利润 + 自产自用数量 \times 定额税率）\div（1 - 比例税率）$$

纳税人委托加工应税消费品的组成计税价格的计算公式为：

$$组成计税价格 =（材料成本 + 加工费 + 委托加工数量 \times 定额税率）\div（1 - 比例税率）$$

纳税人进口应税消费品的组成计税价格的计算公式为:

组成计税价格=（关税完税价格+关税+进口数量×消费税定额税率）÷
（1-消费税比例税率）

例3-4 某白酒厂生产新产品白酒一批，共50 000千克。其中，将2 400千克作为福利发给职工，其余因未投向市场没有销售价格。该批产品每千克成本为50元，成本利润率为10%，比例税率为20%，定额税率为0.5元/500克。试计算该批产品应纳消费税税额。

组成计税价格=[2 400×50×（1+10%）+2 400×2×0.5]÷（1-20%）=168 000（元）
应纳消费税税额=168 000×20%+2 400×2×0.5=36 000（元）

例3-5 某公司进口甲类卷烟10箱（每箱50 000支），关税完税价格为500 000元。假设关税税率为20%，消费税适用比例税率为56%，定额税率为0.003元/支。试计算该批卷烟的应纳消费税税额。

组成计税价格=[500 000×（1+20%）+10×50 000×0.003]÷（1-56%）
=1 367 045.45（元）

应纳消费税税额=1 367 045.45×56%+10×50 000×0.003=767 045.45（元）

五、已纳消费税的扣除

（一）外购或委托加工收回已税消费品已纳消费税税额的扣除

在计算应纳税额时，应注意外购或委托加工收回已税消费品的已纳消费税税额的扣除问题。某些应税消费品是用外购或委托加工收回的已缴纳消费税的应税消费品连续生产出来的，在对这些连续生产的应税消费品计税时，准予从消费税应纳税额中按当期生产领用数量计算扣除原料已纳的消费税税额。

（二）当期准予扣除外购应税消费品已纳消费税税额的计算公式

当期准予扣除的外购应税消费品已纳税款=当期准予扣除的外购应税消费品买价（数量）×
外购应税消费品适用税率或税额

当期准予扣除的外购应税消费品买价（数量）=期初库存的外购应税消费品的买价（数量）+
当期购进的应税消费品的买价（数量）-
期末库存的外购应税消费品的买价（数量）

主管税务机关对纳税人提供的消费税申报抵扣凭证上注明的货物，无法辨别销货方是否申报缴纳消费税的，可向销货方主管税务机关发函调查该笔销售业务缴纳消费税的情况，销货方主管税务机关应认真核实并回函。经销货方主管税务机关回函确认已缴纳消费税的，可以受理纳税人的消费税抵扣申请，按规定抵扣外购项目的已纳消费税。

（三）当期准予扣除委托加工收回的应税消费品已纳消费税税额的计算公式

当期准予扣除的委托加工应税消费品已纳税款=期初库存的委托加工应税消费品已纳税款+
当期收回的委托加工应税消费品已纳税款-
期末库存的委托加工应税消费品已纳税款

任务二 消费税的会计处理

一、会计科目的设置和核算依据

根据现行会计制度的规定,企业按规定应缴纳的消费税,应在"应交税费"科目下设置"应交消费税"科目进行核算。其借方反映企业实际缴纳的消费税税额,贷方反映企业尚未缴纳的消费税税额;期末余额在贷方表示企业应缴未缴的消费税税额,期末余额在借方表示企业多缴或可以抵扣的消费税税额。

消费税会计核算的依据主要有消费税纳税申报表、税款缴款书,此外还有销货发票。发票是纳税行为发生的原始依据,分为增值税专用发票和增值税普通发票,二者均可作为消费税会计核算的原始凭证。

二、涉税业务的会计处理

企业按规定计算应缴的消费税税额,借记"税金及附加"科目,贷记"应交税费——应交消费税"科目。实际缴纳时,借记"应交税费——应交消费税"科目,贷记"银行存款"等科目。

(一)企业销售应税消费品的会计处理

企业将生产的应税消费品直接对外销售,在计算应缴纳的消费税税额时,通过"税金及附加"科目进行核算。在企业计提消费税时,借记"税金及附加"科目,贷记"应交税费——应交消费税"科目。同时,还要进行与营业收入和应缴消费税有关的会计处理。实际缴纳时,借记"应交税费——应交消费税"科目,贷记"银行存款"科目。

 例 3-6 企业收到货款 791 000 元,应纳消费税 210 000 元,进行相应的会计处理。

(1)销售货物时

借:银行存款 791 000
  贷:主营业务收入 700 000
    应交税费——应交增值税 91 000

(2)计算应缴消费税时

借:税金及附加 210 000
  贷:应交税费——应交消费税 210 000

(3)实际缴纳消费税时

借:应交税费——应交消费税 210 000
  贷:银行存款 210 000

(二)企业自产自用应税消费品的会计处理

1. 用于连续生产应税消费品

纳税人将生产的应税消费品用于连续生产应税消费品的,不缴纳消费税,并且不需要计缴消费税。因此,在领用应税消费品投入生产时,直接借记"生产成本"科目,贷记"库存商品"科目。

自产自用应税消费品的会计处理

2. 用于连续生产非应税消费品

纳税人将生产的应税消费品用于连续生产非应税消费品的，需要缴纳消费税，并且需要计缴消费税。因此，在领用非应税消费品投入生产时，借记"生产成本"科目，贷记"库存商品""原材料""自制半成品""应交税费——应交消费税"等科目。

3. 用于在建工程或直接转为固定资产

纳税人将生产的应税消费品用于在建工程或直接转为固定资产的，应于货物移送使用时，借记"在建工程"或"固定资产"科目，贷记"库存商品""应交税费——应交消费税"科目。

例 3-7 某汽车制造厂管理部门领用本厂中轻型商用客车一辆作为接待使用。该车实际成本为 200 000 元，同类应税消费品的销售价格为 350 000 元。试计算汽车制造厂应纳消费税税额并进行相应的会计处理。

自用中轻型商用客车应纳消费税税额 = 350 000 × 5% = 17 500（元）

借：固定资产　　　　　　　　　　　　　　　　　　217 500
　　贷：库存商品　　　　　　　　　　　　　　　　　　200 000
　　　　应交税费——应交消费税　　　　　　　　　　　 17 500

4. 用于管理部门、销售部门、捐赠、赞助、广告等其他方面

纳税人将生产的应税消费品用于管理部门、销售部门、捐赠、赞助、广告的，应于货物移送使用时，借记"管理费用""营业外支出""销售费用"科目，贷记"库存商品""应交税费——应交增值税""应交税费——应交消费税"科目。

例 3-8 某啤酒厂为开拓市场、扩大知名度，在市内三大超市共提供 5 吨乙类啤酒供顾客免费品尝。该批啤酒出厂价为 2 500 元/吨，成本为 1 800 元/吨。啤酒适用消费税单位税额 220 元/吨。试计算啤酒厂应纳消费税税额并进行相应的会计处理。

自用啤酒应纳消费税税额 = 5 × 220 = 1 100（元）
自用啤酒增值税税额 = 2 500 × 5 × 13% = 1 625（元）

借：销售费用　　　　　　　　　　　　　　　　　　 11 725
　　贷：库存商品　　　　　　　　　　　　　　　　　　 9 000
　　　　应交税费——应交增值税　　　　　　　　　　　 1 625
　　　　应交税费——应交消费税　　　　　　　　　　　 1 100

5. 用于对外投资、发放职工福利、派发股利等其他方面

企业以生产的应税消费品对外投资、发放职工福利、派发股利的，需要计缴消费税时，借记"税金及附加"科目，贷记"应交税费——应交消费税"科目。同时，借记"应付职工薪酬""长期股权投资""应付股利"等科目，贷记"主营业务收入""应交税费——应交增值税（销项税额）"等科目。按移送的货物成本，借记"主营业务成本"科目，贷记"库存商品"科目。

例 3-9 某化妆品厂于"三八妇女节"时将自产的高档化妆品发给女职工。同类化妆品市场售价为 300 000 元，生产成本为 180 000 元。试计算化妆品厂应纳消费税税额并进行相应的会计处理。

自用化妆品应纳消费税税额 = 300 000 × 15% = 45 000（元）

自用化妆品增值税税额 = 300 000 × 13% = 39 000（元）

借：应付职工薪酬　　　　　　　　　　　　　　　　　　　339 000
　　贷：主营业务收入　　　　　　　　　　　　　　　　　　300 000
　　　　应交税费——应交增值税（销项税额）　　　　　　　 39 000
借：主营业务成本　　　　　　　　　　　　　　　　　　　180 000
　　贷：库存商品　　　　　　　　　　　　　　　　　　　　180 000
借：税金及附加　　　　　　　　　　　　　　　　　　　　 45 000
　　贷：应交税费——应交消费税　　　　　　　　　　　　　 45 000

例 3-10　某酒厂将自产黄酒 30 吨作为股利发给投资者。该批黄酒出厂价为 50 000 元/吨，成本为 35 000 元/吨。试计算酒厂应纳消费税税额并进行相应的会计处理。

自用黄酒应纳消费税税额 = 30 × 240 = 7 200（元）
自用黄酒增值税税额 = 50 000 × 30 × 13% = 195 000（元）

借：应付股利　　　　　　　　　　　　　　　　　　　　 1 695 000
　　贷：主营业务收入　　　　　　　　　　　　　　　　　1 500 000
　　　　应交税费——应交增值税（销项税额）　　　　　　　195 000
借：主营业务成本　　　　　　　　　　　　　　　　　　 1 050 000
　　贷：库存商品　　　　　　　　　　　　　　　　　　　1 050 000
借：税金及附加　　　　　　　　　　　　　　　　　　　　 7 200
　　贷：应交税费——应交消费税　　　　　　　　　　　　　 7 200

6. 用于换取其他存货、固定资产等其他方面

纳税人以应税消费品用于换取其他存货、固定资产的，属于非货币性交易，按换出应税消费品的公允价值和增值税税额，借记"库存商品""固定资产""应交税费——应交增值税（进项税额）"等科目，贷记"主营业务收入""应交税费——应交增值税（销项税额）"等科目；按移送的货物成本，借记"主营业务成本"科目，贷记"库存商品"科目。根据计算的应纳消费税税额，借记"税金及附加"科目，贷记"应交税费——应交消费税"科目。

7. 用于抵偿债务

纳税人以自产应税消费品清偿债务的，应按应付账款的账面余额，借记"应付账款"科目；按用于清偿债务的自产应税消费品的公允价值，贷记"主营业务收入"科目；按应支付的相关税费，贷记"应交税费——应交增值税（销项税额）""银行存款"等科目，按其差额，贷记"营业外收入——债务重组利得"科目或借记"营业外支出——债务重组损失"科目。同时，需要计缴消费税时，借记"税金及附加"科目，贷记"应交税费——应交消费税"科目；还应同时结转成本，借记"主营业务成本"科目，贷记"库存商品"科目。

例 3-11　某白酒厂将自产白酒 10 吨抵偿欠某粮食企业货款 80 000 元，不足或多余款部分不再结算。该批白酒当月每吨售价在 5 600～7 000 元之间浮动，平均售价 6 300 元/吨，成本 3 500 元/吨。试计算白酒厂应纳消费税税额并进行相应的会计处理。

自用白酒应纳消费税税额 = 7 000 × 10 × 20% + 10 × 2 000 × 0.5 = 24 000（元）
自用白酒增值税税额 = 6 300 × 10 × 13% = 8 190（元）

项目三 消费税实务

借：应付账款	80 000
贷：主营业务收入	63 000
应交税费——应交增值税（销项税额）	8 190
营业外收入——债务重组利得	8 810
借：主营业务成本	35 000
贷：库存商品	35 000
借：税金及附加	24 000
贷：应交税费——应交消费税	24 000

> **注意**
>
> 纳税人有视同销售货物行为而无销售额者，按以下所列顺序确定销售额：按纳税人最近时期同类货物的平均销售价格确定；按其他纳税人最近时期同类货物的平均销售价格确定；按组成计税价格确定。组成计税价格的公式为：组成计税价格＝成本×（1＋成本利润率）。属于应征消费税的货物，其组成计税价格中应加计消费税税额。
>
> 企业以自产应税消费品对外投资、抵偿债务等，因资产所有权属已发生改变而不属于内部处置资产，应按规定视同销售确定收入。属于企业自制的资产，应按企业同类资产同期对外销售价格确定销售收入。
>
> 特别提醒：企业发生以自产应税消费品对外投资、抵偿债务等业务，应分别准确地确定增值税销售额、消费税销售额和企业所得税销售收入。

（三）应税消费品包装物应交消费税的会计处理

1. 包装物随同应税消费品销售

包装物随同应税消费品销售的，无论包装物是否单独计价，均应并入应税消费品的销售额中缴纳消费税，应缴纳的消费税税额均记入"税金及附加"科目。

包装物随同应税消费品销售不单独计价的，其成本费用在出售的应税消费品所取得的收入中得到补偿，包装物收入随同所销售的产品一起记入"主营业务收入"科目，包装物成本记入"销售费用"科目。

随同应税消费品销售且单独计价的包装物，其收入借记"银行存款"科目，贷记"其他业务收入""应交税费——应交增值税（销项税额）"科目；其成本、费用借记"其他业务成本"科目，贷记"周转材料"科目。

例 3-12 某企业销售高档化妆品时，领用单独计价的包装物，其成本为 500 元，不含增值税售价 600 元，货款与包装物价款已存入银行。试进行相关会计处理。

（1）收到货款时编制的会计分录

借：银行存款	678
贷：其他业务收入	600
应交税费——应交增值税（销项税额）	78

（2）计提税金时编制的会计分录
借：税金及附加　　　　　　　　　　　　　　　　　　　　　　　90
　　贷：应交税费——应交消费税　　　　　　　　　　　　　　　　　90
（3）结转成本时编制的会计分录
借：其他业务成本　　　　　　　　　　　　　　　　　　　　　　500
　　贷：周转材料——包装物　　　　　　　　　　　　　　　　　　500

2. 出租、出借包装物逾期未收回而没收的押金

出租、出借包装物逾期未收回而没收的押金，没收的押金记入"其他业务收入"科目，对其按照应税消费品适用税率计算的消费税税额记入"税金及附加"科目。

例 3-13　某企业销售自产的高档化妆品，出借包装物一批，成本为 3 000 元，收到押金 1 000 元，存入银行。包装物逾期未收回，故没收押金 1 000 元。试进行相关会计处理（发出包装物采用一次摊销法）。

（1）借出包装物时编制的会计分录
借：销售费用　　　　　　　　　　　　　　　　　　　　　　　3 000
　　贷：周转材料——包装物　　　　　　　　　　　　　　　　　3 000
借：银行存款　　　　　　　　　　　　　　　　　　　　　　　1 000
　　贷：其他应付款　　　　　　　　　　　　　　　　　　　　　1 000
（2）包装物逾期未收回时编制的会计分录
借：其他应付款　　　　　　　　　　　　　　　　　　　　　　1 000
　　贷：其他业务收入[1000÷（1+13%）]　　　　　　　　　　　884.96
　　　　应交税费——应交增值税（销项税额）（884.96×13%）　　115.04
借：税金及附加　　　　　　　　　　　　　　　　　　　　　　132.74
　　贷：应交税费——应交消费税（884.96×15%）　　　　　　　132.74

（四）委托加工应税消费品的会计处理

企业委托加工应税消费品进行会计处理时，除设置"应交税费——应交消费税"科目外，还应设置"委托加工物资"科目进行核算。该科目为资产类，用来核算企业委托外单位加工的各种材料、商品等物资的实际成本，可按加工合同、受托加工单位，以及加工物资的品种等进行明细核算。该科目期末余额如果在借方，则反映企业委托外单位加工尚未完成物资的实际成本。

委托加工应税消费品的会计处理

1. 发出委托加工材料

企业发给外单位加工的物资，按实际成本，借记"委托加工物资"科目，贷记"原材料""库存商品"等科目。"原材料""库存商品"科目按计划成本或售价核算的，还应同时结转材料成本差异或商品进销差价。

2. 支付加工费、运杂费、消费税

① 委托方收回后直接用于销售。委托加工的应税消费品，受托方在交货时已代收代缴消费税，不再缴纳消费税。因此，委托方将受托方代收代缴的消费税税额和支付的加工费一并计入委托加工的应税消费品成本。支付加工费、运杂费、消费税（消费税由受托方代收代缴）时，

借记"委托加工物资"科目,贷记"应付账款""银行存款"等科目。

② 委托方收回后用于连续生产应税消费品。委托方的应税消费品收回后用于连续生产应税消费品的,已缴纳的消费税税款准予抵扣。委托方应将受托方代收代缴的消费税税额,记入"应交税费——应交消费税"科目的借方,待应税消费品销售时,允许从应缴纳的消费税税额中抵扣。支付加工费、运杂费、消费税(消费税由受托方代收代缴)时,借记"委托加工物资""应交税费——应交消费税"科目,贷记"应付账款""银行存款"等科目。

3. 加工完成验收入库时

加工完成验收入库的物资和剩余的物资,按加工收回物资的实际成本和剩余物资的实际成本,借记"原材料""库存商品"等科目,贷记"委托加工物资"科目。"原材料"或"库存商品"科目采用计划成本或售价核算的,按计划成本或售价,借记"原材料"或"库存商品"科目,按实际成本,贷记"委托加工物资"科目;按实际成本和计划成本或售价之间的差额,借记或贷记"材料成本差异"科目,或者贷记"商品进销差价"科目。

(五)企业进口应税消费品的会计处理

需要缴纳消费税的进口物资,其缴纳的消费税税额应计入该项应税消费品的成本,借记"固定资产""原材料""库存商品"等科目,贷记"银行存款"等科目。

例 3-14 承例 3-5,增值税税率为13%。试进行相关会计处理。

关税税额=500 000×20%=100 000(元)

海关代征的增值税税额=1 367 045.45×13%=177 715.91(元)

海关代征消费税税额=1 367 045.45×56%+10×50 000×0.003=767 045.45(元)

借:库存商品　　　　　　　　　　　　　　　　　867 045.45
　　应交税费——应交增值税(进项税额)　　　　177 715.91
　　贷:银行存款　　　　　　　　　　　　　　　　　1 044 761.36

三、账簿格式设置

消费税的纳税人应在"应交税费"科目之下,设置"应交消费税"科目,并开设三栏式明细账簿。账簿格式如表 3-1 所示。

表 3-1　应交税费明细账

科目:应交消费税　　　　　　　　　　　　　　　　　　　　　　　　　　　　元

年		凭证号	摘　要	借方金额	贷方金额	借或贷	余　额
月	日						

任务三　消费税纳税申报与缴纳

一、纳税申报

(一)确定申报方式

消费税纳税人可以采用网上申报和纸质上门申报两种方式。

1. 网上申报

采取网上申报方式的消费税纳税人,要按规定准确填写消费税及附加税费申报表(含主表、附表和附列资料),并在申报期内先将申报资料电子数据传送至主管税务机关。

2. 纸质上门申报

采取纸质上门申报方式的消费税纳税人,应在征期内向主管税务机关进行纳税申报,申报征收岗位人员可直接审核其纸质资料。

(二) 填制消费税及附加税费申报表

纳税人应如实填写消费税及附加税费申报表,并在规定的时间内申报缴纳税款。纳税人无论当期有无销售,均应在次月1日至15日内根据应税消费品具体情况填写消费税及附加税费申报表(见表3-2),向主管税务机关进行纳税申报。此外,消费税及附加税费申报表还有附表,包括本期准予扣除税额计算表、本期准予扣除税额计算表(成品油消费税纳税人适用)、本期减(免)税额明细表、本期委托加工收回情况报告表、消费税附加税费计算表等,在申报时视具体情况一并填写。

 例 3–15 根据工作场景填写消费税及附加税费申报表,如表 3-2 所示。

表 3-2 消费税及附加税费申报表

税款所属期:自 年 月 日至 年 月 日

纳税人识别号(统一社会信用代码):□□□□□□□□□□□□□□□□□□

纳税人名称: 金额单位:人民币元(列至角分)

应税消费品名称	项目					
	适用税率		计量单位	本期销售数量	本期销售额	本期应纳税额
	定额税率	比例税率				
	1	2	3	4	5	6=1×4+2×5
卷烟	30元/万支	56%		150	900 000.00	508 500.00
卷烟	30元/万支	36%		—	—	—
雪茄烟	—	36%				
烟丝	—	30%				
合计	—	—			900 000.00	508 500.00
				栏次	本期税费额	
本期减(免)税额				7		
期初留抵税额				8		
本期准予扣除税额				9	87 000.00	
本期应扣除税额				10=8+9	87 000.00	
本期实际扣除税额				11[10<(6-7),则为10,否则为6-7]	87 000.00	
期末留抵税额				12=10-11		
本期预缴税额				13		
本期应补(退)税额				14=6-7-11-13	421 500.00	
城市维护建设税本期应补(退)税额				15		
教育费附加本期应补(退)费额				16		
地方教育附加本期应补(退)费额				17		

项目三 消费税实务

(续表)

声明：此表是根据国家税收法律法规及相关规定填写的，本人（单位）对填报内容（及附带资料）的真实性、可靠性、完整性负责。 　　　　　　　　　　　　　　　　　　　　　　　　　纳税人（签章）：　　　年　月　日	
经办人： 经办人身份证号： 代理机构签章： 代理机构统一社会信用代码：	受理人： 受理税务机关（章）： 受理日期：　　　年　月　日

二、税款缴纳

（一）纳税期限

消费税的纳税期限分别为 1 日、3 日、5 日、10 日、15 日、1 个月或 1 个季度。纳税人的具体纳税期限，由主管税务机关根据纳税人应纳税额的大小分别核定。不能按照固定期限纳税的，可以按次纳税。

纳税人以 1 个月或 1 个季度为一个纳税期的，自期满之日起 15 日内申报纳税；以 1 日、3 日、5 日、10 日或 15 日为一个纳税期的，自期满之日起 5 日内预缴税款，于次月 1 日起 15 日内申报纳税并结清上月应纳税款。

（二）纳税地点

① 纳税人销售的应税消费品及自产自用的应税消费品，除国家另有规定的以外，应当向纳税人机构所在地或居住地的主管税务机关申报纳税。纳税人销售的应税消费品，因质量等问题由购买者退回时，经机构所在地或居住地主管税务机关审核批准后，可退还已缴纳的消费税税款。

② 委托加工的应税消费品，除受托方为个人外，由受托方向机构所在地或居住地的主管税务机关解缴消费税税款；委托个人加工的应税消费品，由委托方向其机构所在地或居住地主管税务机关申报纳税。

③ 进口的应税消费品，应由进口人或其代理人向报关地海关申报纳税。

④ 纳税人到外县（市）销售或委托外县（市）代销自产应税消费品的，于应税消费品销售后，向机构所在地或居住地主管税务机关申报纳税。

⑤ 纳税人的总机构和分支机构不在同一县（市）的，应当分别向各自机构所在地的主管税务机关申报纳税；经财政部、国家税务总局或其授权的财政、税务机关批准，可以由总机构汇总向总机构所在地的主管税务机关申报纳税。

工作完成情况

一、日常涉税业务会计处理

1. 生产、销售卷烟

原材料烟丝的成本 = 101 700 ÷ (1 + 13%) = 90 000 (元)

烟丝成本中的消费税税额 = 90 000 × 30% = 27 000 (元)

（1）7 月 2 日领用烟丝用于连续生产卷烟时

借：生产成本——卷烟　　　　　　　　　　　　　　　　　　　　63 000
　　应交税费——应交消费税　　　　　　　　　　　　　　　　27 000
　　贷：原材料——烟丝　　　　　　　　　　　　　　　　　　　　90 000

（2）7月8日卷烟完工入库时
借：库存商品——卷烟　　　　　　　　　　　　　　　　　　　300 000
　　贷：生产成本——卷烟　　　　　　　　　　　　　　　　　　　300 000

（3）7月10日销售卷烟时
增值税税额＝600 000×13%＝78 000（元）
借：银行存款　　　　　　　　　　　　　　　　　　　　　　　678 000
　　贷：主营业务收入　　　　　　　　　　　　　　　　　　　　　600 000
　　　　应交税费——应交增值税　　　　　　　　　　　　　　　　78 000

（4）结转卷烟销售成本时
借：主营业务成本　　　　　　　　　　　　　　　　　　　　　300 000
　　贷：库存商品——卷烟　　　　　　　　　　　　　　　　　　　300 000

2. 委托加工烟丝、销售卷烟

（1）7月4日发出委托加工材料（烟叶）时
借：委托加工物资——烟丝　　　　　　　　　　　　　　　　　100 000
　　贷：原材料——烟叶　　　　　　　　　　　　　　　　　　　　100 000

（2）7月20日支付加工费、辅助材料款、增值税、消费税时
加工费增值税税额＝（36 000＋4 000）×13%＝5 200（元）
委托加工烟丝组成计税价格＝（100 000＋36 000＋4 000）÷（1－30%）＝200 000（元）
受托方代收代缴消费税税额＝200 000×30%＝60 000（元）
借：委托加工物资——烟丝　　　　　　　　　　　　　　　　　　40 000
　　应交税费——应交消费税　　　　　　　　　　　　　　　　　60 000
　　应交税费——应交增值税（进项税额）　　　　　　　　　　　5 200
　　贷：银行存款　　　　　　　　　　　　　　　　　　　　　　　105 200

（3）7月20日加工完成验收入库时
借：原材料——烟丝　　　　　　　　　　　　　　　　　　　　140 000
　　贷：委托加工物资——烟丝　　　　　　　　　　　　　　　　　140 000

（4）7月20日委托加工烟丝投入生产时
借：生产成本——卷烟　　　　　　　　　　　　　　　　　　　140 000
　　贷：原材料——烟丝　　　　　　　　　　　　　　　　　　　　140 000

（5）7月28日卷烟生产完工入库时
借：库存商品——卷烟　　　　　　　　　　　　　　　　　　　207 800
　　贷：生产成本——卷烟　　　　　　　　　　　　　　　　　　　207 800

（6）7月30日销售卷烟时
卷烟增值税税额＝300 000×13%＝39 000（元）

借：银行存款 339 000
　　贷：主营业务收入 300 000
　　　　应交税费——应交增值税（销项税额） 39 000
（7）结转卷烟销售成本时
借：主营业务成本 207 800
　　贷：库存商品——卷烟 207 800

二、月末计算应纳税额

根据涉税业务会计处理和税法的规定，应纳消费税税额的计算过程如下。
允许扣减生产领用外购已税烟丝的已纳消费税税额=90 000×30%=27 000（元）
允许扣减生产领用委托加工收回的已税烟丝已纳消费税税额=200 000×30%=60 000（元）
7月10日销售卷烟应纳消费税税额=600 000×56%+1 000 000×0.003=339 000（元）
7月31日销售卷烟应纳消费税税额=300 000×56%+500 000×0.003=169 500（元）
7月份销售卷烟应纳消费税税额合计=339 000+169 500=508 500（元）
7月份实际应纳消费税税额=508 500-60 000-27 000=421 500（元）

三、填制纳税申报表

根据日常会计处理和税法的规定，用计算结果填制消费税及附加税费申报表（见表3-2）。

四、7月末会计处理

（1）如果企业月末结转销售成本，则根据计算出的金额进行会计处理
借：主营业务成本 507 800
　　贷：库存商品 507 800
（2）7月末，销售卷烟消费税的会计处理
借：税金及附加 508 500
　　贷：应交税费——应交消费税 508 500

五、8月初缴纳7月应纳消费税

借：应交税费——应交消费税 421 500
　　贷：银行存款 421 500

专家评价

企业会计处理和应纳税额计算正确。

> **注意**
>
> 　　如果委托加工的已缴纳消费税的应税消费品收回后用于直接销售，则由受托方代收代缴的消费税税额为60 000元，借记"委托加工物资"科目。假设收回的烟丝7月24日销售，价款为230 000元，则相关会计处理如下。
> （1）7月4日发出委托加工材料（烟叶）时
> 借：委托加工物资——烟丝 100 000
> 　　贷：原材料——烟叶 100 000

（2）7月20日支付加工费、辅助材料款、增值税、消费税时

加工费增值税税额 =（36 000 + 4 000）× 13% = 5 200（元）

委托加工烟丝组成计税价格税额 =（100 000 + 36 000 + 4 000）÷（1-30%）
= 200 000（元）

受托方代收代缴消费税税额 = 200 000 × 30% = 60 000（元）

借：委托加工物资——烟丝　　　　　　　　　　　　　　100 000

　　应交税费——应交增值税（进项税额）　　　　　　　　5 200

　　贷：银行存款　　　　　　　　　　　　　　　　　　105 200

（3）7月20日加工完成验收入库时

借：原材料——烟丝　　　　　　　　　　　　　　　　　200 000

　　贷：委托加工物资——烟丝　　　　　　　　　　　　200 000

（4）7月24日销售烟丝时

烟叶增值税税额 = 230 000 × 13% = 29 900（元）

借：银行存款　　　　　　　　　　　　　　　　　　　　259 900

　　贷：其他业务收入　　　　　　　　　　　　　　　　230 000

　　　　应交税费——应交增值税（销项税额）　　　　　　29 900

（5）月末结转销售烟丝成本时

借：其他业务成本　　　　　　　　　　　　　　　　　　200 000

　　贷：库存商品　　　　　　　　　　　　　　　　　　200 000

技能训练

一、判断题

1．随同产品销售单独计价的包装物应纳的消费税税额应记入"税金及附加"科目。（　）

2．实行从价定率办法计算应纳税额的应税消费品连同包装物销售的，无论包装物是否单独计价，也不论在会计上如何核算，均应并入应税消费品的销售额中征收消费税。（　）

3．应税消费品的销售额为向购买方收取的全部价款。（　）

4．对税目啤酒同时采用既从量定额又从价定率的征税办法征收消费税。（　）

5．纳税人自产自用的应税消费品用于连续生产应税消费品的，不纳消费税。（　）

6．纳税人自产自用的应税消费品，领用时其消费税税额记入"生产成本"科目。（　）

7．工业企业从商业企业购进两轮摩托车，改装成三轮摩托车出售，计征消费税时，允许扣除两轮摩托车已纳消费税。（　）

8．海关代征进口应税消费品消费税的组成价格 =（货价 + 关税）÷（1-消费税税率）。（　）

9．纳税人除委托个体经营者加工应税消费品一律于委托方收回后在委托方所在地缴纳消费税外，其余的委托加工应税消费品均由受托方在向委托方交货时代收代缴消费税。（　）

10. 企业计提消费税时一般借记"税金及附加"科目。（ ）
11. 生产的应纳消费税的产品用于对外投资，企业应设置"长期股权投资"科目。（ ）
12. 生产的应纳消费税的产品用于赞助，企业应设置"营业外支出"科目。（ ）
13. 生产的应纳消费税的产品用于抵偿的货物，支付的消费税记入"委托加工物资"科目。（ ）
14. 委托加工应纳消费税的货物，支付的消费税税额记入"委托加工物资"科目。（ ）
15. 包装物随同应纳消费税的货物出售，应纳消费税税额计入货物的销售成本。（ ）

二、单选题

1. 进口应税消费品以备售出，向海关缴纳的消费税税额借记（ ）科目。
   A. "库存商品"   B. "应交税费——应交消费税"
   C. "银行存款"   D. "税金及附加"

2. 消费税的纳税人销售应税消费品，采取分期收款结算方式的，其纳税义务的发生时间是（ ）。
   A. 销售合同规定的收款日期的当天   B. 取得索取销售款凭据的当天
   C. 发出应税消费品的当天   D. 收讫销售款的当天

3. 某企业生产化妆品，6 月份销售高档化妆品 2 200 盒，售价 348 元/盒（含增值税单价）。高档化妆品的消费税税率为 15%。该企业当月应纳的消费税税额为（ ）元。
   A. 136 270.59   B. 99 000   C. 115 830   D. 100 721.74

4. 委托加工的应税消费品在（ ）环节征收消费税。
   A. 加工环节   B. 销售环节   C. 交付原材料   D. 完工提货

5. 应征收消费税的委托加工消费品的组成计税价格不包括（ ）。
   A. 材料成本   B. 加工费   C. 增值税   D. 消费税

6. 纳税人采取委托银行收款方式销售的应税消费品，其纳税义务的发生时间为（ ）。
   A. 发出商品的当天   B. 收到货款的当天
   C. 合同约定的时间   D. 发出应税消费品并办妥托收手续的当天

7. 销售应税消费品，计提消费税税额时，一般应借记（ ）科目。
   A. "应交税费——应交消费税"   B. "销售费用"
   C. "税金及附加"   D. "管理费用"

8. 纳税人用自产的应税消费品（已入材料库）连续生产应税消费品的会计处理是（ ）。
   A. 借：生产成本   B. 借：在建工程
        贷：库存商品   贷：库存商品
            应交税费——应交消费税
   C. 借：生产成本   D. 借：生产成本
        贷：原材料   贷：库存商品

9. 纳税人用委托加工收回的应税消费品连续生产应税消费品，在计算纳税时，其委托加工应税消费品的已纳消费税税款应按（ ）处理。
   A. 该已纳税款当期可全部扣除
   B. 该已纳税款不得扣除
   C. 已纳税款当期可扣除 50%
   D. 对收回的委托加工应税消费品当期生产领用部分的已纳税款予以扣除

10. 纳税人将不同税率的应税消费品组成成套消费品销售的，（　　）适用税率。
    A. 从低 B. 从高
    C. 按照平均值 D. 按照每种消费品的实际税率
11. 纳税人采取赊销方式的，其纳税义务的发生时间为（　　）。
    A. 发出货物的当天 B. 收到货款的当天
    C. 书面合同规定的收款日期 D. 双方约定的任一时间
12. 某化妆品公司是增值税一般纳税人。本月销售给一个体工商户高档化妆品10箱，收取款项22 600元。高档化妆品的消费税税率为15%。化妆品公司正确的会计处理是（　　）。

    A. 借：银行存款　　　　　　　　　　　　　　　　　　22 600
    　　贷：库存商品　　　　　　　　　　　　　　　　　　22 600
    B. 借：银行存款　　　　　　　　　　　　　　　　　　22 600
    　　贷：主营业务收入　　　　　　　　　　　　　　　　22 600
    C. 借：银行存款　　　　　　　　　　　　　　　　　　22 600
    　　贷：主营业务收入　　　　　　　　　　　　　　　　20 000
    　　　　应交税费——应交增值税（销项税额）　　　　　 2 600
    D. 借：银行存款　　　　　　　　　　　　　　　　　　22 600
    　　贷：主营业务收入　　　　　　　　　　　　　　　　20 000
    　　　　应交税费——应交增值税（销项税额）　　　　　 2 600
    　借：税金及附加　　　　　　　　　　　　　　　　　　 3 000
    　　贷：应交税费——应交消费税　　　　　　　　　　　 3 000

13. 委托方收回的委托加工货物用于连续生产应税消费品的，支付的委托加工消费品的已纳消费税税额应记入（　　）科目。
    A. "委托加工物资" B. "生产成本"
    C. "原材料" D. "应交税费——应交消费税"
14. 委托方收回的委托加工货物用于职工福利的，支付的委托加工消费品的已纳消费税记入（　　）科目。
    A. "委托加工物资" B. "生产成本"
    C. "原材料" D. "应交税费——应交消费税"
15. 工业企业进口应纳消费税的材料，支付的应纳消费税税额，借记（　　）科目。
    A. "库存商品" B. "生产成本"
    C. "原材料" D. "应交税费——应交消费税"

三、多选题

1. 消费税是对在我国境内生产、委托加工和进口应税消费品的单位和个人，就其（　　）在特定环节征收的一种税。
    A. 销售额 B. 所得额 C. 生产额 D. 销售数量
2. 属于消费税税目的有（　　）。
    A. 高档手表 B. 游艇 C. 木制一次性筷子 D. 地板
3. 委托加工应税消费品的组成计税价格中应包括的项目有（　　）。
    A. 支付给受托方的增值税 B. 加工费用
    C. 委托方提供材料的实际成本 D. 受托方代垫辅料的价格

4．进口应税消费品的，应税消费品组成计税价格包括关税完税价格和（　　）。
　　A．发票价格　　B．关税　　C．消费税　　D．增值税

5．实行从价定率方法计算应纳消费税的销售额为纳税人销售应税消费品向购买方收取的全部价款和价外费用，其中（　　）应并入销售额计算征收消费税。
　　A．小汽车生产企业在销售小汽车时向购买方收取的违约金
　　B．白酒生产企业在销售白酒时向购买方收取的白酒包装物押金
　　C．白酒生产企业在销售白酒时向商业销售单位收取的品牌使用费
　　D．小汽车生产企业在销售轮胎时向商业销售单位收取的销项税额

6．A啤酒厂自产特制啤酒5吨用于某地啤酒节，总成本为20万元，消费税单位税额为220元/吨，则其纳税情况是（　　）。（成本利润率为10%）
　　A．消费税220元　　　　　　B．消费税1 100元
　　C．增值税28 743元　　　　D．增值税26 143元

7．纳税人将应税消费品连同包装物销售的，包装物缴纳的消费税税额应记入（　　）科目。
　　A．"管理费用"　　　　　　B．"销售费用"
　　C．"税金及附加"　　　　　D．"应交税费——应交消费税"

8．消费税纳税义务发生时间根据不同情况分别确定为（　　）。
　　A．纳税人委托加工的应税消费品，为受托方送货的当天
　　B．纳税人进口的应税消费品，为报关进口的当天
　　C．纳税人采取预收货款结算方式销售应税消费品，为收到预收货款的当天
　　D．纳税人自产自用的应税消费品，用于生产非应税消费品，为移送使用的当天

9．纳税人自产的应税消费品用于（　　）项目时，应计征消费税。
　　A．在建工程　　　　　　　B．连续生产应税消费品
　　C．广告　　　　　　　　　D．赞助

10．纳税人委托加工应税消费品，应设置（　　）科目。
　　A．"税金及附加"　　　　　B．"管理费用"
　　C．"应交税费——应交消费税"　　D．"委托加工物资"

11．生产的应纳消费税的产品用于对外投资，会计核算时所涉及的科目有（　　）。
　　A．"长期股权投资"　　　　B．"生产成本"
　　C．"应交税费——应交增值税"　　D．"应交税费——应交消费税"

12．生产的应纳消费税的产品用于派发股利，会计核算时所涉及的科目有（　　）。
　　A．"长期股权投资"　　　　B．"应付股利"
　　C．"应交税费——应交增值税"　　D．"应交税费——应交消费税"

13．生产的应纳消费税的产品用于广告，会计核算时所涉及的科目有（　　）。
　　A．"销售费用"　　　　　　B．"主营业务收入"
　　C．"应交税费——应交增值税"　　D．"应交税费——应交消费税"

14．生产的应纳消费税的产品直接转增固定资产，会计核算时所涉及的科目有（　　）。
　　A．"固定资产"　　　　　　B．"库存商品"
　　C．"应交税费——应交增值税"　　D．"应交税费——应交消费税"

15．生产的应纳消费税的产品用于抵偿债务，会计核算时所涉及的科目有（　　）。

A."应付账款"　　　　　　　　B."主营业务收入"
　　C."应交税费——应交增值税"　D."营业外收入"

四、简答题

1. 消费税纳税人指的是什么？
2. 如何计算消费税应纳税额？
3. 如何进行消费税纳税申报？
4. 如何进行消费税会计处理？

五、业务题

1. 美好化妆品厂发出一批原材料，计划成本为 10 000 元，材料成本差异率为-2%，委托甲公司加工高档化妆品。甲公司同类产品不含增值税销售价格为 16 000 元。美好化妆品厂以银行存款支付加工费 1 000 元及增值税，甲公司代缴消费税。加工完毕，支付运杂费，取得的增值税专用发票上注明的金额为 200 元。完工收回后按计划成本 11 800 元入库。该产品收回后用于销售，货款已收取，不含税销售价格为 25 000 元。高档化妆品的消费税税率为 15%。

　　要求：计算甲公司代收代缴的消费税税额；进行美好化妆品厂相关的会计处理。

2. 某卷烟厂 12 月份委托某烟丝加工厂加工一批烟丝。卷烟厂提供的烟叶在委托加工合同上注明的成本金额为 80 000 元。烟丝加工完，卷烟厂提货时支付加工费用 8 700 元和增值税，一并支付烟丝加工厂代收代缴的消费税税款。卷烟厂将这批加工好的烟丝全部用于生产甲类卷烟并予以销售。卷烟成本为 650 000 元。向购货方开具的增值税专用发票上注明 40 箱，价税合计 1 130 000 元。

　　要求：计算销售卷烟的应纳消费税税额，并进行相关业务的会计处理。（假定烟丝消费税税率为 30%，甲类卷烟消费税比例税率为 56%，定额税率为 0.003 元/支）

3. 某粮食白酒生产企业 1 月 2 日销售 50 吨白酒，10 000 元/吨；7 日销售 60 吨白酒，13 000 元/吨；12 日销售 100 吨白酒，12 000 元/吨；20 日以 100 吨白酒换取小轿车一辆，价值 10 万元。白酒的消费税比例税率为 20%、定额税率为 0.5 元/500 克。

　　要求：计算该企业 1 月份应纳消费税税额，并进行相应的会计处理。

4. 某摩托车厂本月生产销售摩托车 200 辆，开具的增值税专用发票上注明的价款为 40 万元；作为奖品赞助省运动会 5 辆，每辆成本价为 0.2 万元。

　　要求：计算应缴纳的消费税税额（成本利润率为 6%、消费税税率为 10%），并进行相应的会计处理。

5. 某酒厂 1 月销售自产白酒 7 000 千克，取得价款 84 000 元，包装物计价 500 元，款项存入银行；委托加工黄酒，发出材料成本为 10 000 元，支付加工费用 8 000 元和增值税，受托方开具增值税专用发票，收回黄酒 30 吨后直接销售。本月购买进口小轿车一辆，汽缸容量 2 500 毫升，到岸价折合人民币 250 000 元，假定关税税率为 25%。白酒消费税比例税率为 20%、定额税率为 0.5 元/斤、黄酒消费税税率为 240 元/吨。

　　要求：计算应缴纳的消费税税额，并进行相应的会计处理。

六、综合训练

实训目的：熟悉消费税纳税申报和会计处理。

实训方式：模拟企业进行消费税纳税申报和会计处理。

实训要求：计算应纳的消费税税额；填写消费税纳税申报表；进行会计处理。

实训准备：消费税纳税申报表。

实训资料：某酒厂 1 月份发生如下经济业务。

（1）厂食堂领用粮食白酒 10 箱自用。粮食白酒 5 千克/箱，不含税出厂价为 500 元/箱，成本为 350 元/箱。

（2）中秋节时给职工发放粮食白酒 12 箱；在参加交易会时赞助粮食白酒 20 箱。

（3）以新品白酒 30 箱换回原料小麦 1 500 千克。

已知新品白酒共投入成本 8 000 元，该新品白酒无参考价，每箱 10 千克。白酒的消费税比例税率为 20%、定额税率为 0.5 元/500 克。

项目四

关税实务

学习目标

通过关税实务的学习,学生应学会应纳税额计算、关税会计处理、报关和税款缴纳等知识与工作技能。增强学生保护民族产业发展的意识,培养爱国主义情怀。

工作过程

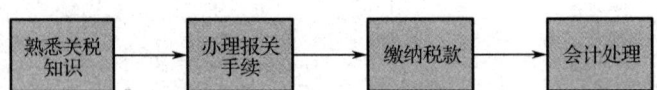

关税事宜的办理

场景介绍	某出国留学人员,准备在回国探亲之际给家人、朋友带一些礼物,来表达自己的一片心意。他考虑了两种方案:方案一是在国外买300美元的名酒、400美元的影碟机、300美元的瑞士金表;方案二是在国外买400美元的包金首饰和600美元的金银戒指、项链。他应选择哪种方案呢
工作目标	计算两种方案下应缴纳的关税税额各为多少
所需知识	确定该出国留学人员所带物品是否属于关税征收范围及各种物品的进口关税税率
已具备知识和技能	知识储备:关税法律知识,包括纳税人、征收范围、关税完税价格、应纳税额的计算、纳税期限、纳税地点。 技能储备:关税应纳税额的计算

项目四 关税实务

任务一 计算关税应纳税额

关税是较为古老的税种之一，是伴随着国家之间的贸易产生和发展起来的。它是由设在边境、沿海口岸或国家指定的其他水、陆、空国际交往通道的海关机构，按照国家规定对进出关境（或国境）的货物和物品征收的一种税。

一、确定纳税人和征税范围

关税的纳税义务人是指进口货物的收货人、出口货物的发货人和进境物品的所有人。进境物品的所有人具体是指携带物品进境的入境人员、进境邮递物品的收件人，以及以其他方式进口物品的收件人。

关税的征收范围主要包括两类：一类是进出口的货物；另一类是进境物品。所谓的货物，是指贸易性商品；所谓的物品，包括入境旅客随身携带的行李和物品，个人邮递物品，各种运输工具上的服务人员随身携带进口的自用物品、馈赠物品，以及以其他方式进境的个人物品。

进口关税设置有最惠国税率、协定税率、特惠税率、普通税率、关税配额税率等税率。对进口货物在一定期限内可以实行暂定税率。

二、确定一般进口货物完税价格

一般进口货物的完税价格，由海关以该货物的成交价格为基础审查确定，并应包括货物运抵我国输入地点起卸前的运输和相关费用及保险费。成交价格是指卖方向我国境内销售该货物时，买方为进口该货物向卖方实付、应付的，并按照规定调整后的价款总额，包括直接支付的价款和间接支付的价款。

（一）应当计入完税价格的进口货物的费用

1. 由买方负担的费用

① 除购货佣金以外的佣金和经纪费。购货佣金是指买方为购买进口货物向自己的采购代理人支付的劳务费用；经纪费是指买方为购买进口货物向代表买卖双方利益的经纪人支付的劳务费用。

② 与该货物视为一体的容器费用。

③ 包装材料费用和包装劳务费用。

2. 与进口货物的生产和向中华人民共和国境内销售有关的，由买方以免费或以低于成本的方式提供，并可以按适当比例分摊的下列货物或服务的价值

① 进口货物包含的材料、部件、零件和类似货物。

② 在生产进口货物的过程中使用的工具、模具和类似货物。

③ 在生产进口货物过程中消耗的材料。

④ 在境外进行的为生产进口货物所需的工程设计、技术研发、工艺及制图等相关服务。

3. 买方需要向卖方或有关方直接或间接支付的特许权使用费，但是符合下列情形之一的除外

① 特许权使用费与该货物无关。

② 特许权使用费的支付不构成该货物向中华人民共和国境内销售的条件。

4. 卖方直接或间接从买方对该货物进口后的销售、处置，或者使用所得中获得的收益

纳税义务人应当向海关提供上述所述费用或价值的客观量化数据资料。纳税义务人不能提供的，海关和纳税义务人进行价格磋商后，按照进口货物完税价格的估定所列明的方法审查确定完税价格。

（二）不计入货物完税价格的项目

进口货物的价款中单独列明的下列税收、费用，不计入该货物的完税价格。

① 厂房、机械或设备等货物进口后发生的建设、安装、装配、维修或技术援助费用，但是保修费用除外。

② 进口货物运抵中华人民共和国境内输入地点起卸后发生的运输及其相关费用、保险费。

③ 进口关税、进口环节海关代征税和其他国内税。

④ 为在境内复制进口货物而支付的费用。

⑤ 境内外技术培训和境外考察费用。

⑥ 同时符合下列条件的利息费用不计入完税价格：利息费用是买方为购买进口货物而融资所产生的；有书面的融资协议的；利息费用单独列明的；纳税义务人可以证明有关利率不高于在融资当时当地此类交易通常应当具有的利率水平，且没有融资安排的相同或类似进口货物的价格与进口货物的实付、应付价格非常接近的。

（三）进口货物完税价格的估定

进口货物的成交价格不符合规定的，或者成交价格不能确定的，海关经了解有关情况，并与纳税义务人进行价格磋商后，依次以下列方法审查确定该货物的完税价格。

1）相同货物成交价格估价方法，是指海关以与进口货物同时或大约同时向中华人民共和国境内销售的相同货物的成交价格为基础，审查确定进口货物的完税价格的方法。

2）类似货物成交价格估价方法，是指海关以与进口货物同时或大约同时向中华人民共和国境内销售的类似货物的成交价格为基础，审查确定进口货物的完税价格的方法。

> **注意**
>
> 如果有多个相同或类似货物的成交价格，则应当以最低的成交价格为基础审查确定进口货物的完税价格。

3）倒扣价格估价方法，是指海关以进口货物、相同或类似进口货物在境内的销售价格为基础，扣除境内发生的有关费用后，审查确定进口货物完税价格的方法。

> **注意**
>
> 该销售价格应当同时符合以下所列条件：在该货物进口的同时或大约同时，该货物、相同或类似进口货物在境内销售的价格；按照货物进口时的状态销售的价格；在境内第一销售环节销售的价格；向境内无特殊关系方销售的价格；按照该价格销售的货物合计销售总量最大。

另外,按照倒扣价格估价方法审查确定进口货物完税价格的,下列各项应当扣除。

① 同等级或同种类货物在境内第一销售环节销售时,通常的利润和一般费用(包括直接费用和间接费用)及通常支付的佣金。

② 货物运抵境内输入地点起卸后的运输及其相关费用、保险费。

③ 进口关税、进口环节海关代征税及其他国内税。如果该货物、相同或类似货物没有按照进口时的状态在境内销售,则应纳税义务人的要求,可以在符合规定的其他条件的情形下,使用经进一步加工后的货物的销售价格审查确定完税价格,但是应当同时扣除加工增值额。

4) 计算价格估价方法,是指海关以生产该货物所使用的料件成本和加工费用、向境内销售同等级或同种类货物通常的利润和一般费用(包括直接费用和间接费用)、该货物运抵境内输入地点起卸前的运输和相关费用及保险费的总和为基础,审查确定进口货物完税价格的方法。

5) 合理方法,是指当海关不能根据上述 4 种方法确定完税价格时,由海关根据规定的原则,以客观量化的数据资料为基础审查确定进口货物完税价格的估价方法。

> **注意**
>
> 海关在采用合理方法确定进口货物的完税价格时,不得使用以下价格:境内生产的货物在境内的销售价格;可供选择的价格中较高的价格;货物在出口地市场的销售价格;以计算价格估价方法规定的有关各项之外的价值或费用计算的相同或类似货物的价格;出口到第三国或地区的货物的销售价格;最低限价或武断、虚构的价格。

纳税义务人向海关提供有关资料后,可以提出申请,调换上述第 3) 项和第 4) 项的适用顺序。

三、特殊进口货物的完税价格

(一)保税区、出口加工区货物

从保税区或出口加工区销往区外、从保税仓库出库内销的进口货物(加工贸易进口料件及其制成品除外),以海关审定的价格估定完税价格。如果销售价格中未包括在保税区、出口加工区或保税仓库中发生的仓储、运输及其他相关费用,则应当按照客观量化的数据资料予以计入。

(二)运往境外修理的货物

运往境外修理的机械器具、运输工具或其他货物,出境时已向海关报明,并在海关规定的期限内复运进境的,应当以海关审定的境外修理费和料件费为完税价格。

(三)运往境外加工的货物

运往境外加工的货物,出境时已向海关报明,并在海关规定期限内复运进境的,应当以海关审定的境外加工费和料件费,以及该货物复运进境的运输及其相关费用、保险费为完税价格。

例 4-1 某医院 2022 年以 150 万元的价格购进了一台医疗仪器。2024 年 1 月,因出现故障运往美国修理(出境时已向海关报明),同年 6 月份按海关规定的期限复运进境。此时,该仪器的国际市场价已为 200 万元。如果经海关审定的修理费和料件费为 40 万元、进口运费为 1 万元、进口关税税率为 6%,则该仪器复运进境时,应缴纳关税的完税价格是多少?

完税价格 = 40 + 1 = 41(万元)

(四) 暂时进境货物

经海关批准的暂时进境货物，应当缴纳税款的，由海关按照规定审查确定完税价格。经海关批准留购的暂时进境货物，以海关审查确定的留购价格作为完税价格。

(五) 租赁方式进口的货物

租赁方式进口的货物中，以租金方式对外支付的租赁货物，在租赁期间以海关审定的租金作为完税价格，利息应当予以计入；留购的租赁货物以海关审定的留购价格作为完税价格；承租人申请一次性缴纳税款的，经海关同意，按照一般进口货物估价办法的规定或租金总额估定完税价格。

(六) 予以补税的减免税货物

减税或免税进口的货物应当补税时，应当以海关审定的该货物原进口时的价格，扣除折旧部分价值作为完税价格。其计算公式为：

完税价格＝海关审定的该货物原进口时的价格×
[1－补税时实际已进口的时间（月）÷（监管年限×12）]

例 4-2 2022 年 9 月 1 日，某公司由于承担国家重要工程项目，经批准进口了一套电子设备。使用两年后项目完工，2024 年 8 月 31 日公司将该设备出售给了国内另一企业。该电子设备的到岸价格为 300 万元，2022 年进口时该设备的关税税率为 14%，2024 年转售时该设备关税税率为 10%，海关规定的监管年限为 5 年。试确定公司应补缴的关税税额。

需要扣除的折旧不是该设备的账面折旧，而是按照该设备使用期占监管期的比例计算分摊的设备完税价格。补税时使用的税率不是原进口时的税率，而是转售设备申报之日实施的税率。

完税价格＝300×[1－（2×12）÷（5×12）]＝180（万元）
应补税额＝180×10%＝18（万元）

(七) 以其他方式进口的货物

以易货贸易、寄售、捐赠、赠送等其他方式进口的货物，应当按照一般进口货物估价办法的规定，估定完税价格。

四、出口货物的完税价格

出口货物的完税价格由海关以该货物的成交价格为基础审查确定，并应包括货物运至我国境内输出地点装载前的运输及其相关费用、保险费。

(一) 出口货物的成交价格

出口货物的成交价格是指该货物出口销售到我国境外时，买方向卖方实付或应付的价格。下列税收、费用不计入出口货物的完税价格。

① 出口关税。
② 在货物价款中单独列明的货物运至我国境内输出地点装载后的运输及其相关费用、保险费。
③ 在货物价款中单独列明由卖方承担的佣金。

(二) 出口货物完税价格的估定

出口货物的成交价格不能确定的，海关经了解有关情况，并同纳税义务人进行价格磋商后，依次使用下列方法估定货物的完税价格。

1）同时或大约同时向同一国家或地区出口的相同货物的成交价格。
2）同时或大约同时向同一国家或地区出口的类似货物的成交价格。
3）根据境内生产相同或类似货物的成本、利润和一般费用（包括直接费用和间接费用），境内发生的运输及其相关费用、保险费计算所得的价格。
4）按照合理方法估定的价格。

五、运输及其相关费用、保险费的确定

（一）以一般陆运、空运、海运方式进口的货物

陆运、空运、海运进口货物的运费和保险费，应当按照实际支付的费用计算。如果进口货物的运费无法确定，则海关应当按照该货物的实际运输成本或该货物进口同期运输行业公布的运费率（额）计算运费。如果进口货物的保险费无法确定或未实际发生，则海关应当按照货价加运费之和的3‰计算保险费。

（二）以其他方式进口的货物

邮运进口的货物应当以邮费作为运输及其相关费用、保险费；以境外边境口岸价格条件成交的铁路或公路运输进口货物，海关应当按照境外边境口岸价格的1%计算运输及其相关费用、保险费；作为进口货物的自驾进口的运输工具，海关在审查确定完税价格时，不再另行计入运费。

（三）出口货物

出口货物的销售价格如果包括离境口岸至境外口岸之间的运输、保险费，则该运费、保险费应当扣除。

六、应纳税额的计算

（一）进出口货物关税的计算

进出口货物关税的计算

进出口货物关税以从价计征、从量计征或国家规定的其他方式征收的，以进出口货物的价格或数量为计税依据。

① 从价计征的计算公式为：

$$应纳税额 = 完税价格 \times 关税税率$$

② 从量计征的计算公式为：

$$应纳税额 = 货物数量 \times 单位税额$$

例4-3 某公司2024年1月进口一批货物，按境外边境口岸价格支付180万元人民币，另付经纪人佣金10万元、进口货物境内复制权费50万元。铁路运费及保险等支付至境内目的地，比例为其价格的1%。试计算应纳关税税额。（货物关税税率为20%）

根据规定，另付经纪人佣金应计入完税价格，为在境内复制进口货物而支付的费用不得计入完税价格。

完税价格 = 180 + 10 + 180 × 1% = 191.8（万元）
应纳税额 = 191.8 × 20% = 38.36（万元）

例 4-4 从法国进口啤酒 400 万升,假设进口关税的定额税率为 7.5 元/升。试计算应纳关税税额。

应纳税额 = 400 × 7.50 = 3 000(万元)

> **注意**
>
> 申报进入我国境内的货物,除按规定缴纳关税外,均应缴纳增值税。如果属于消费税征收范围内的货物,则还应缴纳消费税。进出口环节涉及的增值税、消费税由海关代征。另外,进口环节的增值税、消费税不附加征收城建税、教育费附加。

例 4-5 上海某进出口公司从美国进口货物一批,海关确定的关税完税价格为 1 500 万元。假设该货物适用关税税率为 20%、增值税税率为 13%、消费税税率为 10%。试计算该公司应纳关税、消费税和增值税的税额。

应纳关税税额 = 1 500 × 20% = 300(万元)

进口消费税组成计税价格 = (1 500 + 300) ÷ (1 - 10%) = 2 000(万元)

进口环节海关代征消费税税额 = 2 000 × 10% = 200(万元)

进口增值税组成计税价格 = 1 500 + 300 + 200 = 2 000(万元)

进口环节海关代征增值税税额 = 2 000 × 13% = 260(万元)

(二)进境物品进口税的计算

进境物品的关税及进口环节海关代征税合并为进口税,由海关依法征收。进境物品进口税实行从价计征,完税价格由海关参照该项物品的境外正常零售平均价格确定,税率适用海关填发税款缴款书之日实施的税率。进口税税额的计算公式为:

$$进口税税额 = 完税价格 × 进口税税率$$

任务二 涉税业务会计处理

一、会计科目的设置及核算依据

发生进出口货物业务的企业,应设置"应交税费——应交进口关税"和"应交税费——应交出口关税"科目。缴纳关税时,借记该科目,计提关税时,贷记该科目;贷方余额表示欠缴的进(出)口关税税额,借方余额表示多缴的进(出)口关税税额。

在实际工作中,由于企业类型不同及所经营的进出口业务的形式和内容不同,所以具体的会计处理方式也会不同。

关税会计核算的依据,主要有应税凭证(如报关单、许可证等)、完税凭证(如缴款书等)和合同、发票及各种付款的结算凭证。

项目四 关税实务

二、关税实务的会计处理

（一）自营进出口关税的会计处理

发生进口关税时，借记"材料采购""原材料""固定资产"等科目，贷记"应交税费——应交进口关税"科目。进口当时直接支付关税的，也可不通过"应交税费"科目，直接贷记"银行存款"科目。发生出口关税的，应借记"税金及附加"科目，贷记"应交税费——应交出口关税"科目。缴纳关税时，借记"应交税费——应交进口（或出口）关税"科目，贷记"银行存款"科目。

例 4-6 承例 4-5 的资料，进行相关会计处理。

（1）购进商品时的会计分录

借：材料采购　　　　　　　　　　　　　　　　　　20 000 000
　　贷：应交税费——应交进口关税　　　　　　　　 3 000 000
　　　　应交税费——应交消费税　　　　　　　　　 2 000 000
　　　　银行存款　　　　　　　　　　　　　　　　15 000 000

（2）实际缴纳关税、增值税时的会计分录

借：应交税费——应交增值税（进项税额）　　　　　 2 600 000
　　应交税费——应交进口关税　　　　　　　　　　 3 000 000
　　应交税费——应交消费税　　　　　　　　　　　 2 000 000
　　贷：银行存款　　　　　　　　　　　　　　　　 7 600 000

（3）商品验收入库时的会计分录

借：原材料　　　　　　　　　　　　　　　　　　　20 000 000
　　贷：材料采购　　　　　　　　　　　　　　　　20 000 000

例 4-7 某进出口公司出口产品一批，成交价格为离岸价 175 000 美元。另外，进口方还支付货物包装费 3 200 美元，当日外汇牌价为 1∶7.5。假设该产品关税税率为 10%。试计算其应纳关税税额，并进行相关会计处理。

关税完税价格 =（175 000 + 3 200）÷（1 + 10%）= 162 000（美元）

应纳出口关税税额 = 162 000 × 7.5 × 10% = 121 500（元）

（1）销售取得款项 1 336 500[（175 000 + 3 200）× 7.5]元时的会计分录

借：银行存款　　　　　　　　　　　　　　　　　　 1 336 500
　　贷：主营业务收入　　　　　　　　　　　　　　 1 336 500

（2）计提出口关税时的会计分录

借：税金及附加　　　　　　　　　　　　　　　　　　 121 500
　　贷：应交税费——应交出口关税　　　　　　　　　 121 500

（3）缴纳出口关税时的会计分录

借：应交税费——应交出口关税　　　　　　　　　　　 121 500
　　贷：银行存款　　　　　　　　　　　　　　　　　 121 500

（二）代理进出口关税的会计处理

受托企业在核算关税时，借记"应收账款""预收款项"等科目，贷记"应交税费——应交进（出）口关税"科目；代缴进出口关税时，借记"应交税费——应交进（出）口关税"科目，贷记"银行存款"科目；收到委托单位税款时，借记"银行存款"科目，贷记"应收账款""预收款项"等科目。委托方通过代理公司进口货物，不通过"应交税费"科目核算。

例 4-8 某进出口公司收到甲企业划来款项 1 000 000 元。受托代理甲企业进口一批商品，支付该商品的买价 80 000 美元，到达我国海关口岸前的运费、保险费 1 500 美元（支付时的外汇牌价为 1∶7.5）。商品到达我国口岸，办理报关，报关时的外汇牌价为 1∶7.8。进口关税税率为 10%，海关代征增值税税率为 13%。进出口公司办理完报关手续后将余款退回甲企业。代理手续费为 3 万元。试计算进口商品应纳关税税额，并进行相关会计处理。

（1）预收甲企业款项时的会计分录

借：银行存款　　　　　　　　　　　　　　　　　　1 000 000
　　贷：预收款项　　　　　　　　　　　　　　　　　　　1 000 000

（2）支付外商买价、运费、保险费 81 500 美元，合人民币 635 700（81 500×7.8）元时的会计分录

借：应收账款　　　　　　　　　　　　　　　　　　　635 700
　　贷：银行存款　　　　　　　　　　　　　　　　　　　635 700

（3）计提关税、增值税时的会计分录

关税税额＝635 700×10%＝63 570（元）
增值税税额＝635 700×13%＝82 641（元）

借：应收账款　　　　　　　　　　　　　　　　　　　146 211
　　贷：应交税费——应交进口关税　　　　　　　　　　　63 570
　　　　应交税费——应交增值税　　　　　　　　　　　　82 641

（4）实际缴纳关税时的会计分录

借：应交税费——应交进口关税　　　　　　　　　　　　63 570
　　应交税费——应交增值税　　　　　　　　　　　　　82 641
　　贷：银行存款　　　　　　　　　　　　　　　　　　　146 211

（5）收取代理手续费时的会计分录

借：应收账款——甲企业　　　　　　　　　　　　　　　30 000
　　贷：其他业务收入（或主营业务收入）　　　　　　　　30 000

（6）余款退回甲企业，收到甲企业支付的税款和手续费时的会计分录

借：预收账款　　　　　　　　　　　　　　　　　　　1 000 000
　　贷：应收账款——甲企业　　　　　　　　　　　　　　781 911
　　　　银行存款　　　　　　　　　　　　　　　　　　　218 089

例 4-9 某进出口公司代理甲企业出口商品一批。该商品的离岸价格为 75 万元、出口关税税率为 50%、手续费为 3 万元。试计算出口商品应纳关税税额，并进行相关会计处理。

（1）计提关税时的会计分录

应纳关税税额＝75÷（1+50%）×50%＝25（万元）

借：应收账款——甲企业　　　　　　　　　　　250 000
　　贷：应交税费——应交出口关税　　　　　　　　　　250 000

（2）实际缴纳关税时的会计分录

借：应交税费——应交出口关税　　　　　　　250 000
　　贷：银行存款　　　　　　　　　　　　　　　　　　250 000

（3）计算代理手续费时的会计分录

借：应收账款——甲企业　　　　　　　　　　　30 000
　　贷：其他业务收入　　　　　　　　　　　　　　　　30 000

（4）收到甲企业支付的税款和手续费时的会计分录

借：银行存款　　　　　　　　　　　　　　　280 000
　　贷：应收账款——甲企业　　　　　　　　　　　　　280 000

任务三　报关与税款缴纳

一、进出口货物报关

进口货物的纳税义务人应当自运输工具申报进境之日起 14 日内，出口货物的纳税义务人除海关特准的以外，应当在货物运抵海关监管区后、装货的 24 小时以前，向货物的进出境地海关申报。进出口货物转关运输的，按照海关总署的规定执行；进口货物到达前，纳税义务人经海关核准可以先行申报，具体办法由海关总署另行规定。

进口货物的收货人、出口货物的发货人或他们委托的代理人，都必须在货物进出口时填写中华人民共和国海关出口货物报关单（见表 4-1）或中华人民共和国海关进口货物报关单（见表 4-2）向海关申报，同时提供合同、发票、装箱单、提（装）货凭证（或运单、包裹单）、重要工业品进口登记证明、出入境货物通关单等相关资料。代理报关的企业，还应提供代理报关授权委托协议。

二、纳税期限

纳税义务人应当自海关填发税款缴款书之日起 15 日内向指定银行缴纳税款。纳税义务人未按期缴纳税款的，从滞纳税款之日起，按日加收滞纳税款 5‰ 的滞纳金。

纳税义务人因不可抗力或在国家税收政策调整的情形下，不能按期缴纳税款的，经海关总署批准，可以延期缴纳税款，但是最长不得超过 6 个月。

进出境物品的纳税义务人，应在物品放行前缴纳税款。

海关在征收关税时，根据纳税人的申请及进出口商品的情况，既可以在关境地征收，也可以在主管地征收。纳税人在缴纳关税时，需要持海关填发的海关进（出）口关税专用缴款书在规定期限内向银行办理税款缴付手续。海关代收增值税、消费税的，还应填发海关进（出）口增值税专用缴款书和海关进（出）口消费税专用缴款书。

表 4-1 中华人民共和国海关出口货物报关单

预录入编号： 　　　　　海关编号：

出口口岸	备案号		出口日期	申报日期
经营单位	运输方式		运输工具名称	提运单号
发货单位	贸易方式		征免性质	结汇方式
许可证号	运抵国（地区）	指运港		境内货源地
批准文号	成交方式	运费	保费	杂费
合同协议号	件数	包装种类	毛重/千克	净重/千克
集装箱号	随附单据		生产厂家	
标记唛码及备注				
项号 商品编号 商品名称 规格型号 数量及单位 最终目的国（地区） 单价 总价 币制 征免				
税费征收情况				
录入员　　录入单位	兹声明以上申报无讹并承担法律责任		海关审单批注及放行日期（签章）	
报关员			审单	审价
单位地址：	申报单位（签章）		征税	统计
邮编：　　电话：	填制日期：		查验	放行

表 4-2 中华人民共和国海关进口货物报关单

预录入编号： 　　　　　海关编号：

进口口岸*	备案号		进口日期*	申报日期
经营单位	运输方式		运输工具名称	提运单号
收货单位*	贸易方式		征免性质	征税比例*
许可证号	起运国（地区）*	装货港*		境内目的地*
批准文号	成交方式	运费	保费	杂费
合同协议号	件数	包装种类	毛重/千克	净重/千克
集装箱号	随附单据		用途	
标记唛码及备注				
项号 商品编号 商品名称 规格型号 数量及单位 原产国（地区）* 单价 总价 币制 征免				
税费征收情况				
录入员　　录入单位	兹声明以上申报无讹并承担法律责任		海关审单批注及放行日期（签章）	
报关员			审单	审价
单位地址	申报单位（签章）		征税	统计
邮编：　　电话：	填制日期：		查验	放行

＊为必填项

三、税款征收与退还制度

（一）税收保全措施

进出口货物的纳税义务人在规定的纳税期限内有明显的转移、藏匿其应税货物及其他财产迹象的，海关可以责令纳税义务人提供担保。纳税义务人不能提供担保的，海关可以按照《中华人民共和国海关法》的规定采取税收保全措施。

纳税义务人、担保人自缴纳税款期限届满之日起超过3个月仍未缴纳税款的，海关可以按照《中华人民共和国海关法》的规定采取强制措施。

（二）关税补征和追征

关税补征和追征是指海关在纳税人按海关核定的税额缴纳关税后，发现核定征收税额少于征税额时，责令纳税人补缴所差税款的规定。

进出口货物放行后，海关发现少征或漏征税款的，应当自缴纳税款或货物放行之日起1年内，向纳税义务人补征税款。但因纳税义务人违反规定造成少征或漏征税款的，海关可以自缴纳税款或货物放行之日起3年内追征税款，并从缴纳税款或货物放行之日起按日加收少征或漏征税款5‰的滞纳金。

海关发现海关监管货物因纳税义务人违反规定造成少征或漏征税款的，应当自纳税义务人应缴纳税款之日起3年内追征税款，并从应缴纳税款之日起按日加收少征或漏征税款5‰的滞纳金。

（三）关税退还

关税退还是指纳税人缴纳关税后，遇有法律规定的情形，海关将原缴纳关税税款退还给纳税义务人的海关管理制度。

海关发现多征税款的，应当立即通知纳税义务人办理退还手续。纳税义务人发现多缴税款的，自缴纳税款之日起1年内，可以以书面形式要求海关退还多缴的税款并加算银行同期活期存款利息。海关应当自受理退税申请之日起30日内查实并通知纳税义务人办理退还手续。纳税义务人应当自收到通知之日起3个月内办理有关退税手续。按照其他有关法律、行政法规规定应当退还关税的，海关应当按照有关法律、行政法规的规定退税。

按照规定退还税款、利息涉及从国库中退库的，按照法律、行政法规有关国库管理的规定执行。

有下列情形之一的，纳税义务人自缴纳税款之日起1年内，可以申请退还关税，并应当以书面形式向海关说明理由，提供原缴款凭证及相关资料。

① 已征进口关税的货物，因品质或规格原因，原状退货复运出境的。

② 已征出口关税的货物，因品质或规格原因，原状退货复运进境，并已重新缴纳因出口而退还的国内环节有关税收的。

③ 已征出口关税的货物，因故未装运出口，申报退关的。

（四）关税争议处理

纳税义务人、担保人对海关确定纳税义务人、完税价格、商品归类、原产地、适用税率或汇率、减征或免征税款、补税、退税、征收滞纳金、计征方式及确定纳税地点有异议的，应当缴纳税款，并可以依法向上一级海关申请复议。对复议决定不服的，可以依法向人民法院提起诉讼。

工作完成情况

第1种方案：应纳关税税额＝300×100%＋400×40%＋300×100%＝760（美元）

第2种方案：应纳关税税额＝400×130%＋600×130%＝1 300（美元）

专家评价

该出国留学人员回国所带物品不属于规定数额以内的个人自用进境物品，即所带物品全部应缴纳关税。通过查询海关税则税率表，得知各物品关税税率分别为：名酒100%；影碟机40%；金表100%；包金首饰及金银戒指、项链130%。税率适用正确。最后，根据两种方案所计算出来的结果判断，该出国留学人员应采用第1种方案。

技能训练

一、判断题

1. 在海关对进出口货物进行完税价格审定时，如果海关不接受申报价格，而认为有必要估定完税价格，则可以与进出口货物的纳税义务人进行磋商。（　）
2. 减免税货物转让或改变成不免税用途的，按原货物进口之日实施的税率计征关税。（　）
3. 海关对进口货物按相同或类似货物成交价格估价时，如果有多个相同或类似货物的成交价格，则应当以平均价格为基础，估定进口货物的完税价格。（　）
4. 出口货物的成交价格中含有支付给境外的佣金的，如果单独列明，则应当扣除。（　）
5. 减税或免税进口的货物需要补税时，应当以海关审定的该货物原进口时的价格扣除该货物会计账面折旧部分价值作为完税价格。（　）
6. 因故退还的国内出口货物，经海关审查属实，可予免征进口关税，已征收的出口关税准予退还。（　）
7. 出口货物应在货物运抵海关监管区后装货的24小时前，向出境地海关申报。（　）
8. 纳税义务人应当自海关填发税款缴款书次日起15日内向指定银行缴纳税款。（　）
9. 国内不能生产的直接用于教学和科研的用品，海关在合理数量范围内免征进口关税。（　）
10. 进出口货物放行后，海关发现少征或漏征税款的，可以向纳税义务人追征税款。（　）
11. 我国境内的保险机构为出口货物提供的保险产品，免征增值税。（　）
12. 关税是由海关对依法进出国境或关境的货物、物品征收的一种税。（　）
13. 进口货物的完税价格中包含进口关税，是交完关税之后的价格。（　）
14. 根据我国关税条例的规定，个人邮递物品可以不纳关税。（　）
15. 世贸组织成员国中的任何国家对原产于我国的货物征收歧视性关税的，我国对原产于该国的进口货物可以征收报复性关税。（　）

二、单选题

1. 计入进口货物关税完税价格的项目是（　　）。

　　A. 国内保险费

　　B. 货物运抵境内输入地点之后的运输费用

C．进口关税

D．卖方间接从买方对该货物进口后使用所得中获得的收益

2．加工贸易加工过程中产生的边角料，以（　　）计算完税价格。

A．免税，不必计算　　　　　　　B．申报内销时的价格估定

C．料件原进口时的价格估定　　　D．国内同类价格估定

3．关税纳税义务人或它们的代理人应在海关填发进口增值税专用缴款书之日起（　　）内向指定银行缴纳，并由当地银行解缴中央金库。

A．7 日　　　B．10 日　　　C．15 日　　　D．30 日

4．出口货物的完税价格应该包括（　　）。

A．支付给境外的佣金　　　　　　B．离境口岸至境外口岸之间的运输、保险费

C．出口关税　　　　　　　　　　D．工厂至离境口岸之间的运输、保险费

5．关税纳税义务人因不可抗力或在国家税收政策调整的情况下，不能按期缴纳税款的，经海关总署批准，可以延期缴纳税款，但最多不得超过（　　）。

A．3 个月　　　B．6 个月　　　C．9 个月　　　D．12 个月

6．某公司进口一批货物，海关于 2024 年 3 月 1 日填发进口增值税专用缴款书，但公司迟至 3 月 27 日才缴纳 500 万元的关税，则海关应征收关税滞纳金（　　）。

A．2.75 万元　　　B．3 万元　　　C．6.5 万元　　　D．6.75 万元

7．如果纳税义务人自海关填发缴款书之日起（　　）仍未缴纳税款，则经海关关长批准，海关可以采取强制扣缴、变价抵缴等强制措施。

A．3 个月　　　B．1 个月　　　C．6 个月　　　D．12 个月

8．按中国海关现行规定，进出口货物完税后，如果发现少征或漏征税款，则海关应当自缴纳税款或货物放行之日起（　　）内，向收、发货人或它们的代理人补征。

A．半年　　　B．1 年　　　C．2 年　　　D．3 年

9．进出口货物因收、发货人或它们的代理人违反规定而造成少征或漏征关税的，海关可以（　　）追征。

A．在 1 年内　　　B．在 10 年内　　　C．在 3 年内　　　D．无限期

10．经海关审核批准关税缓纳的义务人，应按海关批准的关税缴纳计划如期缴纳关税，并按月支付（　　）的利息。

A．5‰　　　B．10‰　　　C．15‰　　　D．20‰

11．进口应税消费品由海关代征的消费税税额，应记入（　　）。

A．"应交税费"科目贷方　　　　B．"税金及附加"科目借方

C．"应交税费"科目借方　　　　D．"物资采购"科目借方

12．不计入进口货物关税完税价格的项目是（　　）。

A．向自己的采购代理人支付的劳务费用

B．向代表买卖双方利益的经纪人支付的劳务费用

C．由买方负担的与该货物视为一体的容器费用

D．由买方负担的包装材料和包装劳务费用

13．某企业 2024 年 5 月将一台账面余值 55 万元的进口设备运往境外修理，当月在海关规定的期限内复运进境。经海关审定的境外修理费为 4 万元、料件费为 6 万元。假定该设备的进口关税税率为 30%，则该企业应缴纳的关税为税额（　　）。

A. 1.8 万元　　　B. 3 万元　　　C. 16.5 万元　　　D. 19.5 万元

14. 下列不是关税纳税义务人的是（　　）。
　　A. 进口货物的收货人　　　B. 出口货物的发货人
　　C. 邮递出口物品的收件人　　D. 进境物品的携带人

15. 甲公司进口一台机器设备，成交价格为 4 500 万元人民币、起卸前运费和保险费共 1.5 万元、购货佣金 4 万元。假定进口关税税率为 15%，则甲公司应缴纳的进口关税税额为（　　）。
　　A. 60 万元　　B. 60.18 万元　　C. 675.225 万元　　D. 60.825 万元

三、多选题

1. 下列选择最惠国税率、协定税率、特惠税率还是普通税率的依据中不正确的是（　　）。
　　A. 货物的销售地　B. 货物的生产地　C. 货物的发出地　D. 货物的原产地

2. 运往境外加工货物，按手续复运进境的，应当以海关审定的（　　）估定完税价格。
　　A. 加工费　　B. 料件费　　C. 复运进境的运输费　　D. 复运进境的保险费

3. 下列能独立区分的不计入进口货物完税价格的有（　　）。
　　A. 机械进口后的维修费　　　B. 货物运抵输入地点前的运输费
　　C. 进口关税　　　　　　　　D. 进口消费税

4. 海关可以在境内获得的数据资料为基础估定进口货物的完税价格，但不得使用（　　）。
　　A. 境内生产的货物在境内的销售价格　B. 可供选择的价格中最低的价格
　　C. 货物在出口地市场的销售价格　　　D. 最低限价或武断、虚构的价格

5. 使用倒扣价格估价方法计算进口货物完税价格，应扣除的项目包括（　　）。
　　A. 境内销售利润　　　　　　B. 进口关税税额和进口消费税税额
　　C. 运抵输入地点前的运保费　　D. 运抵输入地点后的运保费

6. 下列规定正确的有（　　）。
　　A. 由于纳税人违反海关规定而少征或漏征的关税，海关在 1 年内可以追征
　　B. 由于纳税人违反海关规定而少征或漏征的关税，海关在 3 年内可以追征
　　C. 非因纳税人违反海关规定而少征或漏征的关税，海关应在缴纳税款或货物、物品放行之日起 1 年内补征
　　D. 因纳税人违反海关规定而少征或漏征的关税，海关应在缴纳税款或货物、物品放行之日起 3 年内补征

7. 下列属于关税延期纳税规则的有（　　）。
　　A. 因不可抗力或国家政策调整的原因造成无法按期纳税
　　B. 海关总署批准　　　C. 当地海关关长批准　　　D. 最长不得超过 3 个月

8. 经海关查明属实，可酌情减免进口关税的有（　　）。
　　A. 在境外运输途中遭受损坏或损失的货物
　　B. 因不可抗力缴税确有困难的纳税人进口的货物
　　C. 起卸后海关放行前，因不可抗力遭受损坏的货物
　　D. 海关查验时已经损坏，经证明为保管不善的货物

9. 进口货物以海关审定的成交价格为基础的到岸价格作为完税价格。到岸价格包括货价加上货物运抵我国境内输入地点起卸前的（　　）等费用。

A．包装　　　　　B．其他劳务　　　C．保险　　　　　D．运输
10．下列有关出口货物完税价格确定方法的叙述符合关税税法规定的有（　　　　）。
　　A．海关依法估价确定的完税价格
　　B．以成交价格为基础确定的完税价格
　　C．根据境内生产类似货物的成本、利润和费用计算出的价格
　　D．以相同或类似的进口货物在境内销售价格为基础估定的完税价格
11．下列关于关税的描述正确的是（　　　　）。
　　A．关税的征税主体是国家
　　B．关税由海关征收，而其他税主要由税务机关征收
　　C．关税是对有形的货物征税，对无形的货物不征关税
　　D．一国的关境和国境可能一致，也可能不一致
12．根据关税法律制度的规定，计入进口货物完税价格的是（　　　　）。
　　A．货物成交价格　　　　　　　　　B．进口关税税额
　　C．由买方负担的包装材料和包装劳务费用
　　D．由买方负担的除购货佣金以外的佣金和经纪费
13．下列关于关税的规定，说法正确的有（　　　　）。
　　A．我国进口关税税率有最惠国税率、协定税率、特惠税率、普通税率等
　　B．目前，我国对啤酒等部分货物计征从价税
　　C．滑准税的特点是关税税率随进口商品价格由高到低而变化
　　D．目前关税税率计征办法有从价税、从量税、复合税和滑准税等
14．下列属于关税征税对象的是（　　　　）。
　　A．贸易性商品　　　　　　　　　　B．个人邮寄物品
　　C．入境旅客随身携带的行李和物品
　　D．馈赠物品或以其他方式进入国境的个人物品
15．进口关税税率设有（　　　　）。
　　A．普通税率　　B．特惠税率　　　C．协定税率　　　D．最惠国税率

四、思考题

1．如何理解关税纳税义务人？
2．进口货物成交价格应符合哪些条件？
3．出口货物的成交价格不能确定时，如何确定该出口货物的完税价格？
4．关税的补征、追征是什么？两者有什么区别？
5．关税的减免有哪些规定？

五、业务题

1．某轿车生产企业为增值税一般纳税人。12月份进口原材料一批，支付给国外买价120万元，包装材料8万元；到达我国海关以前的运输装卸费为3万元、保险费为13万元，从海关运往企业所在地支付运输费7万元。该企业进口原材料的关税税率为10%。
　　要求：根据上述资料，计算企业12月份进口原材料应缴纳的关税税额和增值税税额，并进行相应的会计处理。
2．某公司进口货物一批，到岸价格为人民币600万元，含单独计价并经海关审核属实的进

口后装配调试费用 30 万元。该货物进口关税税率为 10%，海关填发进口增值税专用缴款书的日期为 2024 年 10 月 10 日，该公司于 10 月 25 日缴纳税款。

要求：计算其应纳关税税额及滞纳金，并进行相应的会计处理。

3．某企业海运进口一批银饰，海关审定货价折合人民币 6 970 万元，运保费无法确定，海关按同类货物同程运输费估定运费折合人民币 9.06 万元。该批货物进口关税税率为 15%、消费税税率为 5%。

要求：计算进口环节应缴纳的各种税费，并进行相应的会计处理。

项目五
资源类税实务

学习目标

通过本项目的学习,学会资源税、土地使用税、耕地占用税、土地增值税的纳税申报和会计处理技能。培育学生树立绿色资源发展理念,增强学生节约使用资源、优化资源配置的自觉性。

任务一 资源税

 工作过程

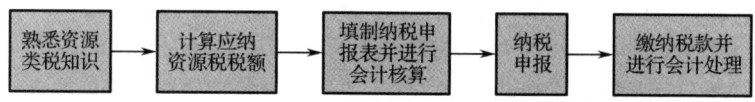

 工作场景

	资源税事宜的办理
场景介绍	某煤矿企业(增值税一般纳税人)于2024年8月向某电厂销售原煤6 000吨,开具的增值税专用发票上注明的不含税价款为60万元,支付从坑口到车站的运输费用2万元;向某煤场销售选煤,开具的增值税普通发票上列明的销售额为7.91万元。该煤矿资源税税率为5%,选煤折算率为90%
工作目标	通过本工作场景的学习,学生能够从企业的实际情况出发,根据税法的相关规定计算应纳资源税税额并进行会计处理
所需知识	资源税法律知识、资源税会计核算知识
已具备知识和技能	知识储备:资源税法律知识,包括纳税人、征收范围、应纳税额的计算、纳税期限、纳税地点。 技能储备:资源税应纳税额的计算

新编企业纳税实务（第4版）

中华人民共和国主席令第三十三号：《中华人民共和国资源税法》已由中华人民共和国第十三届全国人民代表大会常务委员会第十二次会议于2019年8月26日通过，现予公布，自2020年9月1日起施行。

一、计算资源税应纳税额

（一）确定纳税人和征税对象

资源税纳税义务人是指在中华人民共和国领土及管辖海域开采《中华人民共和国资源税暂行条例》规定的矿产品或生产盐（以下称为开采或生产应税产品）的单位和个人。独立矿山、联合企业和其他收购未税矿产品的单位为资源税扣缴义务人。

根据《中华人民共和国资源税暂行条例实施细则》和财政部、国家税务总局《关于全面推进资源税改革的通知》（财税〔2016〕53号）的规定，自2016年7月1日起，税目包括原油、天然气、煤炭、其他非金属矿、金属矿、海盐6个。

资源税采取从量定额或从价定率的办法征收，我国正在逐步推行资源税由从量计征改为从价计征的改革。其中，除其他非金属矿中的黏土、砂石、未列举名称的其他非金属矿产品仍从量计征外，其他产品均已从价计征。纳税人具体适用的税率，在资源税税目税率表规定的税率幅度内，根据纳税人所开采或生产应税产品的资源品位、开采条件等情况，由财政部和国务院有关部门确定；财政部未列举名称且未确定具体适用税率的其他非金属矿原矿和有色金属矿原矿，由省、自治区、直辖市人民政府根据实际情况确定，报财政部和国家税务总局备案。

（二）正确应用资源税优惠政策

资源税实行"普遍征收，级差调节"的原则，减免税项目比较少。《中华人民共和国资源税暂行条例》规定，以下项目减征或免征资源税。

① 开采原油过程中用于加热、修井的原油免税。

② 纳税人开采或生产应税产品过程中，因意外事故或自然灾害等原因遭受重大损失的，由省、自治区、直辖市人民政府酌情决定减税或免税。

③ 国务院规定的其他减税、免税项目。

纳税人的减税、免税项目应当单独核算课税数量。未单独核算或不能准确提供销售额或销售数量的，不予减税或免税。

（三）正确判断资源税纳税义务发生时间

① 纳税人销售应税产品，资源税纳税义务发生时间为收讫销售款或取得索取销售款凭据的当天；自产自用应税产品，纳税义务发生时间为移送使用的当天。具体如下。

● 采用分期收款结算方式的，其纳税义务发生时间为销售合同规定的收款日期当天。

● 采用预收货款结算方式的，其纳税义务发生时间为发出应税产品的当天。

● 采用其他结算方式的，其纳税义务发生时间为收讫销售款或取得索取销售款凭据的当天。

② 纳税人自产自用应税产品的，其纳税义务发生时间为移送使用应税产品的当天。

③ 扣缴义务人代扣代缴税款的，其纳税义务发生时间为支付首笔货款或开具应支付货款凭据的当天。

（四）确定计税依据

各税目的征税对象包括原矿、精矿（或原矿加工品，下同）、金锭、氯化钠初级产品。资源税的计税依据为应税产品的销售额或销售数量。纳税人开采或生产不同税目应税产品的，应当分别核算不同税目应税产品的销售额或销售数量。未分别核算或不能准确提供不同税目应税产品的销售额或销售数量的,从高适用税率。

1. 销售数量的确定

销售数量包括纳税人开采或生产应税产品的实际销售数量和视同销售的自用数量。

2. 销售额的确定

销售额是指纳税人销售应税产品向购买方收取的全部价款和价外费用,不包括增值税销项税额和运杂费用。运杂费用是指应税产品从坑口或洗选(加工)地到车站、码头或购买方指定地点的运输费用、建设基金及随运销产生的装卸、仓储、港杂费用。运杂费用应与销售额分别核算,凡未取得相应凭据或不能与销售额分别核算的,应当一并计征资源税。洗选煤计税销售额的计算公式为:

$$洗选煤计税销售额=洗选煤销售额×折算率$$

3. 销售额的核定

纳税人申报的应税产品销售额明显偏低且无正当理由的、有视同销售应税产品行为而无销售额的,除财政部、国家税务总局另有规定外,按下列顺序确定销售额。

1)按纳税人最近时期同类产品的平均销售价格确定。
2)按其他纳税人最近时期同类产品的平均销售价格确定。
3)按组成计税价格确定。组成计税价格的计算公式为:

$$组成计税价格=成本×(1+成本利润率)÷(1-税率)$$

(五)计算应纳税额

资源税的应纳税额按照从价定率或从量定额的办法,分别以应税产品的销售额乘以纳税人具体适用的比例税率或以应税产品的销售数量乘以纳税人具体适用的定额税率计算。计算应纳税额之后,与"应交税费——应交资源税"科目资料比对是否相符;扣缴义务人计算的应代扣代缴资源税,与"应交税费——应交资源税"科目中的有关记载和代扣税款凭证所列金额要核对相符。

应纳税额计算公式如下。

① 从量计征: $$应纳税额=销售数量×定额税率$$
② 从价计征: $$应纳税额=销售额×比例税率$$

扣缴义务人收购未税矿产品的,于收购环节代扣代缴税款的,计算公式为:

$$应纳税额=收购未税矿产品数量×适用的单位税额$$

例 5-1 某油田 2024 年 6 月开采原油 8 000 吨,与原油同时开采的天然气为 50 000 立方米。该油田原油售价 8 200 元/吨、天然气 2.2 元/立方米,均已全部销售。已知该油田的原油适用的税率为 6%、天然气适用的税率为 8%。试计算 8 月份应纳税额。

销售原油应纳税额=8 000×8 200×6%=3 936 000(元)
销售天然气应纳税额=50 000×2.2×8%=8 800(元)
本月应纳税额=3 936 000+8 800=3 944 800(元)

二、资源税会计核算

(一) 资源税核算的科目设置

企业进行资源税会计核算时,通过"应交税费——应交资源税"科目核算。该科目属于负债类科目,借方登记企业已缴纳或允许抵扣的资源税税额,贷方登记企业应缴纳的资源税税额;贷方余额表示企业期末应缴未缴的资源税税额。

资源税的会计处理

(二) 资源税的会计处理

1. 销售应税资源税产品的会计处理

企业计算销售应税产品应缴纳的资源税税额时,借记"税金及附加"科目,贷记"应交税费——应交资源税"科目;在缴纳资源税时,借记"应交税费——应交资源税"科目,贷记"银行存款"科目。

例 5-2 某煤矿为增值税一般纳税人。8月,销售原煤给某工厂,不含税价款为50万元,支付从坑口到车站的运输费用2万元。销售选煤给某煤场,开具的增值税普通发票上列明的含税销售额为56.5万元。该煤矿资源税税率为5%、选煤折算率为90%。试进行相关的会计处理。

(1) 销售时的会计分录

借:银行存款　　　　　　　　　　　　　　　　　　　　　1 130 000
　　贷:主营业务收入　　　　　　　　　　　　　　　　　　1 000 000
　　　　应交税费——应交增值税(销项税额)　　　　　　　　130 000

(2) 计提资源税税额时的会计分录

当月应纳资源税税额 = 50×5% + 56.5÷(1+13%)×90%×5% = 4.75(万元)

借:税金及附加　　　　　　　　　　　　　　　　　　　　　47 500
　　贷:应交税费——应交资源税　　　　　　　　　　　　　47 500

(3) 实际缴纳资源税时的会计分录

借:应交税费——应交资源税　　　　　　　　　　　　　　47 500
　　贷:银行存款　　　　　　　　　　　　　　　　　　　　47 500

2. 自产自用应税资源税产品的会计处理

企业计算自产自用应税产品的资源税税额,借记"生产成本""制造费用"等科目,贷记"应交税费——应交资源税"科目;在缴纳资源税时,借记"应交税费——应交资源税"科目,贷记"银行存款"科目。

例 5-3 某油田开采原油1万吨,自用8 000吨,其余2 000吨按原油售价8 200元/吨对外销售。对于自用部分,也应当缴纳资源税。已知该油田的原油适用税率为6%,自用部分需缴纳资源税3 936 000(8 000×8 200×6%)元。试进行相关的会计处理。

(1) 计提资源税税额时的会计分录

借:生产成本　　　　　　　　　　　　　　　　　　　　　3 936 000
　　贷:应交税费——应交资源税　　　　　　　　　　　　3 936 000

(2) 实际缴纳资源税时的会计分录

借:应交税费——应交资源税　　　　　　　　　　　　　3 936 000
　　贷:银行存款　　　　　　　　　　　　　　　　　　　3 936 000

项目五　资源类税实务

3. 收购未税矿产品的会计处理

企业收购未税矿产品时，按实际支付的收购款，借记"材料采购"等科目，贷记"银行存款"等科目；按照代扣代缴的资源税税额，借记"材料采购"等科目，贷记"应交税费——应交资源税"科目；上缴资源税时，借记"应交税费——应交资源税"科目，贷记"银行存款"科目。

三、资源税申报与缴纳

（一）明确申报时间和地点

① 资源税的纳税期限为1日、3日、5日、10日、15日或1个月，纳税人的纳税期限由主管税务机关根据实际情况具体核定。不能按固定期限纳税的，可以按次计算纳税。

纳税人以1个月为一期纳税的，自期满之日起10日内申报纳税；以1日、3日、5日、10日、15日为一期纳税的，自期满之日起5日内预缴纳税款，于次月1日起10日内申报纳税并结清上月税款。

扣缴义务人解缴税款的期限，比照上述规定执行。

② 纳税地点。纳税人应当向应税产品的开采或生产地主管税务机关缴纳税款；扣缴义务人代扣代缴的资源税应向收购地缴纳。

③ 纳税环节。对外销售的应税产品于销售环节缴纳；自产自用的应税产品，于移送使用环节缴纳；由扣缴义务人代扣代缴的，在收购环节缴纳；盐的应纳税款，在出场环节由生产者缴纳。

（二）编制申报表，进行纳税申报

自2021年6月1日起，纳税人申报缴纳城镇土地使用税、房产税、车船税、印花税、耕地占用税、资源税、土地增值税、契税、环境保护税、烟叶税中一个或多个税种时，使用财产和行为税纳税申报表，内容和格式如表5-1所示。纳税人新增税源或税源变化时，需要先填报财产和行为税税源明细表。涉及符合减免税条件的要填写财产和行为税减免税明细申报附表，内容和格式如表5-2所示。

表5-1　财产和行为税纳税申报表

纳税人识别号（统一社会信用代码）：□□□□□□□□□□□□□□□□□□

纳税人名称：　　　　　　　　　　　　　　　　　　　　　　　金额单位：人民币元（列至角分）

序号	税种	税目	税款所属期起	税款所属期止	计税依据	税率	应纳税额	减免税额	已缴税额	应补（退）税额
1										
2										
3										
4										
5										
6										
7										
8										
9										
10										
11	合计	—	—	—	—	—				

（续表）

声明：此表是根据国家税收法律法规及相关规定填写的，本人（单位）对填报内容（及附带资料）的真实性、可靠性、完整性负责。
纳税人（签章）：　　　　　　　　　年　月　日

经办人： 经办人身份证号： 代理机构签章： 代理机构统一社会信用代码：	受理人： 受理税务机关（章）： 受理日期：　　　年　月　日

表 5-2　财产和行为税减免税明细申报附表

纳税人识别号（统一社会信用代码）：□□□□□□□□□□□□□□□□□□

纳税人名称：　　　　　　　　　　　　　　　　　　　　　　金额单位：人民币元（列至角分）

本期是否适用增值税小规模纳税人减征政策	□是　□否	本期适用增值税小规模纳税人减征政策起始时间	年　月
		本期适用增值税小规模纳税人减征政策终止时间	年　月
合计减免税额			

城镇土地使用税					
序号	土地编号	税款所属期起	税款所属期止	减免性质代码和项目名称	减免税额
1					
2					
小计	—			—	

房产税					
序号	房产编号	税款所属期起	税款所属期止	减免性质代码和项目名称	减免税额
1					
2					
小计	—			—	

车船税					
序号	车辆识别代码/船舶识别码	税款所属期起	税款所属期止	减免性质代码和项目名称	减免税额
1					
2					
小计	—			—	

印花税					
序号	税目	税款所属期起	税款所属期止	减免性质代码和项目名称	减免税额
1					
2					
小计	—			—	

资源税						
序号	税目	子目	税款所属期起	税款所属期止	减免性质代码和项目名称	减免税额
1						
2						
小计	—	—			—	

耕地占用税					
序号	税源编号	税款所属期起	税款所属期止	减免性质代码和项目名称	减免税额
1					

项目五 资源类税实务

(续表)

序号	税源编号	税款所属期起	税款所属期止	减免性质代码和项目名称	减免税额
2					
小计	—			—	

契税					
序号	税源编号	税款所属期起	税款所属期止	减免性质代码和项目名称	减免税额
1					
2					
小计	—			—	

土地增值税					
序号	项目编号	税款所属期起	税款所属期止	减免性质代码和项目名称	减免税额
1					
2					
小计	—			—	

环境保护税						
序号	税源编号	污染物类别	污染物名称	税款所属期起	税款所属期止	减免性质代码和项目名称	减免税额
1							
2							
小计	—	—	—			—	

声明：此表是根据国家税收法律法规及相关规定填写的，本人（单位）对填报内容（及附带资料）的真实性、可靠性、完整性负责。

纳税人（签章）：　　　　　年　月　日

经办人：	受理人：
经办人身份证号：	受理税务机关（章）：
代理机构签章：	受理日期：　　年　月　日
代理机构统一社会信用代码：	

工作完成情况

该煤矿应缴纳资源税税额 = [60 + 2 + 7.91 ÷ (1 + 13%)] × 5% = 3.45(万元)

借：税金及附加　　　　　　　　　　　　　　　34 500
　　贷：应交税费——应交资源税　　　　　　　　　　　34 500
借：应交税费——应交资源税　　　　　　　　　34 500
　　贷：银行存款　　　　　　　　　　　　　　　　　　34 500

专家评价

通过对案例进行的分析，可以看出该企业计算缴纳资源税税额的方法不正确。

应缴纳资源税的煤炭包括原煤、洗选煤。计税销售额是指纳税人销售应税产品向购买方收取的全部价款和价外费用，不包括增值税销项税额和运杂费用。运杂费用是指应税产品从坑口或洗选（加工）地到车站、码头或购买方指定地点的运输费用、建设基金及随运销产生的装卸、仓储、港杂费用。其中：

洗选煤计税销售额 = 洗选煤销售额 × 折算率

上述煤矿企业的应纳税额计算中，将运杂费用计入了销售额，同时没有按折算率将洗选煤

销售额折算成洗选煤计税销售额,两种情况造成煤矿企业多计了1 350元的资源税。正确的计算方法应当是:

该煤矿应缴纳资源税税额 = 60×5% + 7.91÷(1+13%)×90%×5% = 3.32(万元)

任务二　土地使用税

工作过程

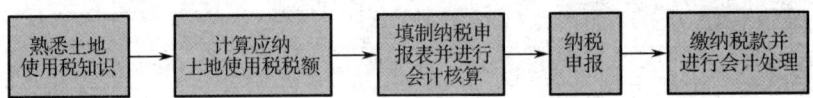

土地使用税事宜的办理

场景介绍	国有企业远洋公司经政府部门核发的土地使用证书显示,A公司实际占地面积80 000平方米。其中,①企业内学校和医院共占地2 000平方米;②厂区外公共绿化用地5 000平方米,厂区内生活小区的绿化用地1 000平方米;③2024年1月1日,公司将一块1 000平方米的土地对外出租给另一企业,用以生产经营;④2024年7月1日,公司将一块1 500平方米的土地无偿借给某国家机关作为公务使用。除上述土地外,其余土地均为公司生产经营用地(该公司所在地适用税额为1元/平方米)
工作目标	通过本工作场景的学习,使学生能够从企业的实际情况出发,根据税法的相关规定,计算应缴纳的土地使用税税额并进行会计处理
所需知识	在这个工作场景中,涉及土地使用税税额的计算问题和会计处理,问题是土地使用税应纳税额的正确计算侧重于计税依据的正确合理确定
已具备知识和技能	知识储备:土地使用税法律知识,包括纳税人、征收范围、应纳税额的计算、纳税期限、纳税地点。 技能储备:土地使用税应纳税额的计算

一、计算土地使用税应纳税额

(一)确定纳税人、征收对象、税率

城镇土地使用税的纳税义务人是指在城市、县城、建制镇、工矿区范围内使用土地、承担城镇土地使用税纳税义务的单位和个人。

根据《中华人民共和国城镇土地使用税暂行条例实施细则》的规定,城镇土地使用税的征税对象为城市、县城、建制镇、工矿区范围内的国家所有和集体所有的土地。

城镇土地使用税使用的是定额税率,为调节不同地区、不同地段之间的土地级差收入,采用有差别的幅度税额,按大、中、小城市和县城、建制镇、工矿区分别规定每平方米土地使用税年应纳税额。

(二)正确判断土地使用税纳税义务发生时间

《中华人民共和国城镇土地使用税暂行条例》(以下简称《城镇土地使用税暂行条例》)规定,城镇土地使用税纳税义务发生时间分别如下。

① 纳税人购置新建商品房,自房屋交付使用次月起,缴纳城镇土地使用税。

② 纳税人购置存量房,自办理房屋权属转移、变更登记手续,房地产权属登记机关签发房

屋权属证书次月起，缴纳城镇土地使用税。

③ 纳税人出租、出借房产，自交付出租、出借房产次月起，缴纳城镇土地使用税。

④ 房地产开发自用、出租、出借本企业建造的商品房，自房屋使用或交付次月起，缴纳城镇土地使用税。

⑤ 纳税人新征用的耕地，自批准征用之日起满一年时，开始缴纳城镇土地使用税。

⑥ 纳税人新征用的非耕地，自批准征用次月起，缴纳城镇土地使用税。

（三）正确应用土地使用税优惠政策

1. 《城镇土地使用税暂行条例》规定，以下项目免征城镇土地使用税

① 国家机关、人民团体、军队自用的土地。这部分土地是指这些单位本身的办公用地和公务用地，如国家机关、人民团体的办公楼用地，军队的训练场用地等。

② 由国家财政部门拨付事业经费的单位自用的土地。这部分土地是指这些单位本身的业务用地，如学校的教学楼、操场、食堂等占用的土地。

③ 宗教寺庙、公园、名胜古迹自用的土地。宗教寺庙自用的土地是指举行宗教仪式的用地和寺庙内的宗教人员生活用地；公园、名胜古迹自用的土地是指供公共参观游览的用地及其管理单位的办公用地。

④ 市政街道、广场、绿化地带等公共用地。企业内的广场、道路、绿化等占用的土地不能免税。

⑤ 直接用于农、林、牧、渔的生产用地。这部分土地是指直接用于种植、养殖、饲养的专业用地，不包括农副产品加工场地和生活、办公用地。

⑥ 经批准开山填海整治的土地和改造的废弃土地，自使用的月份起免缴土地使用税 5 至 10 年。

⑦ 由财政部另行规定免税的能源、交通、水利设施用地和其他用地。

⑧ 自 2010 年 1 月 1 日起，对改造安置住房建设用地免征城镇土地使用税。在商品住房等开发项目中配套建造安置住房的，依据政府部门出具的相关材料和拆迁安置补偿协议，按改造安置住房建筑面积占总建筑面积的比例免征城镇土地使用税。

2. 其他规定

① 城镇土地使用税和耕地占用税的征税范围衔接。为避免对一块土地同时征收耕地占用税和土地使用税，税法规定，凡是缴纳了耕地占用税的，从批准征用之日起满一年后征收土地使用税；征用非耕地因为不需要缴纳耕地占用税，应从批准征用之次月起征收土地使用税。

② 免税单位和纳税单位之间无偿使用的土地。对免税单位无偿使用纳税单位的土地（如公安、海关等单位使用铁路、民航等单位的土地），免征土地使用税；对纳税单位无偿使用免税单位的土地，纳税单位应照章缴纳土地使用税。

③ 房地产开发公司建造商品房的用地。房地产开发公司建造商品房的用地，除经批准开发建设经济适用房的用地外，对各类房地产开发用地一律不得减免城镇土地使用税。

④ 企业的绿化用地。对企业厂区（包括生产、办公及生活区）以内的绿化用地，应照章征收土地使用税，厂区以外的公共绿化用地和向社会开放的公园用地，暂免征收土地使用税。

（四）确定土地使用税的计税依据

土地使用税以纳税人实际占用的土地面积为计税依据，土地面积计量标准为平方米。纳税人实际占用的土地面积按下列方法确定。

① 凡由省、自治区、直辖市人民政府确定的单位组织测定土地面积的，以测定面积为准。

② 尚未经省、自治区、直辖市人民政府确定的单位组织测量，但纳税人持有政府有关部门核发的土地使用证书的，以证书确认的土地面积为准。

③ 尚未核发土地使用证书的，以纳税人申报的土地面积作为计税依据，待核发土地使用证书后再做调整。

（五）计算应纳税额

城镇土地使用税的应纳税额以纳税人实际占用的土地面积乘以该土地所在地段的适用税额计算。其计算公式为：

$$全年应纳税额 = 计税土地面积（平方米）\times 适用税额$$

**例 5-4**　某公司和政府机关共同使用一栋共有土地使用权的建筑物。该建筑物占用土地面积 2 000 平方米，公司和机关的占用比例为 4：1。该公司所在地城镇土地使用税单位税额为每平方米 5 元。试计算该公司应纳城镇土地使用税税额。

该公司应纳城镇土地使用税税额 = 2 000 × 4 ÷ 5 × 5 = 8 000（元）

二、土地使用税的会计核算

企业按规定计算应缴土地使用税税额，借记"税金及附加"科目，贷记"应交税费——应交土地使用税"科目；实际缴纳时，借记"应交税费——应交土地使用税"科目，贷记"银行存款"科目。

例 5-5　承例 5-4，进行相关会计处理。

（1）计提土地使用税税额时的会计分录

借：税金及附加　　　　　　　　　　　　　　　　　　　　　　　8 000
　　　贷：应交税费——应交土地使用税　　　　　　　　　　　　　　　　8 000

（2）实际缴纳时的会计分录

借：应交税费——应交土地使用税　　　　　　　　　　　　　　　8 000
　　　贷：银行存款　　　　　　　　　　　　　　　　　　　　　　　　　8 000

三、土地使用税的申报与缴纳

（一）明确土地使用税的纳税期限和地点

城镇土地使用税实行按年计算、分期缴纳的征收方法，具体纳税期限由省、自治区、直辖市人民政府确定。

土地使用税在土地所在地缴纳，由土地所在地的税务机关征收。土地管理机关应当向土地所在地的税务机关提供土地使用权属资料。纳税人应按照有关规定及时办理纳税申报，如实填写城镇土地使用税纳税申报表。

纳税人使用的土地不属于同一省、自治区、直辖市管辖的，由纳税人分别向土地所在地的地方税务机关缴纳。在同一省、自治区、直辖市管辖范围内，纳税人跨地区使用的土地，其纳税地点由各省、自治区、直辖市确定。

项目五　资源类税实务

（二）如实编制申报表

自 2021 年 6 月 1 日起，纳税人申报缴纳城镇土地使用税、房产税、车船税、印花税、耕地占用税、资源税、土地增值税、契税、环境保护税、烟叶税中的一个或多个税种时，使用财产和行为税纳税申报表（见表 5-1）。纳税人新增税源或税源变化时，需要先填报财产和行为税税源明细表。涉及符合减免税条件的要填写财产和行为税减免税明细申报附表（见表 5-2）。

工作完成情况

根据相关税法规定，做如下分析。

① 税法规定，企业办的学校、医院、托儿所、幼儿园自用的土地，比照由国家财政部门拨付事业经费的单位自用的土地，免征城镇土地使用税。

② 对企业厂区（包括生产、办公及生活区）以内的绿化用地，应按规定缴纳城镇土地使用税，厂区以外的公共绿化用地和向社会开放的公园用地，暂免征收城镇土地使用税。

应纳税额 = 1 000 × 1 = 1 000（元）

③ 土地使用权出租的，由拥有土地使用权的企业缴纳城镇土地使用税，该公司不缴税。

④ 税法规定，对免税单位无偿使用纳税单位的土地，免征城镇土地使用税；纳税单位无偿使用免税单位的土地，纳税单位照章缴纳城镇土地使用税。本工作场景中承租土地的国家机关免予缴纳城镇土地使用税。

A 公司 2024 年 1—6 月应纳税额 = 1 500 × 1 × 6 ÷ 12 = 750（元）

其余土地应纳税额 = (80 000 − 2 000 − 5 000 − 1 000 − 1 000 − 1 500) × 1 = 69 500（元）

该公司 2024 年合计应纳城镇土地使用税税额 = 1 000 + 750 + 69 500 = 71 250（元）

专家评价

在这个工作场景中，涉及的是土地使用税税额的正确计算问题。正确地核定企业应税的土地范围，对于企业准确核算应缴纳的土地使用税税额至关重要，这就需要对《城镇土地使用税暂行条例》有一个明确的认识。

任务三　耕地占用税

一、计算耕地占用税应纳税额

（一）纳税人、征税对象、税率

耕地占用税以占用耕地建房或从事其他非农业建设的单位和个人为纳税人，以占用农用耕地建房或从事其他非农业建设的行为为征税对象，包括用于建房和其他非农业建设而占用的国家及集体所有的耕地。耕地占用税采用定额税率，以县为单位，按其人均耕地的多少规定幅度差别税额。

（二）正确判断耕地占用税纳税义务发生时间

《中华人民共和国耕地占用税法》（以下简称《耕地占用税法》）规定，耕地占用税在纳税人占用耕地建房或从事其他非农业建设的行为发生时，采用从量定额的方法一次征收。经批准占用耕地的，耕地占用税纳税义务发生时间为纳税人收到自然资源主管部门办理占用耕地手续通知的当天。未经批准占用耕地的,耕地占用税纳税义务发生时间为纳税人实际占用耕地的当天。

(三)正确应用耕地占用税优惠政策

《耕地占用税暂行条例》规定,下列经批准占用的耕地,免征耕地占用税。
① 军事设施占用耕地。
② 学校、幼儿园、社会福利机构、医疗机构占用耕地。

(四)确定计税依据,计算应纳税额

耕地占用税以纳税人实际占用的耕地面积为计税依据,从量定额征收。
耕地占用税应纳税额的计算公式为:

$$应纳税额 = 实际占用耕地面积 \times 适用的单位税额$$

例5-6 某企业为扩大生产经营规模,经批准征用20 000平方米耕地,当地政府规定的耕地占用税单位税额为20元。试计算该单位应纳的耕地占用税税额。

该单位应纳耕地占用税税额 = 20 000 × 20 = 400 000(元)

二、耕地占用税的申报与缴纳

(一)明确耕地占用税的纳税期限

土地管理部门在通知单位或个人办理占用耕地手续时,应当同时通知耕地所在地同级地方税务机关。获准占用耕地的单位或个人应当在收到土地管理部门的通知之日起30日内缴纳耕地占用税。

(二)编制申报表,进行纳税申报

自2021年6月1日起,纳税人申报缴纳城镇土地使用税、房产税、车船税、印花税、耕地占用税、资源税、土地增值税、契税、环境保护税、烟叶税中的一个或多个税种时,使用财产和行为税纳税申报表(见表5-1)。纳税人新增税源或税源变化时,需要先填报财产和行为税税源明细表。涉及符合减免税条件的要填写财产和行为税减免税明细申报附表(见表5-2)。

三、耕地占用税的会计核算

企业按规定计算应缴纳的耕地占用税税额,计入建设工程成本,借记"在建工程"科目,贷记"银行存款"科目。

例5-7 沿用例5-6的资料,该企业实际向征收机关申报缴纳耕地占用税时做如下会计处理。

借:在建工程　　　　　　　　　　　　　　　　400 000
　　贷:银行存款　　　　　　　　　　　　　　　　400 000

任务四　土地增值税

一、计算土地增值税应纳税额

(一)确定纳税人、征税对象、税率

土地增值税是指对转让国有土地使用权、地上建筑物及其附着物并取得收入的单位和个人,就其转让房地产取得的增值额征收的一种税。土地增值税的纳税人是指转让国有土地使用权、

地上建筑及其附着物并取得收入的单位和个人。

土地增值税的课税对象是有偿转让国有土地使用权及地上建筑物和其他附着物产权所取得的增值额。土地增值税征税范围的一般规定如下。

① 土地增值税只对转让国有土地使用权的行为征税，转让非国有土地和出让国有土地的行为均不征税。

② 土地增值税既对转让土地使用权征税，也对转让地上建筑物和其他附着物的产权征税。

③ 土地增值税只对有偿转让的房地产征税，对以继承、赠予等方式无偿转让的房地产不予征税。

国家开征土地增值税的主要目的是抑制房地产投机，限制对耕地的乱占滥用，同时发挥调节收入分配、保障国家权益的作用。土地增值税的税率采用四级超率累进税率。

（二）正确判断土地增值税纳税义务发生时间

土地增值税的纳税义务发生时间受房地产交易和结算方式影响，具体有以下3种情况。

① 以一次交割付款方式转让房地产的，在办理过户、登记手续前一次性缴纳全部税款。

② 以分期收款方式转让的，先计算应纳税总额，再根据合同约定的收款日期和收款比例确定应纳税款。

③ 项目竣工结算前转让房地产，如果纳税人进行的是小区开发建设，其中一部分因先行开发已转让出去，则税务机关对先行转让的项目可在取得收入时预征土地增值税；如果纳税人以预售方式转让房地产，则税务机关可对在办理结算和转交手续前取得的收入预征土地增值税。具体办法由各省、自治区、直辖市地方税务局根据当地情况制定。

注意

凡采用预征方式征收土地增值税的，在项目竣工办理清算时，都要对土地增值税进行清算，依据应征税额和已征税额进行结算，多退少补。

（三）正确应用土地增值税优惠政策

1. 出售自建普通标准住宅

纳税人建造并出售普通标准住宅，增值额未超过扣除项目金额20%的，免征土地增值税；超过20%的，应就其全部增值额按规定计税。

2. 国家征用

国家建设需要依法征用、收回的房地产是指因城市实施规划、国家建设的需要而被政府批准征用的房产或收回的土地使用权。国家建设需要依法征用、收回的房地产，免征土地增值税。

3. 个人转让自用房

个人因工作调动或改善居住条件转让原自用住房，经向税务机关申报核准，分以下情况享受减免。

① 居住满5年或5年以上的，免征土地增值税。

② 居住满3年未满5年的，减半征土地增值税。

③ 居住未满3年的，按规定计征土地增值税。

（四）确定土地增值税的计税依据

土地增值税计税依据的确定

土地增值税的计税依据是纳税人转让房地产所取得的增值额。它是纳税人转让房地产的收

入和规定的扣除项目之差,可用公式表示为:

$$土地增值额 = 转让房地产取得的收入 - 规定扣除的项目金额$$

"营改增"政策实施后,纳税人转让房地产的土地增值税应税收入不含增值税。适用增值税一般计税方法的纳税人,其转让房地产的土地增值税应税收入不含增值税销项税额;适用简易计税方法的纳税人,其转让房地产的土地增值税应税收入不含增值税应纳税额。

① 新项目转让,房地产企业计算土地增值额允许对以下项目做扣除。

- 取得土地使用权所支付的金额。它包括纳税人为取得土地使用权所支付的地价款、纳税人在取得土地使用权时按国家统一规定缴纳的有关费用两方面。
- 房地产开发成本。这是指纳税人房地产开发项目实际发生的成本。
- 房地产开发费用。这是指与房地产开发项目有关的销售费用、管理费用和财务费用。
- 与转让房地产有关的税金。这是指在转让房地产时缴纳的城市维护建设税、教育费附加、印花税。
- 财政部规定的其他扣除项目。

② 旧房及建筑物扣除项目如下。

- 房屋及建筑物的评估价格。
- 取得土地使用权所支付的地价款和按国家统一规定缴纳的有关费用。
- 转让环节缴纳的税金。

(五)计算应纳税额

《土地增值税暂行条例》规定,土地增值税按纳税人转让房地产取得的增值额和规定的税率计算征收。其应纳税额的计算公式为:

$$应纳税额 = \sum (每级距的土地增值额 \times 适用税率)$$

在实际工作中,计算土地增值税税额时,一般采用速算扣除法。

其计算步骤如下。

1) 确定应税收入。

2) 确定扣除项目。

3) 计算增值额。其计算公式为:

$$增值额 = 收入额 - 扣除项目金额$$

4) 计算增值额占扣除项目金额的百分比。其计算公式为:

$$增值率 = 增值额 \div 扣除项目金额 \times 100\%$$

5) 确定适用税率。

依据计算的增值率,按税率表确定适用税率。

6) 依据适用税率计算应纳税额。其计算公式为:

$$应纳税额 = 增值额 \times 适用税率 - 扣除项目金额 \times 速算扣除系数$$

(六)增值额的计算举例

例5-8 某房地产开发公司为增值税一般纳税人(按一般计税方法计征增值税)。将房屋出售,开具的增值税专用发票上注明的不含增值税收入为1 000万元、增值税税额为110万元。转让房地产实际已缴纳增值税50万元、城市维护建设税3.5万元、教育费附加1.5万元、地方教育附加1万元、印花税0.5万元。该公司为建造普通标准住宅而支付的地价款为100万元,建造此楼投入了300万元的房地产开发成本(其中,土地征用及拆迁补偿费40万元、前期工程费40万元、建筑安装工程费100万元、基础设施费80万元、开发间接费用40万元)。由于该公司同时建造别墅等住宅,对该普通标准住宅所用的银行贷款利息支出无法分摊。该地规定房地产开发费用的计提比例为10%。试计算其增值额。

① 确定转让房地产的收入为1 000万元。
② 确定转让房地产的扣除项目金额如下。
- 取得土地使用权所支付的地价款为100万元。
- 房地产开发成本为300万元。
- 房地产开发费用为40[(100+300)×10%]万元。
- 与转让房地产有关的税金合计为6.5(3.5+1.5+1+0.5)万元。
- 从事房地产开发的加计扣除金额为80[(100+300)×20%]万元。
- 转让房地产的准扣项目合计为526.5(100+300+40+6.5+80)万元。
③ 土地增值额为473.5(1 000-526.5)万元。

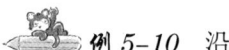 例5-9 某机械厂为增值税一般纳税人。9月将一栋旧楼出售,不含增值税收入为2 000万元、增值税税额为40万元;转让房地产实际已缴纳增值税50万元、城市维护建设税3.5万元、教育费附加1.5万元、地方教育附加1万元、印花税1万元。企业为该楼取得土地使用权所支付的地价款及相关费用为100万元。经评估机构认定,该楼重置成本价为1 500万元、成新度折扣率为60%。该企业已于9月10日与购买方签订了房地产转让合同,并办理了房地产产权变更登记手续。试确定其增值额。

① 确定转让房地产的收入为2 000万元。
② 确定转让房地产的扣除项目金额如下。
- 取得土地使用权所支付的金额为100万元。
- 旧房及建筑物的评估价格为900(1 500×60%)万元。
- 转让房地产有关的税金为7万元。
- 扣除项目金额为1 007(100+900+7)万元。
③ 转让房地产的增值额为993(2 000-1 007)万元。

(七)土地增值税应纳税额的计算举例

 例5-10 沿用例5-8的资料,计算应缴纳的土地增值税税额。

(1)计算增值额占扣除项目金额的百分比
增值率=增值额÷扣除项目金额×100%=473.5÷526.5×100%=89.93%
(2)确定适用税率
查土地增值税税率表可知适用税率为40%、速算扣除系数为5%。
(3)依据适用税率计算应纳税额
应纳税额=增值额×适用税率-扣除项目金额×速算扣除系数
=473.5×40%-526.5×5%=163.075(万元)

 例5-11 沿用例5-9的资料,计算应缴纳的土地增值税税额。

(1)计算增值额占扣除项目金额的百分比

增值率＝增值额÷扣除项目金额×100%＝993÷1 007×100%＝98.61%

（2）确定适用税率

查土地增值税税率表可知适用税率为40%、速算扣除系数为5%。

（3）依据适用税率计算应纳税额

应纳税额＝增值额×适用税率－扣除项目金额×速算扣除系数
　　　　＝993×40%－1 007×5%＝346.85（万元）

二、土地增值税的会计核算

为了核算企业应缴纳土地增值税的情况，企业应在"应交税费"科目下设置"应交土地增值税"科目进行核算。主营房地产的企业和一般的工业企业涉及土地增值税的情形又有所不同，工业企业涉及土地增值税的情形主要是发生转让自己使用的房地产的行为。下面分别进行分析。

（一）主营房地产业务的企业应纳土地增值税的核算

例5-12 沿用例5-8的资料，做相应的会计处理。

（1）取得转让收入时编制的会计分录

借：银行存款	20 400 000
贷：主营业务收入	20 000 000
应交税费——应交增值税（销项税额）	400 000

（2）计提土地增值税税额时编制的会计分录

借：税金及附加	1 630 750
贷：应交税费——应交土地增值税	1 630 750

（3）缴纳土地增值税时编制的会计分录

借：应交税费——应交土地增值税	1 630 750
贷：银行存款	1 630 750

在实际工作中，纳税人在项目全部竣工前往往已经取得转让房地产收入。由于涉及成本计算，所以无法据此计算土地增值税税额，这时就需要预缴土地增值税，待项目全部竣工并办理结算后，再进行清算，多退少补。预缴土地增值税的会计处理与企业上缴土地增值税的会计处理相同。

（二）工业企业应纳土地增值税的核算

工业企业销售自己使用过的房地产，通过"固定资产清理"科目核算。

例5-13 沿用例5-9的资料，已知所售楼连同土地使用权的取得成本为1 200万元，转让时已提折旧400万元，做相应的会计处理。

（1）固定资产转入清理时编制的会计分录

借：固定资产清理	8 000 000
累计折旧	4 000 000
贷：固定资产	12 000 000

（2）取得转让收入时编制的会计分录

借：银行存款 20 500 000
  贷：固定资产清理 20 000 000
    应交税费——简易计征增值税 500 000

（3）计算税金时编制的会计分录

借：固定资产清理 3 538 500
  贷：应交税费——应交土地增值税 3 468 500
    应交税费——应交城市维护建设税 35 000
    应交税费——应交教育费附加 15 000
    应交税费——应交地方教育附加 10 000
    应交税费——应交印花税 10 000

（4）结转固定资产清理净损益时编制的会计分录

固定资产清理净收益＝2 000-800-353.85＝816.15（万元）

借：固定资产清理 8 161 500
  贷：资产处置损益 8 161 500

三、土地增值税的纳税申报

（一）土地增值税的纳税申报要求

① 凡领取了工商营业执照，并已办理税务登记的房地产开发企业，不论是否取得房地产转让收入，均应于每季终了后的10日内办理纳税申报手续。取得转让收入的，应同时缴纳土地增值税。

② 其他纳税人应自房地产转让合同签订之日起7日内办理纳税申报手续，并于取得房地产转让收入的次月10日内缴纳土地增值税。

③ 纳税人在办理纳税登记申报手续时，应先填报项目登记表和纳税申报表，然后持项目登记表、纳税申报表、房屋及建筑物产权证书、土地使用权证书、土地使用权转让合同、房屋买卖合同、房地产评估报告及其他与转让房地产有关的资料，向主管税务机关办理纳税申报手续。

（二）土地增值税的纳税地点和纳税环节

土地增值税由房地产所在地的税务机关负责征收。所谓房地产所在地，是指房地产的坐落地。

1. 纳税人是法人

当纳税人转让的房地产坐落地与其机构所在地或经营所在地同在一地时，可在办理税务登记的原管辖税务机关申报纳税；如果转让的房地产坐落地与其机构所在地或经营所在地不在一地，则应在房地产坐落地的主管税务机关申报纳税。纳税人转让的房地产坐落在两个或两个以上地区的，应按房地产所在地分别申报纳税。

2. 纳税人是自然人

当纳税人转让的房地产坐落地与其居住所在地同一地时，应在其住所所在地税务机关申报纳税；如果转让的房地产的坐落地与其居住所在地不在一地，则在办理过户手续所在地的税务机构申报纳税。

（三）编制纳税申报表，进行纳税申报

自2021年6月1日起，纳税人申报缴纳城镇土地使用税、房产税、车船税、印花税、耕地

占用税、资源税、土地增值税、契税、环境保护税、烟叶税中的一个或多个税种时,使用财产和行为税纳税申报表(见表 5-1)。纳税人新增税源或税源变化时,需先填报财产和行为税税源明细表。符合减免税条件的要填写财产和行为税减免税明细申报附表(见表 5-2)。

技能训练

一、判断题

1. 对在我国境内转让房地产的外资企业和外籍个人免征土地增值税。( )
2. 耕地占用税的纳税人是占用耕地建房或从事其他非农业建设的单位和个人。( )
3. 纳税人使用自产的应税资源产品免征资源税。( )
4. 城镇土地使用税按纳税人实际占用的土地面积和规定的单位税额按年计算,分期缴纳。( )
5. 土地增值税的纳税地点是房地产所在地。( )
6. 我国资源税实行从价定率或从量定额的征收办法。( )
7. 我国耕地占用税的单位税额全国各地相同。( )
8. 纳税人建造普通标准住宅出售,增值额未超过扣除项目金额 20% 的,免征土地增值税;如果超过 20%,则应就其超过部分增值额按规定计税。( )
9. 土地使用税税额应记入"税金及附加"科目。( )
10. 军事设施占用耕地免征耕地占用税。( )
11. 资源税税目中,对于原煤、洗煤和其他煤炭制品都征税。( )
12. 资源税纳税人开采或生产应税产品销售的,以销售数量或销售金额为计税依据。( )
13. 耕地占用税是按照所占用耕地面积征收的一种税。( )
14. 土地使用税由土地所在地的税务机关征收。( )
15. 在计算土地增值额时,对扣除项目中的贷款利息、超过贷款期限的利息和加罚的利息不允许扣除。( )

二、单选题

1. 城镇土地使用税采用( )税率。
   A. 全省统一定额 B. 有幅度差别的定额
   C. 有幅度差别的比例 D. 全县(区)统一的定额
2. 扣缴义务人代扣代缴的资源税,应当向( )主管税务机关缴纳。
   A. 开采地 B. 生产所在地 C. 销售地 D. 收购地
3. 关于资源税的说法错误的是( )。
   A. 一律实行从量定额征收 B. 实行单环节课征
   C. 对特定的资源征税 D. 海盐为应税资源
4. 城镇土地使用税的计税依据是( )。
   A. 建筑面积 B. 实际占用土地面积
   C. 使用面积 D. 居住面积

5. 转让房地产获得的收入超过扣除项目150%，未超过扣除项目200%的部分，其增值额适用税率为（　　）。

  A．30%   B．40%   C．50%   D．60%

6. 资源税纳税人自产自用的应税产品，其纳税义务发生时间为（　　）。

  A．应税产品开采的当天   B．应税产品投入使用的当天

  C．应税产品使用完毕的当天   D．移送使用应税产品的当天

7. 土地增值税的税率形式是（　　）。

  A．全率累进税率 B．超率累进税率 C．全额累进税率 D．超额累进税率

8. 我国资源税实行（　　）征收。

  A．从量定额和从价定率   B．比例税率

  C．定期定额   D．核定税额

9. 房地产开发企业在转让房地产时，缴纳的（　　）不得作为有关税金从转让收入中扣除。

  A．城市维护建设税   B．教育费附加

  C．增值税   D．印花税

10. 耕地占用税的征收是（　　）。

  A．在耕地占用环节实行一次性征收 B．每年计征一次，年年缴纳

  C．每季计征一次，季季缴纳   D．每年计征一次，按季预缴

11. 新征用耕地应缴纳的城镇土地使用税，其纳税义务发生时间是（　　）。

  A．自批准征用之日起满3个月 B．自批准征用之日起满6个月

  C．自批准征用之日起满1年   D．自批准征用之日起满2年

12. 在同一省、自治区、直辖市管理范围内，纳税人跨区域使用土地，其纳税地点（　　）。

  A．是纳税人注册地   B．是土地所在地

  C．由纳税人选择   D．由省、自治区、直辖市地方税务局确定

13. 应当缴纳土地增值税的是（　　）。

  A．继承房地产的行为   B．以房地产做抵押向银行贷款

  C．出售房屋并取得收入   D．出租房屋并取得收入

14. 扣缴义务人代扣代缴的资源税，其纳税义务发生时间为（　　）。

  A．支付货款的当天   B．发出应税产品收讫价款的当天

  C．移送使用的当天   D．合同规定的收款日期的当天

15. （　　）占用耕地的，不征收耕地占用税。

  A．农田水利 B．建房 C．从事工业生产 D．从事商品流通

三、多选题

1. 关于资源税计税依据的说法正确的有（　　）。

  A．纳税人开采或生产应税产品销售的，以销售数量（金额）为课税数量（金额）

  B．纳税人开采或生产应税产品自用的，以自用数量（金额）为课税数量（金额）

  C．扣缴义务人代扣代缴资源税的，以收购未税产品的数量（金额）为课税数量（金额）

  D．纳税人不能准确提供应税产品销售数量（金额）或移送数量（金额）的，以应税产品的产量或主管税务机关确定的折算比换算成的数量为课税数量（金额）

2. 根据城镇土地使用税法律制度的有关规定,在城市、县城、建制镇和工矿区范围内的单位中,属于城镇土地使用税纳税人的有（　　）。
　　A. 拥有土地使用权的国有企业　　　B. 拥有土地使用权的私营企业
　　C. 使用土地的外商投资企业　　　　D. 使用土地的外国企业在中国境内设立的机构
3. 计算土地增值额时,可从房地产转让收入中据实扣除的项目有（　　）。
　　A. 取得土地使用权支付的地价款　　B. 房地产开发成本
　　C. 房地产开发费用　　　　　　　　D. 与转让房地产有关的税金
4. 资源税的纳税环节是（　　）。
　　A. 开采环节　　B. 销售环节　　C. 移送使用环节　　D. 最终消费环节
5. 属于资源税应税产品的有（　　）。
　　A. 铁矿石　　　B. 铜矿石　　　C. 井矿盐　　　D. 煤炭制品
6. 城镇土地使用税的征税范围包括（　　）。
　　A. 市区　　　　B. 郊区　　　　C. 建制镇　　　D. 工矿区
7. 应征资源税的资源产品有（　　）。
　　A. 天然气　　　B. 天然矿泉水　　C. 海盐　　　D. 空气
8. 根据土地增值税法律制度的规定,下列不属于土地增值税征税范围的是（　　）。
　　A. 某市房产所有人将房屋产权无偿赠送给他人
　　B. 某市土地使用权所有人通过教育部门将土地使用权赠予某学校
　　C. 某市房产所有人将房屋产权出售给他人
　　D. 某市土地使用权所有人将土地使用权出租给某养老院
9. 耕地占用税的纳税人包括（　　）。
　　A. 外国企业　　B. 农村居民　　C. 部队　　　　D. 学校
10. 适用从价定率征收的资源税应税产品有（　　）。
　　A. 原油　　　　B. 天然气　　　C. 煤炭　　　　D. 盐
11. 资源税减免税规定正确的有（　　）。
　　A. 开采原油过程中用于加热、修井的原油免税
　　B. 纳税人开采或生产应税产品过程中,发生意外事故或自然灾害者免税
　　C. 对地面抽采煤层气暂不征收资源税
　　D. 纳税人的减税、免税项目,应当单独核算课税数量或课税金额
12. 应征资源税的天然气产品有（　　）。
　　A. 专门开采的天然气　　　　　　　B. 与原油同时开采的天然气
　　C. 煤矿生产的天然气　　　　　　　D. 进口的天然气
13. 可以成为城镇土地使用税的纳税人有（　　）。
　　A. 国有企业　　B. 股份制企业　　C. 外商投资企业　　D. 外国企业
14. 占用（　　）建房或从事非农业建设的,应按规定征收耕地占用税。
　　A. 林地　　　　B. 牧草地　　　C. 农田水利用地　　D. 园地
15. 应按房地产评估价格计算征收土地增值税的项目是（　　）。
　　A. 转让房地产成交价格低于房地产评估价格无正当理由的
　　B. 提供扣除项目金额不实的
　　C. 隐瞒、虚报房地产成交价格的
　　D. 转让已使用的房屋及建筑物的

项目五 资源类税实务

四、思考题

1．资源税按照什么方式征收？所有税率都是统一的吗？为什么采取这种征收方式？
2．通过本项目的学习，你了解到房地产开发企业需要缴纳哪些税金？

五、业务题

1．某联合企业 12 月开采原煤 300 万吨。其中，对外销售 200 万吨，取得不含税销售额 25 000 万元；待售 100 万吨（原煤资源税税率为 6%）。

要求：计算该联合企业 12 月应缴纳的资源税税额，并进行会计处理。

2．某房地产公司经批准征用 200 000 平方米耕地建设住宅小区。区内设施完善，包括经县级人民政府教育行政部门登记注册幼儿园一所，占地面积 4 000 平方米。当地政府规定的耕地占用税单位税额为 12 元/平方米。

要求：计算该房地产公司应缴纳的耕地占用税税额，并进行会计处理。

六、综合实训题

实训目的：考查学生对土地增值税的计算和申报能力。

实训要求：模拟该企业计算应当缴纳的土地增值税税额，并进行会计处理、填制纳税申报表。

实训准备：土地增值税纳税申报表。

实训资料：某企业为增值税一般纳税人。转让一幢旧厂房，不含增值税收入为 500 万元、增值税税额为 10 万元。转让房地产实际已缴纳增值税 10 万元、城市维护建设税 0.7 万元、教育费附加 0.3 万元、地方教育附加 0.2 万元、印花税 0.25 万元。旧厂房评估价格 600 万元，七成新。

项目六
财产行为税实务

学习目标

通过本项目的学习,学生应学会房产税、车船税、烟叶税、车辆购置税、印花税、契税和城建税,以及教育费附加的计算、申报、缴纳及会计处理技能。重点掌握这些税种的纳税申报和会计处理。引导学生思考税收政策如何促进社会公平和稳定,培养学生依法纳税、合法节税的意识。

工作过程

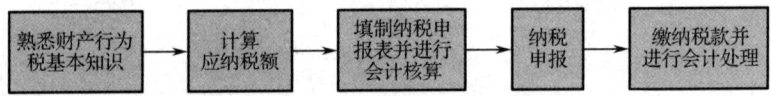

熟悉财产行为税基本知识 → 计算应纳税额 → 填制纳税申报表并进行会计核算 → 纳税申报 → 缴纳税款并进行会计处理

房产税事宜的办理

场景介绍	张某是保定市某公司负责纳税工作的会计,该公司的主要经营范围为木器加工与销售。2024年12月,张某发现本公司2024年度账面房产原值为1 800万元(当地政府规定的扣除比例为30%),但其中有原值100万元的门面用房一间,出租给公司某职工经营。该职工每月上缴5 000元,公司不负担该门面用房的任何费用。2024年收到该职工上缴的使用门面用房全年收入6万元,张某的同事在公司财务账簿上借记"银行存款"科目,贷记"其他业务收入"科目
工作目标	根据房产税政策和企业实际情况,对房产税进行正确的计算、申报、会计处理
所需知识	为了正确进行房产税税额的计算、纳税申报、会计处理,需要研读房产税政策和会计制度
已具备知识和技能	知识储备:财产行为税法律知识,包括纳税人、征收范围、应纳税额的计算、纳税期限、纳税地点。 技能储备:会财产行为税应纳税额的计算

项目六 财产行为税实务

任务一 房产税实务

一、计算房产税应纳税额

（一）确定纳税人、征税对象和税率

房产税的纳税人是房产产权的所有人，征税对象是房产。房产税的征税范围为城市、县城、建制镇和工矿区范围内的房产，不包括农村的房产。房产税采用比例税率，从价计征的，年税率为 1.2%；从租计征的，年税率为 12%。

（二）正确判断纳税义务的发生时间

房产税的纳税义务发生时间如下。

① 将原有房产用于生产经营的，从生产经营之月起计征房产税。

② 纳税人自建的房屋，自建成之日的次月起征收房产税。

③ 纳税人委托施工企业建设的房屋，从办理验收手续之日的次月起征收房产税。对于纳税人在办理验收手续前已使用或出租、出借的新建房屋，应按规定征收房产税。

④ 购置新建商品房，自房屋交付使用次月起计征房产税。

⑤ 购置存量房，自办理房屋权属转移、变更登记手续，房地产权属登记机关签发房屋权属证书次月起计征房产税。

⑥ 出租、出借房产，自交付出租、出借房产次月起计征房产税。

（三）正确应用房产税的优惠政策

根据《中华人民共和国房产税暂行条例》（以下简称《房产税暂行条例》）的规定，以下房产免纳房产税。

① 国家机关、人民团体、军队自用的房产。

② 由国家财政部门拨付事业经费的单位自用的房产。

③ 宗教寺庙、公园、名胜古迹自用的房产。

④ 个人所有非营业用的房产。

⑤ 经财政部批准免税的其他房产。

除上述规定外，纳税人纳税确有困难的，可由省、自治区、直辖市人民政府确定，定期减征或免征房产税。

（四）确定计税依据，计算应纳税额

房产税的计税依据是房产的计税价值或房产的租金收入。按房产的计税价值征税的，称为从价计征；按房产的租金收入征税的，称为从租计征。房产的计税价值是原值一次减除 10%～30% 后的剩余价值，具体扣除比例由各省、自治区、直辖市人民政府确定。房产的租金收入是房屋产权所有人出租房产使用权所得的报酬，包括货币收入和实物收入。

房产税应纳税额的计算

与计税依据相适应的应纳税额计算方法有以下两种。

① 从价计征的计算公式为：

$$应纳税额 = 应税房产原值 \times (1 - 扣除比例) \times 1.2\%$$

② 从租计征的计算公式为：

$$应纳税额 = 租金收入 \times 12\%$$

例 6-1 某国有企业，主要经营小家电的生产和销售。该企业账面房产原值为 180 万元，当地政府规定允许减除比例为 24%，适用税率为 1.2%。试计算该企业全年应缴纳的房产税税额。

企业全年应纳税额=180×(1-24%)×1.2%=1.64（万元）

例 6-2　某企业出租房屋，年租金收入为 20 000 元，适用税率为 12%。试计算该企业全年应缴纳的房产税税额。

企业全年应纳税额=20 000×12%=2 400（元）

二、房产税的会计核算

房产税的核算应设置"应交税费——应交房产税"科目，借方登记实际缴纳的房产税税额，贷方登记本期应缴纳的房产税税额；期末贷方余额表示企业应缴而未缴的房产税。核算时，按规定计算应缴的房产税税额，借记"税金及附加"科目，贷记"应交税费——应交房产税"科目；缴纳房产税时，借记"应交税费——应交房产税"科目，贷记"银行存款"科目。

例 6-3　沿用例 6-2 的资料，进行会计处理。

借：税金及附加　　　　　　　　　　　　　　　　　　2 400
　　贷：应交税费——应交房产税　　　　　　　　　　　　　2 400

缴纳房产税时，编制会计分录如下。

借：应交税费——应交房产税　　　　　　　　　　　　2 400
　　贷：银行存款　　　　　　　　　　　　　　　　　　　2 400

三、房产税的纳税申报

房产税按年计算，分期缴纳，具体纳税期限由各省、自治区、直辖市人民政府确定。房产税在房产所在地缴纳，房产不在一地的纳税人应按房产的坐落地点分别向房产所在地的税务机关缴纳。

在中华人民共和国国内申报缴纳房产税的单位和个人应当在规定期限内填写财产和行为税纳税申报表（见表5-1）。

工作完成情况

张某找到《房产税暂行条例》等法律法规，仔细研读房产税政策。他认为，按照《房产税暂行条例》的有关规定，该企业应就其自用房产和出租房产分别计缴房产税。张某计算的过程如下，并按期进行了申报。

自用房产应纳税额=（1 800-100）×（1-30%）×1.2%=14.28（万元）
出租房产应纳税额=6×12%=0.72（万元）

该企业应缴纳的房产税税额为 15 万元，根据申报表会计处理如下。

借：税金及附加　　　　　　　　　　　　　　　　　　150 000
　　贷：应交税费——应交房产税　　　　　　　　　　　　150 000

企业实际缴纳时，会计处理如下。

借：应交税费——应交房产税　　　　　　　　　　　　150 000
　　贷：银行存款　　　　　　　　　　　　　　　　　　　150 000

专家评价

企业把房屋出租给本单位的职工，归根结底仍属于房屋出租的范围，属于房产税的征税范围，应缴纳房产税。张某能够正确把握房产税政策，并正确地计算、核算和申报了本企业 2024 年度的房产税，防范了房产税风险。

任务二 车船税实务

中华人民共和国主席令第四十三号:《中华人民共和国车船税法》已由中华人民共和国第十一届全国人民代表大会常务委员会第十九次会议于2011年2月25日通过,现予公布,自2012年1月1日起施行。

一、计算车船税应纳税额

(一)确定纳税人、征税对象、税率

车船税的纳税人是在中华人民共和国境内属于《中华人民共和国车船税法》(以下简称《车船税法》)规定的车辆、船舶的所有人或管理人。从事机动车第三者责任强制保险业务的保险机构为机动车车船税的扣缴义务人,应当在收取保险费时依法代收车船税,并出具代收税款凭证。没有扣缴义务人的,纳税人应当向主管税务机关自行申报缴纳车船税。

车船税的征税对象是车辆、船舶,包括依法应当在车船登记管理部门登记的机动车辆和船舶、依法不需要在车船登记管理部门登记的在单位内部场所行驶或作业的机动车辆和船舶。

车船税实行定额税率,是指车辆按照自重吨位或数量确定适用税额,船舶按照净吨位区间确定具体适用税额。车辆的具体适用税额由省、自治区、直辖市人民政府依照《车船税法》所列车船税税目税额表规定的税额幅度和国务院的规定确定;船舶的具体适用税额由国务院在《车船税法》规定的税额幅度内确定。

(二)正确判断纳税义务的发生时间

车船税的纳税义务发生时间为取得车船所有权或管理权的当月,应当以购买车船的发票或其他证明文件所载日期的当月为准。具体规定如下。

① 纳税人购置的新车船,购置当年的应纳税额自纳税义务发生的当月起按月计算。其计算公式为:

$$应纳税额 = (年应纳税额 \div 12) \times 应纳税月份数$$

② 在一个纳税年度内,已完税的车船被盗抢、报废、灭失的,纳税人可以凭有关管理机关出具的证明和完税证明,向纳税所在地的主管地方税务机关申请退还自被盗抢、报废、灭失月份起至该纳税年度终了期间的税款。

③ 已办理退税的被盗抢车船失而复得的,纳税人应当从公安机关出具相关证明的当月起计算缴纳车船税。

④ 已缴纳车船税的车船在同一纳税年度内办理转让过户的,不另纳税,也不退税。

(三)正确应用国家优惠政策

在计算应纳税额时应注意国家的减免税政策。这4类车船免征车船税:捕捞、养殖渔船;军队、武装警察部队专用的车船;警用车船;依照法律规定应当予以免税的外国驻华使领馆、国际组织驻华代表机构及其有关人员的车船。

(四)确定计税依据,计算应纳税额

车船税以应税车船为征税对象,以征税对象的计量标准为计税依据从量计征。车船税的计税依据分为排气量、整备质量、核定载客人数、净吨位、千瓦、艇身长度6类,以车船登记管理部门核发的车船登记证书或行驶证所载数据为准。

依法不需要办理登记的车船和依法应当登记而未办理登记或不能提供车船登记证书、行驶证的车船,以车船出厂合格证明或进口凭证标注的技术参数、数据为准。不能提供车船出厂合格证明或进口凭证的,由主管税务机关参照国家相关标准核定,没有国家相关标准的参照同类车船核定。

车船税应纳税额的计算公式如下。
① 乘用车、摩托车、客车:　　应纳税额=车辆数×适用单位税额
② 货车、挂车、其他车辆:　　应纳税额=整备质量吨数×适用单位税额
③ 机动船舶:　　　　　　　　应纳税额=净吨位数×适用单位税额
④ 游艇:　　　　　　　　　　应纳税额=艇身长度×适用单位税额

例 6-4　某汽车运输公司拥有载客汽车 10 辆,核定载客人数 25 人,适用单位税额 500 元/辆;载货汽车 20 辆,每辆整备质量为 10 吨,适用单位税额 20 元/吨。试计算该公司的年应纳税额。

年应纳税额=10×500+20×10×20=9 000(元)

二、车船税的会计核算

车船税的核算应设置"应交税费——应交车船税"科目,借方登记实际缴纳的车船税税额,贷方登记本期应缴纳的车船税税额税额;期末贷方余额表示企业应缴而未缴的车船税税额。核算时,按规定计算应缴的车船税税额,借记"税金及附加"科目,贷记"应交税费——应交车船税"科目;缴纳车船税时,借记"应交税费——应交车船税"科目,贷记"银行存款"科目。

例 6-5　沿用例 6-4 的资料,进行会计处理。

计算车船税税额时,编制会计分录如下。

借:税金及附加　　　　　　　　　　　　　　　　　　　　　　9 000
　　贷:应交税费——应交车船税　　　　　　　　　　　　　　　　9 000

缴纳车船税时,编制会计分录如下。

借:应交税费——应交车船税　　　　　　　　　　　　　　　　9 000
　　贷:银行存款　　　　　　　　　　　　　　　　　　　　　　9 000

三、车船税的纳税申报

车船税按年申报,分月计算,一次性缴纳。纳税年度为公历 1 月 1 日至 12 月 31 日,具体申报纳税期限由省、自治区、直辖市人民政府规定,纳税地点为车船的登记地或车船税扣缴义务人所在地。依法不需要办理登记的车船,车船税的纳税地点为车船的所有人或管理人所在地。

车船税的纳税人和扣缴义务人应按《车船税法》的有关规定及时办理纳税申报,在规定时间内填写申报表,并报送主管地方税务机关。纳税人应如实填写财产和行为税纳税申报表(见表 5-1)进行自行申报。如果有符合减免税款条件的车船,还需报送财产和行为税减免税明细申报附表(见表 5-2)。

纳税人没有按照规定期限缴纳车船税的,扣缴义务人在代收代缴税款时,可以一并代收代缴欠缴税款的滞纳金。

项目六 财产行为税实务

任务三 烟叶税实务

一、计算烟叶税应纳税额

烟叶税是对在中华人民共和国境内收购烟叶的单位,就其烟叶的收购金额征收的一种税。烟叶税的纳税人是在中华人民共和国境内收购烟叶的单位。这里所谓的收购烟叶的单位,是指依照《中华人民共和国烟草专卖法》的规定,有权收购烟叶的烟草公司或受其委托收购烟叶的单位。

① 烟叶税的征税对象是收购的烟叶,所收购的烟叶是指晾晒烟叶和烤烟叶。

② 根据《中华人民共和国烟叶税法》的规定,烟叶税实行比例税率,税率为20%。烟叶税税率的调整由国务院决定。

③ 烟叶税的纳税义务发生时间为纳税人收购烟叶的当天。

④ 烟叶税的计税依据是收购烟叶实际支付的价款总额。收购烟叶实际支付的价款总额,包括纳税人支付给烟叶销售者的烟叶收购价款和价外补贴。按照简化手续、方便征收的原则,对价外补贴统一暂按烟叶收购价款的10%计入实际支付的价款总额征税。实际支付的价款总额的计算公式为:

$$实际支付的价款总额 = 收购价款 \times (1 + 10\%)$$

烟叶税的应纳税额按照纳税人收购烟叶的实际支付的价款总额和比例税率计算。烟叶税应纳税额的计算公式为:

$$应纳税额 = 实际支付的价款总额 \times 税率$$

二、烟叶税的会计核算

对烟叶收购环节业务应缴纳的烟叶税税额,一般借记"材料采购""材料成本差异""在途物资""原材料""库存商品"科目,贷记"应交税费——烟叶税"科目;实际缴纳时,借记"应交税费——烟叶税"科目,贷记"银行存款"科目。

> **注意**
>
> 在核算时,由于烟草公司从烟农那里收购烟叶时无法取得增值税专用发票,所以烟草公司在进行会计处理时要注意进项税额是根据烟叶收购金额、烟叶税和法定扣除率(10%)加以确定的。

例6-6 某烟草公司是增值税一般纳税人。7月末,收购烟叶20 000千克,烟叶收购价格为3.5元/千克,总计70 000元,另支付价外补贴10%。货款已全部支付。8月初,烟叶提回并验收入库。进行相关会计处理。

应纳烟叶税税额 = 70 000 × (1 + 10%) × 20% = 15 400(元)

烟叶准予抵扣的增值税税额 = [70 000 × (1 + 10%) + 15 400] × 10%
  = 9 240(元)

(1) 7月末，烟叶尚未提回时，根据有关收购凭证、财产和行为税纳税申报表等编制的会计分录

借：在途物资　　　　　　　　　　　　　　　　　　　　80 388
　　应交税费——应交增值税（进项税额）　　　　　　　 9 240
　贷：银行存款　　　　　　　　　　　　　　　　　　　74 228
　　　应交税费——烟叶税　　　　　　　　　　　　　　15 400

(2) 8月初，烟叶提回入库时，根据收货单等凭证编制的会计分录

借：库存商品　　　　　　　　　　　　　　　　　　　　80 388
　贷：在途物资　　　　　　　　　　　　　　　　　　　80 388

(3) 实际缴纳烟叶税时，根据完税凭证编制的会计分录

借：应交税费——烟叶税　　　　　　　　　　　　　　　15 400
　贷：银行存款　　　　　　　　　　　　　　　　　　　15 400

三、烟叶税的申报

纳税人收购烟叶，应当自纳税义务发生之日起30日内填写财产和行为税纳税申报表（见表5-1）和烟叶收购情况表，向烟叶收购地的主管税务机关申报纳税，具体纳税期限由主管税务机关核定。

任务四　车辆购置税实务

一、计算车辆购置税应纳税额

（一）确定纳税人、征税对象、税率

车辆购置税的纳税人是在中华人民共和国境内购置应税车辆的单位和个人。

所谓的购置，包括购买、进口、自产、受赠、获奖或以其他方式取得并自用应税车辆的行为。车辆购置税以应税车辆为征税对象；车辆购置税的征收范围包括汽车、有轨电车、汽车挂车、排气量超过150毫升的摩托车。车辆购置税实行统一的比例税率，税率为10%。

（二）正确应用车辆购置税的免征优惠政策

车辆购置税的免征优惠政策如下。

① 依照法律规定应当予以免税的外国驻华使馆、领事馆和国际组织驻华机构及其有关人员自用的车辆。

② 中国人民解放军和中国人民武装警察部队列入装备订货计划的车辆。

③ 悬挂应急救援专用号牌的国家综合性消防救援车辆。

④ 设有固定装置的非运输专用作业车辆。

⑤ 城市公交企业购置的公共汽电车辆。

（三）确定计税依据，计算应纳税额

由于应税车辆购置的来源不同，应税行为的发生不同，计税价格的组成也不同，所以车辆购置税计税依据的构成也不同。车辆购置税的计税价格根据不同情况，按照下列规定确定。

① 纳税人购买自用的应税车辆的计税价格，为纳税人购买应税车辆而支付给销售者的全部价款和价外费用，不包括增值税税款。

② 纳税人进口自用的应税车辆的计税价格的计算公式为：

$$计税价格＝关税完税价格＋关税＋消费税$$

关税完税价格、关税是海关关税专用缴款书中注明的关税计税价格、关税税额。消费税是海关代征消费税专用缴款书中注明的消费税税额。

③ 纳税人自产、受赠、获奖或以其他方式取得并自用的应税车辆的计税价格，由主管税务机关参照最低计税价格核定。

④ 纳税人购买自用或进口自用应税车辆，申报的计税价格低于同类型应税车辆的最低计税价格，又无正当理由的，按照最低计税价格征收车辆购置税。

不同类型应税车辆的最低计税价格由国家税务总局参照应税车辆市场平均交易价格确定。

车辆购置税实行从价定率的办法计算应纳税额。其应纳税额的计算公式为：

计税依据为申报计税价格的　　应纳税额＝申报计税价格×税率

计税依据为计税价格的　　　　应纳税额＝计税价格×税率

例 6-7　某企业于 2024 年 6 月 1 日购买一辆商务车，支付价款 300 000 元（不含增值税）。计算车辆购置税应纳税额如下。

应纳税额＝计税价格×税率＝300 000×20％＝60 000（元）

二、车辆购置税的会计核算

纳税人购置车辆不发生应付未付车辆购置税的，不需要预计。其支付的车辆购置税税额，应计入所购车辆的实际成本。企业购置（包括购买、进口、自产、受赠、获奖或以其他方式取得并自用）应税车辆，按规定缴纳的车辆购置税税额，借记"固定资产"等科目，贷记"银行存款"科目。企业购置的减税、免税车辆改制后用途发生变化的，按规定应补缴的车辆购置税税额，借记"固定资产"科目，贷记"银行存款"科目。

例 6-8　沿用例 6-7 的资料，进行会计处理。

　　借：固定资产　　　　　　　　　　　　　　　　　　　60 000
　　　　贷：银行存款　　　　　　　　　　　　　　　　　　　　60 000

三、车辆购置税的纳税申报

纳税人购买自用应税车辆的，应当自购买之日起 60 日内申报纳税；进口自用应税车辆的，应当自进口之日起 60 日内申报纳税；自产、受赠、获奖或以其他方式取得并自用应税车辆的，应当自取得之日起 60 日内申报纳税。车辆购置税税款应当一次缴清。纳税人购置应税车辆，应当在纳税期限内如实填写财产和行为税纳税申报表（见表 5-1），向车辆登记注册地的主管税务机关申报纳税；购置不需办理车辆登记注册手续的应税车辆，应当向纳税人所在地的主管税务机关申报纳税。

任务五 契税实务

一、计算契税应纳税额

（一）确定纳税义务人、征税对象、税率

契税的纳税义务人是境内转移土地、房屋权属，承受的单位和个人。承受是指以受让、购买、受赠、交换等方式取得土地、房屋权属的行为；境内是指中华人民共和国实际税收行政管辖范围内；土地、房屋权属是指土地使用权和房屋所有权。

契税的征税对象是境内转移土地、房屋权属，具体包括国有土地使用权出让、土地使用权转让、房屋买卖、房屋赠予、房屋交换。

随着经济的发展，有些以特殊形式转让土地、房屋权属的，也将视同土地使用权转让、房屋买卖或房屋赠予：一是以土地、房屋权属作价投资、入股；二是以土地、房屋权属抵债；三是以获奖方式承受土地、房屋权属；四是以预购方式或预付集资建房款方式承受土地、房屋权属。

契税实行 3%～5%的幅度税率。实行幅度税率是考虑到我国经济发展的不平衡、各地经济发展水平差别较大的实际情况，因此各省、自治区、直辖市人民政府可以在幅度税率规定范围内，按照本地区的实际情况决定。

（二）正确应用税收优惠政策

有下列情形之一的，免征契税。
① 国家机关、事业单位、社会团体、军事单位承受土地、房屋权属用于办公、教学、医疗、科研、军事设施。
② 非营利性的学校、医疗机构、社会福利机构承受土地、房屋权属用于办公、教学、医疗、科研、养老、救助。
③ 承受荒山、荒地、荒滩土地使用权用于农、林、牧、渔业生产。
④ 婚姻关系存续期间夫妻之间变更土地、房屋权属。
⑤ 法定继承人通过继承承受土地、房屋权属。
⑥ 依照法律规定应当予以免税的外国驻华使馆、领事馆和国际组织驻华代表机构承受土地、房屋权属。

根据国民经济和社会发展的需要，国务院对居民住房需求保障、企业改制重组、灾后重建等情形可以规定免征或减征契税，报全国人民代表大会常务委员会备案。

省、自治区、直辖市可以决定对下列情形免征或减征契税。
① 因土地、房屋被县级以上人民政府征收、征用，重新承受土地、房屋权属。
② 因不可抗力灭失住房，重新承受住房权属。

（三）明确纳税义务发生时间

纳税人在签订土地、房屋权属转移合同的当天，或者取得其他具有土地、房屋权属转移合同性质凭证的当天为纳税义务发生时间。

（四）确定计税依据

契税的计税依据为不动产的价格。由于土地、房屋权属转移方式不同，定价方法不同，所以具体计税依据视不同情况决定。

① 国有土地使用权出让、土地使用权出售、房屋买卖的，以成交价格为计税依据。成交价格是指土地、房屋权属转移合同确定的价格，包括承受者应缴付的货币、实物、无形资产或其他经济利益。

② 土地使用权赠予、房屋赠予，由征税机关参照土地使用权出售、房屋买卖的市场价格核定。

③ 土地使用权交换、房屋交换，为所交换的土地使用权、房屋的价格差额。也就是说，交换价格相等时，免征契税；交换价格不相等时，由多缴付的货币、实物、无形资产或其他经济利益的一方缴纳契税。

④ 以划拨方式取得土地使用权，经批准转让房地产时，由房地产转让者补缴契税。计税依据为补缴的土地使用权出让费用或土地收益。

为了避免偷、逃税款，税法规定，成交价格明显低于市场价格并且无正当理由的，或者所交换土地使用权、房屋的价格的差额明显不合理并且无正当理由的，征税机关可以参照市场价格核定计税依据。

（五）计算应纳税额

$$应纳税额 = 计税依据 \times 税率$$

例 6-9 甲企业用价值 400 万元的办公楼房交换乙企业价值 560 万元的办公楼，同时甲企业支付给乙企业 160 万元差价款。假定当地税率为 3%，则甲企业为纳税人，计算其应纳税额。

应纳税额 = 160 × 3% = 4.8（万元）

二、契税的会计核算

契税的会计处理

对取得土地使用权、房屋权属应缴纳的契税，应通过"应交税费——应交契税"科目核算。根据计算应缴的契税税额，借记"固定资产""无形资产"等科目，贷记"应交税费——应交契税"科目；实际缴纳时，借记"应交税费——应交契税"科目，贷记"银行存款"科目。也可以不预提契税，不通过"应交税费"科目核算，而是在实际缴纳契税时，将缴纳的契税税额直接计入取得的资产成本或费用，借记"固定资产""无形资产"等科目，贷记"银行存款"科目。

① 对于企业取得的土地使用权，如果是有偿取得的，则一般作为无形资产入账。相应地，为取得该项土地使用权而缴纳的契税税额，也应当计入无形资产价值。对于房地产开发企业，其取得土地使用权所发生的支出，包括其缴纳的契税税额，应当计入开发成本。如果该土地使用权为无偿取得，则一般不将该土地使用权作为无形资产入账。相应地，企业缴纳的契税税额，可作为当期费用入账。

例 6-10 某企业 2024 年 1 月从当地政府手中取得某块土地使用权，支付土地使用权出让费 2 200 000 元，省政府规定契税的税率为 3%。计算企业应缴纳的契税税额，并做相关会计处理。

应纳税额＝2 200 000×3%＝66 000（元）

实际缴纳契税时，编制会计分录如下。

借：无形资产——土地使用权　　　　　　　　　　　　　　　　　　66 000
　　贷：银行存款　　　　　　　　　　　　　　　　　　　　　　　　66 000

例6-11 某公司收到某投资者投入的以土地使用权作价18 000 000元的资本。以土地使用权作价投资，应视同土地使用权转让，按规定缴纳契税。当地政府规定契税税率为5%。计算该公司应缴纳的契税税额，并做相关会计处理。

应纳税额＝18 000 000×5%＝900 000（元）

企业实际缴纳契税时，编制会计分录如下。

借：无形资产——土地使用权　　　　　　　　　　　　　　　　　　900 000
　　贷：银行存款　　　　　　　　　　　　　　　　　　　　　　　　900 000

例6-12 某福利工厂2024年1月9日收到当地政府无偿划入土地一块。该企业申报缴纳契税，契税征收机关参照同样土地市价，确定该土地使用权价格为3 600 000元。当地政府规定契税税率为4%。计算该工厂应缴纳的契税税额，并做相关会计处理。

应纳税额＝3 600 000×4%＝144 000（元）

企业实际缴纳契税时，编制会计分录如下。

借：管理费用　　　　　　　　　　　　　　　　　　　　　　　　　144 000
　　贷：银行存款　　　　　　　　　　　　　　　　　　　　　　　　144 000

例6-13 某房地产开发企业2024年4月12日购入土地一块，按规定缴纳土地出让费82 000 000元，用于房地产开发。当地政府规定契税税率为5%。计算该企业应缴纳的契税税额，并做相关会计处理。

应纳税额＝82 000 000×5%＝4 100 000（元）

企业实际缴纳契税时，编制会计分录如下。

借：开发成本　　　　　　　　　　　　　　　　　　　　　　　　　4 100 000
　　贷：银行存款　　　　　　　　　　　　　　　　　　　　　　　　4 100 000

② 对于企业承受房屋权属所应缴纳的契税税额，不管是有偿取得还是无偿取得，按规定都应当计入固定资产价值。

例6-14 某企业2024年购入办公房一栋，价值56 000 000元。当地政府规定契税税率为3%。计算该企业应缴纳的契税税额，并做相关会计处理。

应纳税额＝56 000 000×3%＝1 680 000（元）

企业在实际缴纳契税时，编制会计分录如下。

借：固定资产　　　　　　　　　　　　　　　　　　　　　　　　　1 680 000
　　贷：银行存款　　　　　　　　　　　　　　　　　　　　　　　　1 680 000

例6-15 甲公司将其拥有的库房10间，与乙公司拥有的一座厂房相交换，双方协议规定由甲公司补付现金 1 000 000 元。契税税率为 4%。计算甲公司缴纳的契税税额，并做相关会计处理。

应纳税额＝1 000 000×4%＝40 000（元）

甲公司实际缴纳契税时，编制会计分录如下。

借：固定资产——厂房　　　　　　　　　　　　　　　　　　　40 000
　　贷：银行存款　　　　　　　　　　　　　　　　　　　　　　40 000

例 6-16　某企业 2024 年购入办公房一栋，价值 24 000 000 元，需要修缮后才能使用。当地政府规定契税税率为 3%。计算企业应缴纳的契税税额，并做相关会计处理。

应纳税额＝24 000 000×3%＝720 000（元）

企业在实际缴纳契税时，编制会计分录如下。

借：在建工程　　　　　　　　　　　　　　　　　　　　　　720 000
　　贷：银行存款　　　　　　　　　　　　　　　　　　　　　720 000

三、契税的申报与缴纳

在中国境内承受土地、房屋权属的单位和个人，应当在签订土地、房屋权属转移合同或取得其他具有土地、房屋权属转移合同性质凭证后 10 日内，向土地、房屋所在地契税征收机关如实填报财产和行为税纳税申报表（见表 5-1）申报纳税，并在契税征收机关核定的期限内缴纳税款，索取完税凭证。对于个人间的二手房权属转移，纳税人可通过填报二手房交易综合申报表进行契税纳税申报，不需要再填报财产的行为税纳税申报表。

对于符合减免税规定的纳税人，应当在土地、房屋权属合同生效的 10 日内，向土地、房屋所在地的契税征收机关办理减免申报。

任务六　印花税实务

一、计算印花税应纳税额

（一）确定纳税人、征税对象、税率

在中华人民共和国境内书立应税凭证、进行证券交易的单位和个人，为印花税的纳税人。在中华人民共和国境外书立在境内使用的应税凭证的单位和个人，应当依照规定缴纳印花税。纳税义务人可分为立合同人、立据人、立账簿人、使用人。

> **注意**
>
> 对应税凭证，凡由两方或两方以上当事人共同书立的，其当事人各方都是印花税的纳税人，应各就其所持凭证的计税金额履行纳税义务。

印花税的税目是指《中华人民共和国印花税法》明确规定的应当纳税的 14 个税目，即买卖合同、借款合同、融资租赁合同、租赁合同、承揽合同、建筑工程合同、运输合同、技术合同、保管合同、仓储合同、财产保险合同、产权转移书据、营业账簿、证券交易。

印花税采用比例税率形式。买卖合同、承揽合同、建筑工程合同、运输合同、技术合同、产权转移书据中的商标专用权、著作权、专利权、专有技术使用权转让书据,适用0.3‰的税率;借款合同、融资租赁合同,适用0.05‰的税率;租赁合同、保管合同、仓储合同、财产保险合同、证券交易,适用1‰的税率;产权转移书据中的土地使用权出让和转让书据,房屋等建筑物和构筑物所有权、股权转让书据,适用0.5‰的税率;营业账簿,适用0.25‰的税率。

(二)应用税收优惠政策

印花税的主要税收优惠政策如下。

① 应税凭证的副本或抄本免税。

② 依照法律规定应当予以免税的外国驻华使馆、领事馆和国际组织驻华代表机构为获得馆舍书立的应税凭证,免征印花税。

③ 中国人民解放军、中国人民武装警察部队书立的应税凭证,免征印花税。

④ 农民、家庭农场、农民专业合作社、农村集体经济组织、村民委员会购买农业生产资料或销售农产品书立的买卖合同和农业保险合同,免征印花税。

⑤ 无息或贴息借款合同、国际金融组织向中国提供优惠贷款书立的借款合同,免征印花税。

⑥ 财产所有权人将财产赠予政府、学校、社会福利机构、慈善组织书立的产权转移书据,免征印花税。

⑦ 非营利性医疗卫生机构采购药品或卫生材料书立的买卖合同,免征印花税。

⑧ 个人与电子商务经营者订立的电子订单,免征印花税。

根据国民经济和社会发展的需要,国务院对居民住房需求保障、企业改制重组、破产、支持小型微型企业发展等情形可以规定减征或免征印花税,报全国人民代表大会常务委员会备案。

(三)确定计税依据

印花税的计税依据如下。

① 应税合同的计税依据,为合同所列的金额,不包括列明的增值税税款。

② 应税产权转移书据的计税依据,为产权转移书据所列的金额,不包括列明的增值税税款。

③ 应税营业账簿的计税依据,为账簿记载的实收资本(股本)、资本公积合计金额。

④ 证券交易的计税依据,为成交金额。

(四)计算应纳税额

$$应纳税额 = 应税凭证计税金额 \times 适用税率$$

例6-17 甲为汽车制造厂,乙为服装厂。甲、乙订立以货易货合同,约定甲提供给乙汽车2辆,价值25万元,同时购买乙生产的价值相当的服装作为工作服,货款相抵。买卖合同税率0.3‰,甲、乙均为纳税人。计算其印花税应纳税额。

应纳税额 = 250 000 × 2 × 0.3‰ = 150(元)

二、印花税的会计核算

企业缴纳的印花税,一般不会发生应付未付税款的情况,也不需要预计应纳税额。为简化会计处理,一般不通过"应交税费"科目核算,而是在缴纳印花税时直接在"税金及附加——印花税"科目中反映。企业购买印花税票时,按实际支付的印花税款项,借记"税金及附加"科目,贷记"银行存款"科目。

项目六 财产行为税实务

例 6-18 沿用例 6-17 的资料,进行会计处理。

借:税金及附加——印花税　　　　　　　　　　　　　　　150
　　贷:银行存款　　　　　　　　　　　　　　　　　　　　　　　150

例 6-19 某建筑安装公司 6 月承包某工厂建筑工程一项,工程造价 40 000 000 元,双方签订建筑安装承包工程合同。该合同印花税率为 0.3‰。计算该建筑安装公司印花税应纳税额,并做相关会计处理。

应纳税额 = 40 000 000 × 0.3‰ = 12 000(元)

按规定,各种合同应于合同正式签订时贴花。建筑安装公司应在自己的合同正本上贴花 12 000 元。由于该份合同的应纳税额超过 500 元,所以该公司应向税务机关申请填开缴款书或完税证明,将其中一联粘贴在合同上或由税务机关在合同上加注完税标记。企业应编制如下会计分录。

借:税金及附加　　　　　　　　　　　　　　　　　　　12 000
　　贷:银行存款　　　　　　　　　　　　　　　　　　　　　　　12 000

例 6-20 某公司 4 月开业,公司的营业账簿中,生产经营账册中实收资本为 4 000 000 元、资本公积为 600 000 元。

公司的营业账簿中,记载资金的账簿应按实收资本和资本公积合计金额的 0.25‰ 贴花,则印花税应纳税额计算如下。

应纳税额 = (4 000 000 + 600 000) × 0.25‰ = 1 150(元)

公司应编制如下会计分录。

借:税金及附加　　　　　　　　　　　　　　　　　　　1 150
　　贷:银行存款　　　　　　　　　　　　　　　　　　　　　　　1 150

三、印花税的纳税申报

(一)纳税方法

印花税的纳税申报方法

根据税额大小、贴花次数及税收征收管理的需要,印花税采用以下申报方法。

1. 自行贴花办法

自行贴花办法即"三自"纳税方法。该方法一般适用于应税凭证较少或贴花次数较少的纳税人。纳税人书立、领受或使用应税凭证的同时,根据应税凭证的性质和适用的税目税率,自行计算应纳税额,自行购买印花税票,自行一次贴足印花税票并在每枚税票的骑缝处盖戳注销或划销,纳税义务才算全部履行完毕。

2. 汇贴或汇缴办法

汇贴或汇缴办法一般适用于应纳税额较大或贴花次数频繁的纳税人。一份凭证应纳税额超过 500 元的,应向当地税务机关申请填开缴款书或完税凭证,将其中一联粘贴在凭证上或由税务机关在凭证上加注完税标记代替贴花。这就是常说的汇贴办法。

同一种类应税凭证需要频繁贴花的,应向税务机关申请按期汇总缴纳印花税。获准汇总缴纳印花税的纳税人,应持有税务机关发给的汇缴许可证。汇缴的限期限额由当地税务机关确定,但最长期限不得超过 1 个月。

3. 委托代征办法

该方法主要是通过税务机关的委托，经由发放或办理应税凭证的单位代为征收印花税款。税务机关应与代征单位签订代征委托书。发放或办理应税凭证的单位是指发放权利、许可证照的单位和办理凭证的鉴证、公证及其他有关事项的单位。

纳税人不论采用哪种纳税方法，均应妥善保存纳税凭证。凡国家已明确规定保存期限的，按规定期限办理；其余凭证均应在履行完毕后保存1年。

（二）纳税申报

印花税的纳税人应按规定及时办理纳税申报，并如实填写财产和行为税纳税申报表（见表5-1）。纳税人新增印花税时，需要先填报财产和行为税税源明细表。

任务七　城建税和教育费附加实务

一、计算城建税应纳税额

城建税的纳税义务人是指负有缴纳增值税、消费税纳税义务的单位和个人。

城建税的计税依据是纳税人实际缴纳的增值税、消费税税额，计税依据中不包括非税款项，如纳税人违反增值税、消费税有关税法而加收的滞纳金和罚款。海关对进口产品代征的增值税、消费税，不作为城建税的计税依据，不征城建税。但对出口产品退还增值税、消费税的，不退还已缴纳的城建税。

城建税以增值税、消费税税额为计税依据并同时征收，如果要免征或减征增值税、消费税，则也要同时免征或减征城建税。

城建税的税率有3档，即纳税人所在地为市区的，税率为7%；纳税人所在地为县城、镇的，税率为5%；纳税人所在地不在市区、县城或镇的，税率为1%。城建税的适用税率，应当按纳税人所在地的规定税率执行。

（一）正确应用税收优惠政策

城建税的税收减免情况具体有以下几项。
① 城建税按减免后实缴的增值税、消费税税额计征。
② 对于因减免而需要进行增值税、消费税退库的，城建税也可同时退库。
③ 为支持国家重大水利工程建设，对国家重大水利工程建设基金免征城建税。

（二）计算应纳税额

城建税纳税人的应纳税额大小是由纳税人实际缴纳的增值税、消费税税额决定的。其计算公式为：

$$应纳税额 = 实际缴纳的增值税、消费税税额 \times 适用税率$$

例6-21　某市区甲企业2024年6月缴纳增值税10万元、消费税3万元、增值税滞纳金0.1万元。计算城建税应纳税额。

应纳城建税税额 =（10+3）×7% = 0.91（万元）

二、城建税的会计核算与纳税申报

核算城建税时，应设置"应交税费——应交城建税"科目，借方登记实际缴纳的城建税税额，贷方登记本期应缴纳的城建税税额；期末贷方余额表示企业应缴而未缴的城建税税额。核算时，按规定计算应缴的城建税税额，借记"税金及附加"科目，贷记"应交税费——应交城建税"科目；缴纳城建税时，借记"应交税费——应交城建税"科目，贷记"银行存款"科目。

例 6-22 沿用例 6-21 的资料，进行如下会计处理。

计算城建税税额时，编制会计分录如下。

借：税金及附加　　　　　　　　　　　　　　　　　　　　　　9 100
　　贷：应交税费——应交城建税　　　　　　　　　　　　　　　　　　9 100

缴纳城建税时，编制会计分录如下。

借：应交税费——应交城建税　　　　　　　　　　　　　　　　9 100
　　贷：银行存款　　　　　　　　　　　　　　　　　　　　　　　　　9 100

企业应当在月度终了后进行增值税和消费税申报的同时，进行城建税的纳税申报。纳税人缴纳增值税、消费税的地点是该纳税人缴纳城建税的地点。城建税纳税期限分别与增值税、消费税的纳税期限一致。

三、教育费附加的会计核算与纳税申报

教育费附加是指以纳税人实际缴纳的增值税、消费税税额为依据征收的一种附加税。缴纳增值税、消费税的单位和个人，除按照《国务院关于筹措农村学校办学经费的通知》缴纳农村教育费附加的单位外，都是教育费附加的纳税人。但海关对进口产品征收的增值税、消费税，不征教育费附加。

教育费附加以各单位和个人实际缴纳的增值税、消费税税额为计税依据，教育费附加率为 3%，地方教育附加率为 2%，分别与增值税、消费税同时缴纳。除国务院另有规定外，任何地区、部门不得擅自提高或降低教育费附加率。对由于减免增值税、消费税而发生退税的，同时退还教育费附加。但对出口产品退还增值税、消费税的，不再退还已征的教育费附加。

核算教育费附加时，应设置"应交税费——应交教育费附加"科目，借方登记实际缴纳的教育费附加额，贷方登记本期应缴纳的教育费附加额；期末贷方余额表示企业应缴而未缴的教育费附加额。核算时，按规定计算应缴的教育费附加额，借记"税金及附加"科目，贷记"应交税费——应交教育费附加"科目；缴纳教育费附加时，借记"应交税费——应交教育费附加"科目，贷记"银行存款"科目。

例 6-23 根据例 6-21 的资料，计算甲企业 6 月份应缴纳的教育费附加额，并进行相关会计处理。

教育费附加额 =（10+3）×3% = 0.39（万元）
地方教育附加额 =（10+3）×2% = 0.26（万元）

（1）计算教育费附加额时编制的会计分录

借：税金及附加　　　　　　　　　　　　　　　　　　　　　　6 500
　　贷：应交税费——应交教育费附加　　　　　　　　　　　　　　　3 900
　　　　应交税费——应交地方教育附加　　　　　　　　　　　　　　2 600

（2）缴纳教育费附加时编制的会计分录

借：应交税费——应交教育费附加　　　　　　　　　　　　　　3 900
　　应交税费——应交地方教育附加　　　　　　　　　　　　　2 600
　　贷：银行存款　　　　　　　　　　　　　　　　　　　　　6 500

教育费附加的纳税人应当在缴纳增值税、消费税的环节计算缴纳教育费附加额，进行教育费附加和地方教育附加的纳税申报。纳税人缴纳增值税、消费税的地点就是该纳税人缴纳教育费附加和地方教育附加的地点。教育费附加和地方教育附加纳税期限分别与增值税、消费税的纳税期限一致。

技能训练

一、判断题

1. 根据《房产税暂行条例》的规定，个人拥有的非营业性房产免征房产税。（　　）
2. 车船税实行从量定额征收，按年计征，分期缴纳。（　　）
3. 房产税有从价计征和从租计征两种形式，税率分别是1.2%和12%。（　　）
4. 烟叶税的税率是10%。（　　）
5. 产权属于国家的房屋，可以不用缴纳房产税。（　　）
6. 车船税由地方税务机关负责征收。（　　）
7. 公园里面营业性质的茶馆可以不用缴纳房产税。（　　）
8. 国家机关的车辆可以免缴车船税。（　　）
9. 自产自用的汽车可以不缴纳车辆购置税。（　　）
10. 外国企业在我国境内购买汽车也需要缴纳车辆购置税。（　　）
11. 在我国境内购买烟叶的单位为烟叶税的纳税人。（　　）
12. 补缴增值税时，应相应地补缴城市维护建设税。（　　）
13. 企业缴纳的契税税额计入管理费用。（　　）
14. 企业应缴纳的印花税税额可以不通过"应交税费——应交印花税"科目核算。（　　）
15. 企业纳税人计提的城建税税额记入"税金及附加"科目。（　　）

二、单选题

1. 某公司有3层办公大楼，原值2 000万元，对外出租年房屋租金100万元，则该公司应纳房产税（　　）万元。
　　A. 10　　　　B. 12　　　　C. 15　　　　D. 24

2. 烟叶税实行比例税率，税率为（　　）。
　　A. 25%　　　B. 20%　　　C. 15%　　　D. 10%

3. 某事业单位由财政拨付事业经费，本年拥有房屋6间。其中，3间属办公用房，另外3间出租，月租金收入为2 000元。该单位当年应纳房产税（　　）元。
　　A. 2 880　　B. 2 400　　C. 240　　　D. 288

4. 某企业2024年由施工单位修建物资仓库，8月15日办理验收手续，工程结算支出50

项目六 财产行为税实务

万元,并按此成本计入固定资产。已知当地省级人民政府规定的计算房产余值的扣除比例为30%。该企业2024年度修建的物资仓库应缴纳房产税(　　)元。

A．1 400　　　　B．1 750　　　　C．2 800　　　　D．4 200

5．应纳车船税的车辆是(　　)。

A．出租汽车　　B．拖拉机　　C．警车　　D．商店待售的自行车

6．申某在某公司举办的有奖销售活动中中奖一辆微型汽车,举办公司开具的销售发票金额为68 700元。申某申报纳税时,经主管税务机关审核,国家税务总局核定该车型的最低计税价格为73 500元。申某应缴纳的车辆购置税税额是(　　)元。

A．6 870　　　　B．7 350　　　　C．13 740　　　　D．14 700

7．某运输公司有2辆载客汽车,专门用于运输。按当地政府规定,此类客车的年税额为100元/辆,则该公司年应纳车船税税额为(　　)元。

A．100　　　　B．200　　　　C．300　　　　D．50

8．可免征车船税的车船是(　　)。

A．出租汽车　　B．机动船　　C．载货汽车　　D．拖拉机

9．不属于车辆购置税征税范围的是(　　)。

A．自行车　　B．摩托车　　C．农用运输车　　D．汽车

10．不需要缴纳车辆购置税的是(　　)。

A．获奖取得的汽车　　　　　　B．初次购买时已缴车辆购置税的二手车
C．购买的汽车　　　　　　　　D．进口的汽车

11．(　　)应缴纳城市维护建设税。

A．外贸单位进口货物　　　　　B．外贸单位出口货物
C．内资企业销售免征增值税货物　D．旅行社取得营业收入

12．(　　)属于契税的纳税人。

A．购买别墅的房主　　　　　　B．销售别墅的房地产公司
C．出让土地使用权的国土资源管理局
D．承受土地、房屋用于医疗的医院

13．应纳印花税的凭证应于(　　)贴花。

A．年度内　　B．书立或领受时　　C．履行完毕时　　D．开始履行时

14．计提应缴纳的房产税税额,借方应记入(　　)科目。

A．"管理费用"　　　　　　B．"税金及附加"
C．"销售费用"　　　　　　D．"生产成本"

15．计提应缴纳的教育费附加额,借方应记入(　　)科目。

A．"税金及附加"　　　　　B．"管理费用"
C．"销售费用"　　　　　　D．"生产成本"

三、多选题

1．根据房产税纳税义务发生时间的规定,下列说法正确的有(　　)。

A．购置新建商品房,自房屋交付使用次月起计征房产税
B．纳税人自行新建房屋用于生产经营,从建成当月起,缴纳房产税
C．纳税人将原有房产用于生产经营,从生产经营次月起,缴纳房产税

D. 购置存量房，自办理房屋权属转移、变更登记手续，房地产权属登记机关签发房屋权属证书次月起计征房产税

2. 符合车船税有关规定的有（　　　　）。
   A. 载客汽车，以"辆"为计税依据　　B. 船舶，以"净吨位"为计税依据
   C. 船舶，以"艘"为计税依据　　　　D. 摩托车，以"辆"为计税依据

3. 房产税的税率为（　　　　）。
   A. 10%　　　　B. 12%　　　　C. 20%　　　　D. 1.2%

4. 关于车辆购置税的纳税期限的叙述正确的是（　　　　）。
   A. 纳税人购买自用应税车辆的，应当自购买之日起60日内申报纳税
   B. 进口自用应税车辆的，应当自进口之日起60日内申报纳税
   C. 自产、受赠方式取得并自用应税车辆的，应当自取得之日起60日内申报纳税
   D. 获奖或以其他方式取得并自用应税车辆的，应当自取得之日起60日内申报纳税

5. 属于车辆购置税计税依据的是（　　　　）。
   A. 不含增值税价格　　　　　　　　B. 含增值税价格
   C. 关税完税价格＋关税＋消费税　　D. 税务机关核定的最低计税价格

6. 根据规定，属于车辆购置税应税行为的是（　　　　）。
   A. 购买并使用汽车的行为　　　　　B. 进口自用农用运输车行为
   C. 销售豪华小轿车的行为　　　　　D. 以获奖方式取得并自用摩托车的行为

7. 按《房产税暂行条例》，下列属于房产税征税对象的是（　　　　）。
   A. 个人所有非营业用的房产　　　　B. 农村的房产
   C. 自有经营性房产　　　　　　　　D. 企业出租的房产

8. 以自重吨位作为车船使用税计税依据的车船有（　　　　）。
   A. 载客汽车　　B. 摩托车　　C. 载货汽车　　D. 专业作业车

9. 房产税的纳税义务人有（　　　　）。
   A. 出租房屋的出租人　　　　　　　B. 使用房屋的使用人
   C. 房屋的未来继承人　　　　　　　D. 房屋承典人

10. 下列说法正确的是（　　　　）。
    A. 车辆购置税税率为10%　　　　　B. 烟叶税税率为20%
    C. 车船税为定额税率　　　　　　　D. 房产税为比例税率

11. 在计算印花税时，以下（　　　　）项目适用1‰的税率？
    A. 租赁合同　　　　　　　　　　　B. 保管合同和仓储合同
    C. 财产保险合同　　　　　　　　　D. 证券交易

12. 某企业核算收购烟叶应缴纳的烟叶税税额，借方应记入（　　　　）等科目。
    A. "原材料"　　B. "在途物资"　　C. "材料采购"　　D. "固定资产"

13. 企业核算应缴纳的契税税额，借方记入（　　　　）等科目。
    A. "原材料"　　B. "固定资产"　　C. "无形资产"　　D. "在建工程"

14. 企业核算应缴纳的（　　　　），借方记入"税金及附加"科目。
    A. 房产税税额　　B. 印花税税额　　C. 车辆购置税税额　　D. 车船税税额

15. 企业核算应缴纳的（　　　　），借方记入"税金及附加"科目。
    A. 房产税税额　　B. 增值税税额　　C. 城建税税额　　D. 教育费附加额

四、简答题

房产税、车船税、车辆购置税、城建税、契税、烟叶税、印花税应纳税额如何计算、申报和进行会计处理？

五、业务题

1. 某企业有货车 3 辆，每辆自重 5 吨，货车年税额 20 元/吨；有乘用车 2 辆，年税额 660 元/辆。

要求：计算该企业当年应纳的车船税税额，并进行会计处理。

2. 某省一企业自有房屋 10 栋。其中，8 栋用于经营生产，房产原值 1 000 万元；2 栋房屋租给某公司作为经营用房，年租金收入 50 万元。当地政府规定的允许扣除比例为 20%。

要求：计算该企业当年应纳的房产税税额，并进行会计处理。

3. 某公司接受捐赠小轿车 1 辆，经国家税务总局核定的最低计税价格为 380 000 元。

要求：计算该公司应纳的车辆购置税税额，并进行会计处理。

4. 某市区一公司 10 月缴纳增值税 100 万元、消费税 20 万元，补缴上月应纳消费税 10 万元。

要求：计算该企业本月应缴纳的城市维护建设税税额、教育费附加额和地方教育附加额，并进行会计处理。

5. 某烟厂 6 月向农业生产者收购烟叶 25 吨，支付收购价款 30 万元，并按 10% 实际支付了价外补贴，取得农产品收购发票。另支付含增值税运输费用 2.2 万元，取得运输公司开具的增值税专用发票。烟叶验收入库。将全部烟叶委托某县烟丝厂加工成烟丝，取得烟丝厂开具的增值税专用发票，注明支付加工费 6 万元、增值税 0.78 万元。烟丝厂无同类烟丝销售价格。款项已支付，烟丝已经验收入库。

要求：进行会计处理。

六、综合实训题

实训目的：熟悉财产和行为税纳税申报表的填制。

实训方式：模拟企业进行财产和行为税纳税申报表的填制。

实训要求：填写财产和行为税纳税申报表。

实训准备：财产和行为税纳税申报表。

实训资料：见业务题 4。

项目七

个人所得税实务

学习目标

通过本项目的学习,学生应学会办理个人所得税的技能,掌握个人所得税政策应用、会计处理和纳税申报知识。重点掌握个人所得税的纳税申报和会计处理。培养学生诚实守信、严谨尽责的职业精神,增强学生依法纳税意识和遵纪守法的自觉性。

工作过程

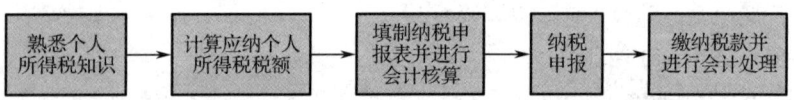

工作场景

场景介绍	我国公民王好学是某大学教授,平时热爱绘画和写作。他 2024 年收入情况如下: ① 每月领取工资 6 000 元,全年工资 72 000 元(不考虑五险一金等)。 ② 在 A 国举办书画展取得收入 60 000 元,按收入来源国税法规定缴纳了个人所得税 15 000 元。 ③ 出版小说一部,获得稿酬 40 000 元。同时,该小说还在某报纸上连载,至年底连载尚未结束,于 2024 年底获部分预付稿酬 5 000 元,其余稿酬在连载完后一并付清。 ④ 保险赔款所得 5 000 元。 ⑤ 一年期储蓄存款到期,取得利息收入 2 000 元;购买企业债券,取得利息 2 100 元。 ⑥ 购买彩票,中奖所得 20 000 元,领奖时从中奖收入中拿出 4 000 元通过教育部门捐给希望小学
工作目标	请帮助王好学计算他的各项个人所得税款,确定其税款缴纳方式;做出王好学的单位为其代扣代缴工资所得税的会计处理
所需知识	工资薪金所得、劳务报酬所得、稿酬所得、偶然所得、利息所得应纳税所得额的确定和应纳税额的计算;税额扣除的确定;捐赠扣除
已具备知识和技能	知识储备:个人所得税法律知识,包括纳税人、征收对象、应纳税额的计算、纳税期限、纳税地点。 技能储备:个人所得税应纳税额的计算

项目七 个人所得税实务

任务一 计算个人所得税应纳税额

> 中华人民共和国主席令第九号：全国人民代表大会常务委员会《关于修改〈中华人民共和国个人所得税法〉的决定》已由中华人民共和国第十三届全国人民代表大会常务委员会第五次会议于 2018 年 8 月 31 日通过，现予公布，自 2019 年 1 月 1 日起施行。

个人所得税是指以自然人取得的各类应税所得为征税对象而征收的一种所得税，是政府利用税收对个人收入进行调节的一种手段。个人所得税的征税对象不仅包括个人，还包括具有自然人性质的企业。

一、熟悉个人所得税政策

个人所得税政策认知

个人所得税的纳税义务人是在中国境内居住有所得的个人，以及不在中国境内居住而从中国境内取得所得的个人，包括中国国内公民，在华取得所得的外籍人员和港、澳、台同胞。按照国际惯例，依据住所和居住时间两个标准，我国个人所得税的纳税人分为居民纳税人和非居民纳税人，分别承担不同的纳税义务。

在中国境内有住所，或者无住所而一个纳税年度内在中国境内居住累计满 183 天的个人，为居民个人。居民个人从中国境内和境外取得的所得，需要缴纳个人所得税。在中国境内无住所又不居住，或者无住所而一个纳税年度内在中国境内居住累计不满 183 天的个人，为非居民个人。非居民个人从中国境内取得的所得，需要缴纳个人所得税。

个人所得税的征税对象是个人取得的各项应税所得。我国最新税法中列举的应税所得共有 9 项：工资、薪金所得；劳务报酬所得；稿酬所得；特许权使用费所得；经营所得；利息、股息、红利所得；财产租赁所得；财产转让所得；偶然所得。居民个人取得第 1 项至第 4 项所得（以下称为综合所得），按纳税年度合并计算个人所得税应纳税额；非居民个人取得第 1 项至第 4 项所得，按月或按次分项计算个人所得税应纳税额；纳税人取得第 5 项至第 9 项所得，依照规定分别计算个人所得税应纳税额。

我国个人所得税采用的是综合与分类相结合所得税制，并规定了不同的适用税率，主要有超额累进税率和比例税率两种形式。综合所得，适用 3%～45% 的七级超额累进税率；经营所得，适用 5%～35% 的超额累进税率；利息、股息、红利所得，财产租赁所得，财产转让所得，偶然所得，按次计算征收个人所得税，适用 20% 的比例税率。

二、计算应纳税所得额

两个或两个以上的个人共同取得同一项目收入的，应当对每个人取得的收入分别按照税法规定减除费用后计算纳税。

知识链接

税 收 优 惠

1. 下列各项个人所得免征个人所得税

① 省级人民政府、国务院部委和中国人民解放军军以上单位，以及外国组织、国际组织颁发的科学、教育、技术、文化、卫生、体育、环境保护等方面的奖金。

② 国债和国家发行的金融债券利息。

③ 按照国家统一规定发给的补贴、津贴，即按照国务院规定发给的政府特殊津贴、院士津贴、资深院士津贴，以及国务院规定免纳个人所得税的其他补贴、津贴。

④ 福利费、抚恤金、救济金。福利费是指根据国家有关规定，从企事业单位、国家机关、社会团体提留的福利费或工会经费中支付给个人的生活补助费；救济金是指各级人民政府民政部门支付给个人的生活困难补助费。

⑤ 保险赔款。

⑥ 军人的转业费、复员费、退役金。

⑦ 按照国家统一规定发给干部、职工的安家费、退职费、基本养老金或退休费、离休费、离休生活补助费。

⑧ 依照我国有关法律规定应予免税的各国驻华使馆、领事馆的外交代表、领事官员和其他人员的所得。

⑨ 中国政府参加的国际公约、签订的协议中规定免税的所得。

⑩ 国务院规定的其他免税所得。该项免税规定，由国务院报全国人民代表大会常务委员会备案。

2. 下列各项个人所得减征个人所得税

有下列情形之一的，可以减征个人所得税，具体幅度和期限，由省、自治区、直辖市人民政府规定，并报同级人民代表大会常务委员会备案。

① 残疾、孤老人员和烈属的所得。

② 因自然灾害遭受重大损失的。

国务院可以规定其他减税情形，报全国人民代表大会常务委员会备案。

3. 下列所得暂免征收个人所得税

① 个人举报、协查各种违法、犯罪行为而获得的奖金。

② 个人办理代扣代缴税款手续，按规定取得的扣缴手续费。

③ 个人转让自用达5年以上，并且是唯一的家庭生活用房取得的所得。

④ 对出售自有住房并拟在现住房出售1年内按市场价重新购房的纳税人，其出售住房应缴纳的个人所得税，先以纳税保证金形式向主管税务机关缴纳。购房金额大于或等于原住房销售额的，全部退还纳税保证金；购房金额小于原住房销售额的，按照购房金额占原住房销售额的比例退还纳税保证金，余额作为个人所得税缴入国库。

⑤ 个人购买福利彩票、赈灾彩票、体育彩票，一次中奖收入在1万元以下的（含1万元）。

⑥ 外籍个人以非现金形式或实报实销形式取得的住房补贴、伙食补贴、搬迁费、洗衣费。

⑦ 外籍个人按合理标准取得的境内、境外出差补贴。

⑧ 外籍个人从外商投资企业取得的股息、红利所得。

⑨ 个人取得单张有奖发票奖金所得不超过800元（含800元）的，暂免征收个人所得税；个人取得单张有奖发票奖金所得超过800元的，应全额按照个人所得税法规定的"偶然所得"项目征收个人所得税。

⑩ 证券市场个人投资者取得的证券交易结算资金利息所得自2008年10月9日（含10月9日）起，暂免征收个人所得税。

⑪ 储蓄存款利息所得自2008年10月9日起暂免征收个人所得税。

（一）非居民个人的综合所得

非居民个人的工资、薪金所得，以每月收入额减除费用5 000元后的余额为应纳税所得额。其计算公式为：

居民个人综合所得额的确定

月应纳税所得额＝每月收入额－费用5 000元

非居民个人的劳务报酬所得、稿酬所得、特许权使用费所得，以每次收入额为应纳税所得额。劳务报酬所得、稿酬所得、特许权使用费所得以收入减除20%的费用后的余额为收入额。稿酬所得的收入额减按70%计算。

非居民个人取得的劳务报酬所得、稿酬所得、特许权使用费所得，属于一次性收入的，以取得该项收入为一次；属于同一项目连续性收入的，以一个月内取得的收入为一次。其计算公式为：

每次应纳税所得额＝每次收入额

**例7-1** 史密斯是某外商投资企业聘请的一名外籍专家，在2024年2月取得该企业发放的本月工资40 000元人民币。试计算其应纳税所得额。

工资、薪金所得的月应纳税所得额＝40 000－5 000
　　　　　　　　　　　　　　　　　＝35 000（元）

对企业投资者及其家庭成员以外的其他人员取得的与生产经营无关的消费性支出及购买住房、汽车等财产性支出，按照"工资、薪金所得"项目计征个人所得税。

（二）居民个人的综合所得

居民个人的综合所得，包括工资、薪金所得，劳务报酬所得，稿酬所得，特许权使用费所得4项。

居民个人的综合所得，以每一纳税年度的收入额减除费用6万元及专项扣除、专项附加扣除和依法确定的其他扣除后的余额，为应纳税所得额。其计算公式为：

年应纳税所得额＝年收入额－费用扣除－专项扣除－专项附加扣除－其他扣除

① 劳务报酬所得、稿酬所得、特许权使用费所得以收入减除20%的费用后的余额为收入额。

稿酬所得的收入额减按70%计算。

② 专项扣除，包括居民个人按照国家规定的范围和标准缴纳的基本养老保险、基本医疗保险、失业保险等社会保险费和住房公积金等。

③ 专项附加扣除，包括3岁以下婴幼儿照护、子女教育、继续教育、大病医疗、住房贷款利息或住房租金、赡养老人等支出，具体范围、标准和实施步骤由国务院确定，并报全国人民代表大会常务委员会备案。

④ 其他扣除，包括个人缴付符合国家规定的企业年金、职业年金，个人购买符合国家规定的商业健康保险、税收递延型商业养老保险的支出，以及国务院规定可以扣除的其他项目。

专项扣除、专项附加扣除和依法确定的其他扣除，以居民个人一个纳税年度的应纳税所得额为限额。一个纳税年度扣除不完的，不结转以后年度扣除。

公安、人民银行、金融监督管理等相关部门应当协助税务机关确认纳税人的身份、金融账户信息。教育、卫生、医疗保障、民政、人力资源和社会保障、住房城乡建设、公安、人民银行、金融监督管理等相关部门应当向税务机关提供纳税人子女教育、继续教育、大病医疗、住房贷款利息、住房租金、赡养老人等专项附加扣除信息。

例7-2 某技术人员月工资收入15 000元，每月缴纳养老保险1 200元、医疗保险300元、失业保险75元、住房公积金1 200元。当年转让专利权，取得收入100 000元。当年取得稿酬收入40 000元。试计算其综合所得的年应纳税所得额。

年收入额=15 000×12+100 000×（1−20%）+40 000×（1−20%）×70%=282 400（元）

费用扣除=60 000（元）

专项扣除=（1 200+300+75+1 200）×12=33 300（元）

年应纳税所得额=282 400−60 000−33 300=189 100（元）

（三）经营所得

经营所得是指：个人通过在中国境内注册登记的个体工商户、个人独资企业、合伙企业从事生产、经营活动取得的所得；个人依法取得执照，从事办学、医疗、咨询及其他有偿服务活动取得的所得；个人承包、承租、转包、转租取得的所得；个人从事其他生产、经营活动取得的所得。

经营所得以每一纳税年度的收入总额，减除成本、费用，以及损失后的余额，为应纳税所得额。其计算公式为：

$$应纳税所得额=全年收入总额-（成本+费用+损失+准予扣除的税金）$$

其中，全年收入总额是指居民在全年个人从事生产、经营及与生产、经营有关的活动所取得的各项收入。成本、费用是指个体工商户、个人独资企业、合伙企业及个人从事其他生产、经营活动发生的各项直接支出和分配计入成本的间接费用及销售费用、管理费用、财务费用；损失是指个体工商户、个人独资企业、合伙企业及个人从事其他生产经营活动发生的固定资产和存货的盘亏、毁损、报废损失、转让财产损失、坏账损失、自然灾害等不可抗力因素造成的损失及其他损失。

个体工商户、个人独资企业、合伙企业及个人从事其他生产、经营活动，未提供完整、准确的纳税资料，不能正确计算应纳税所得额的，由主管税务机关核定其应纳税所得额。

个体工商户业主、个人独资企业投资者、合伙企业个人合伙人及从事其他生产、经营活动的个人，以其每一纳税年度来源于个体工商户、个人独资企业、合伙企业及其他生产、经营活动的所得，减除费用6万元、专项扣除及依法确定的其他扣除后的余额，为应纳税所得额。

例7-3 某个体工商户经营一面粉加工厂，账证比较齐全。2024年，年收入额3 800 000元，年营业成本2 000 000元、销售费用150 000元、管理费用100 000元、损失10 000元。试计算该个体工商户年应纳税所得额。

该个体工商户年应纳税所得额＝3 800 000－2 000 000－150 000－100 000－10 000
＝1 540 000（元）

独资企业和合伙企业投资者的工资不得在税前扣除。个人独资企业、合伙企业的个人投资者用企业资金为本人、家庭成员支付与生产经营无关的消费性支出及购买住房、汽车等财产性支出，视为企业对个人投资者的利润分配，按照"生产、经营所得"项目计征个人所得税。

（四）财产租赁所得

财产租赁所得，每次收入不超过4 000元的，减除费用800元；4 000元以上的，减除20%的费用，其余额为应纳税所得额。其应纳税所得额的计算公式为：

每次收入不足4 000元的　　　应纳税所得额＝每次收入额－800
每次收入在4 000元以上的　　应纳税所得额＝每次收入额×（1－20%）

> **注意**
>
> "每次"按照下列方法确定。
> ① 财产租赁所得，以一个月内取得的收入为一次。
> ② 利息、股息、红利所得，以支付利息、股息、红利时取得的收入为一次。
> ③ 偶然所得，以每次取得该项收入为一次。

例7-4 某居民个人出租持有的商业住房，每月收入20 000元。试计算其应纳税所得额。

每次应纳税所得额＝20 000×（1－20%）＝16 000（元）

例7-5 张某于2024年1月将其自有的3间共180平方米的房屋出租给赵某作为商店使用，租期1年。张某每月取得租金收入8 000元，全年租金收入96 000元。在租用期里，张某于1月份支付房屋修理费2 400元（有发票收据）。试计算张某1月份的应纳税所得额。

张某1月份应纳税所得额＝（8 000－800）×（1－20%）＝5 760（元）

> **知识链接**
>
> 在确定财产租赁的应税所得时，纳税人在出租财产过程中缴纳的税金和教育费附加，可持完税凭证从其财产租赁收入中扣除。准予扣除的项目除规定费用和有关税费外，还准予扣除能够提供有效、准确的凭证，证明由纳税人负担的该出租财产实际开支的修缮费用，以每次800元为限。一次扣除不完的，准予在下次继续扣除，直到扣完为止。

(五)财产转让所得

财产转让所得以每次转让财产的收入额减去财产原值和合理费用后的余额为应纳税所得额。其中,财产原值是指有价证券为买入价及买入时按照规定缴纳的有关费用;不动产为建造费或购进价格及其他有关费用;土地使用权为取得土地使用权所支付的金额、开发土地的费用及其他有关费用;机器设备、车船为购进价格、运输费、安装费及其他有关费用;其他财产参照以上方法确定财产原值。

纳税义务人未提供完整、准确的财产原值凭证,不能正确计算财产原值的,由主管税务机关核定其财产原值。合理费用是指卖出财产时按照规定支付的有关税费。其应纳税所得额的计算公式为:

$$应纳税所得额 = 收入总额 - 财产原值 - 合理费用$$

例7-6 孙某转让汽车一辆,取得转让收入120 000元,按规定可扣除的购进价格和其他费用为80 000元,卖出时缴纳手续费5 000元。试计算其应纳税所得额。

孙某应纳税所得额 = 120 000 - 80 000 - 5 000 = 35 000(元)

> **知识链接** 个人通过拍卖市场取得的房屋拍卖收入在计征个人所得税时,其房屋原值应按照纳税人提供的合法、完整、准确的凭证予以扣除。不能提供完整、准确的房屋原值凭证,不能正确计算房屋原值和应纳税额的,统一按转让收入全额的3%计算缴纳个人所得税。

个人转让不动产的,税务机关应当根据不动产登记等相关信息核验应缴的个人所得税,登记机构办理转移登记时,应当查验与该不动产转让相关的个人所得税的完税凭证。个人转让股权办理变更登记的,市场主体登记机关应当查验与该股权交易相关的个人所得税的完税凭证。

(六)利息、股息、红利所得、偶然所得

利息、股息、红利所得、偶然所得以每次收入额为应纳税所得额。其应纳税所得额的计算公式为:

$$应纳税所得额 = 每次收入额$$

例7-7 王某在有奖销售活动中中特等奖,奖品为价值15 000元的音响和价值5 000元的彩电。试计算王某应纳税所得额。

王某应纳税所得额 = 15 000 + 5 000 = 20 000(元)

对除个人独资企业、合伙企业以外其他企业的个人投资者以企业资金为本人、家庭成员支付与生产经营无关的消费性支出及购买住房、汽车等财产性支出,视为企业对个人投资者的红利分配,按照"利息、股息、红利所得"项目计征个人所得税。

> **知识链接** 个人将其所得捐赠,捐赠额未超过纳税义务人申报的应纳税所得额30%的部分,可以从其应纳税所得额中扣除;国务院规定对公益慈善事业捐赠实行全额税前扣除的,从其规定。

三、计算应纳税额

（一）采用超额累进税率的所得项目

综合所得、经营所得采用超额累进税率。其应纳税额的计算公式为：

$$应纳税额 = 应纳税所得额 \times 适用税率 - 速算扣除数$$

例 7-8 某技术人员工资项目的月应纳税所得额为 3 000 元。试计算其当月应预缴税额。

该技术人员应预缴税额 = 3 000 × 3% = 90（元）

例 7-9 某技术人员综合所得项目的年应纳税所得额为 40 000 元。试计算其当年应预缴税额。

该技术人员应预缴税额 = 36 000 × 3% + 4 000 × 10% = 1 480（元）

例 7-10 史密斯是某外商投资企业聘请的一名外籍专家，在 2024 年 1 月工资项目的应纳税所得额为 35 200 元。试计算其 1 月应预缴税额。

史密斯 1 月应预缴税额 = 35 200 × 30% - 4 410 = 6 150（元）

例 7-11 某歌星一次外地演出的应纳税所得额为 64 000 元。试计算其应预缴税额。

该歌星应预缴税额 = 36 000 × 3% + 28 000 × 10% = 3 880（元）

例 7-12 某作家的一篇小说 2024 年取得两次稿酬的应纳税所得额为 25 600 元。试计算其应预缴税额。

该作家应预缴税额 = 25 600 × 3% = 768（元）

例 7-13 钱某提供一项专利技术的使用权的应纳税所得额为 40 000 元。试计算其应预缴税额。

钱某应预缴税额 = 36 000 × 3% + 4 000 × 10% = 1 480（元）

例 7-14 某个体工商户经营所得全年应纳税所得额为 10 500 元。试计算其应纳税额。

该个体工商户应纳税额 = 10 500 × 5% = 525（元）

例 7-15 甲承包餐厅，当年应纳税所得额为 58 000 元。试计算其应纳税额。

甲应纳税额 = 58 000 × 10% - 1 500 = 4 300（元）

（二）采用比例税率的所得项目

利息、股息、红利所得，财产租赁所得，财产转让所得，偶然所得，采用比例税率。其应纳税额的计算公式为：

$$应纳税额 = 应纳税所得额 \times 适用税率$$

其中稿酬所得按应纳税额减征 30%，因此其应纳税额的计算公式为：

$$应纳税额 = 应纳税所得额 \times 适用税率 \times (1 - 30\%)$$

劳务报酬所得税税率因实际上相当于特殊的三级超额累进税率，因此其应纳税额的计算公式为：

$$应纳税额 = 应纳税所得额 \times 适用税率 - 速算扣除数$$

例 7-16 张某房屋出租给赵某，5 月份的应纳所得税额为 3 360 元。试计算张某应纳税额。

张某应纳税额 = 3 360 × 10% = 336（元）

> **注意**
> 财产租赁所得适用税率为 20%，但对个人按市场价格出租的居民住房取得的所得，暂减按 10% 征收。

例 7-17 孙某转让汽车一辆，获得应纳税所得额 35 000 元。试计算其应纳税额。

孙某应纳税额 = 35 000 × 20% = 7 000（元）

例 7-18 王某在有奖销售活动中中特等奖，应纳税所得额为 20 000 元。试计算其应纳税额。

王某应纳税额 = 20 000 × 20% = 4 000（元）

四、计算应纳税额应注意的问题

（一）全年一次性奖金的征税规定

居民个人取得全年一次性奖金，符合相关规定的，在 2023 年 12 月 31 日前，不并入当年综合所得，以全年一次性奖金收入除以 12 个月得到的数额，按照按月换算后的综合所得税率表，确定适用税率和速算扣除数，单独计算纳税。其计算公式为：

$$应纳税额 = 全年一次性奖金收入 \times 适用税率 - 速算扣除数$$

居民个人取得全年一次性奖金，也可以选择并入当年综合所得计算纳税。

（二）税额扣除

居民纳税义务人从中国境外取得的所得应单独计算应纳税额，可以从其应纳税额中抵免已在境外缴纳的个人所得税额，但抵免额不得超过其境外所得依照我国税法计算的应纳税额。如果国外税负较重，境外已纳税额超过其境外所得依照我国税法计算的应纳税额（扣除限额）时，则其超过部分当年不得扣除，但是可以在以后纳税年度的该国家或地区扣除限额的余额中补扣。补扣期限最长不得超过 5 年。

纳税义务人依照税法规定申请扣除已在境外缴纳的个人所得税税额时，应当提供境外税务机关填发的完税凭证原件。

例 7-19 某外商投资企业聘用一美籍工程师，该工程师已在该公司工作 6 年以上，月薪 30 800 元。他将美国的住处出租，月租金折合人民币 15 000 元，在美国每月就该笔租金收入缴纳个人所得税折合人民币 2 000 元。试计算 2024 年该工程师在我国每月应缴纳的个人所得税。

工资、薪金所得应纳税额计算如下：

月应纳税所得额=30 800-5 000=25 800（元）

月预缴个人所得税税额=25 800×25%-2 660=3 790（元）

年应纳税所得额=30 800×12-60 000=309 600（元）

年汇算应纳税额=309 600×25%-31 920=45 480（元）

实际已预缴税额=3 790×12=45 480（元）

根据以上计算，汇算清缴时工资项目不用补税。

财产租赁所得每月应纳税额计算如下。

扣除限额＝15 000×（1-20%）×20%＝2 400（元）

境外所得应补税额＝2 400-2 000＝400（元）

（三）纳税调整

有下列情形之一的，税务机关有权按照合理方法进行纳税调整。

① 个人与其关联方之间的业务往来不符合独立交易原则而减少本人或其关联方应纳税额，且无正当理由。

② 居民个人控制的，或者居民个人和居民企业共同控制的设立在实际税负明显偏低的国家（地区）的企业，无合理经营需要，对应当归属于居民个人的利润不做分配或减少分配。

③ 个人实施其他不具有合理商业目的的安排而获取不当税收利益。

税务机关依照上述规定做出纳税调整，需要补征税款的，应当补征税款，并依法加收利息。

任务二　个人所得税业务的会计处理

一、会计科目的设置

为了准确反映应纳个人所得税的计算和缴纳情况，按照规定，应在"应交税费"科目下设置"应交个人所得税"科目，借方反映已经缴纳的个人所得税税额，贷方反映尚未缴纳的个人所得税税额。

二、会计处理

（一）自行申报个人所得税会计处理

个人所得税的会计处理

对采用自行申报缴纳个人所得税的纳税人，除实行查账征收的个体工商户外，一般不需要进行会计核算。实行查账征收的个体工商户，其应缴纳的个人所得税税额，在计提时借记"所得税"科目，贷记"应交税费——应交个人所得税"等科目；实际缴纳时，借记"应交税费——应交个人所得税"科目，贷记"银行存款"科目。

 例7-20　某个体工商户计算应缴纳的个人所得税税额为525元。

相关会计处理如下。

（1）计提个人所得税时编制的会计分录

借：留存利润　　　　　　　　　　　　　525

　　贷：应交税费——应交个人所得税　　　　525

（2）实际缴纳税款时编制的会计分录

借：应交税费——应交个人所得税　　　　　　　　　　　　　　　525
　　贷：银行存款　　　　　　　　　　　　　　　　　　　　　　525

（二）代扣代缴个人所得税会计处理

1. 工资、薪金所得代扣代缴个人所得税的会计处理

企业在计提工资、薪金所得个人所得税时，借记"应付职工薪酬""应付账款"等科目，贷记"应交税费——应交个人所得税"科目；实际缴纳时，借记"应交税费——应交个人所得税"科目，贷记"银行存款"科目。

 例 7-21　某外商投资企业代扣代缴外籍人员史密斯的工资所得个人所得税 7 805 元。

相关会计处理如下。

（1）计提时编制的会计分录

借：应付职工薪酬　　　　　　　　　　　　　　　　　　　　　7 805
　　贷：应交税费——应交个人所得税　　　　　　　　　　　　　7 805

（2）实际缴纳税款时编制的会计分录

借：应交税费——应交个人所得税　　　　　　　　　　　　　　7 805
　　贷：银行存款　　　　　　　　　　　　　　　　　　　　　　7 805

2. 其他所得代扣代缴个人所得税会计处理

企业代扣除工资、薪金所得以外的个人所得税时，根据个人所得项目的不同，应分别借记"应付债券""应付股利""应付账款""其他应付款"等科目，贷记"应交税费——应交个人所得税"科目；实际缴纳时，借记"应交税费——应交个人所得税"科目，贷记"银行存款"科目。

例 7-22　某单位支付兼职人员酬金 64 000 元，代扣代缴个人所得税 3 880 元。

相关会计处理如下。

（1）支付酬金时编制的会计分录

借：其他应付款　　　　　　　　　　　　　　　　　　　　　　64 000
　　贷：应交税费——应交个人所得税　　　　　　　　　　　　　3 880
　　　　银行存款　　　　　　　　　　　　　　　　　　　　　60 120

（2）实际缴纳税款时编制的会计分录

借：应交税费——应交个人所得税　　　　　　　　　　　　　　3 880
　　贷：银行存款　　　　　　　　　　　　　　　　　　　　　　3 880

任务三　个人所得税的申报和缴纳

一、纳税方法和纳税申报表类别

（一）纳税方法

我国个人所得税采取源泉扣缴和自行申报纳税两种方法，以源泉扣缴为主。

1. 源泉扣缴

个人所得税虽以所得人为纳税义务人，但以支付所得的单位或个人为扣缴义务人。扣缴义

务人应当按照国家规定办理全员全额扣缴申报。所谓全员全额扣缴申报，是指扣缴义务人在代扣税款的次月内，向主管税务机关报送其支付所得个人的基本信息、支付所得数额、扣缴税款的具体数额和总额及其他相关涉税信息，而不论其是否属于本单位人员、支付的应税所得是否达到纳税标准。

税务机关对扣缴义务人按照所扣缴的税款，付给2%的手续费。

除经营所得外，其余所得均实行全员全额扣缴申报。扣缴义务人应当按照国家规定办理全员全额扣缴申报，并向纳税人提供其个人所得和已扣缴税款等信息。

纳税人有中国公民身份号码的，以中国公民身份号码为纳税人识别号；纳税人没有中国公民身份号码的，由税务机关赋予其纳税人识别号。扣缴义务人扣缴税款时，纳税人应当向扣缴义务人提供纳税人识别号。

2．自行申报纳税

自行申报纳税是由纳税人在规定的纳税期限内，向税务机关申报取得的应税所得项目和数额，并根据税法规定计算应纳税额，据以缴纳个人所得税、填写纳税申报表的一种方法。

有下列情形之一的，纳税人应当依法办理纳税申报。

① 取得综合所得，需要办理汇算清缴。
② 取得应税所得，没有扣缴义务人。
③ 取得应税所得，扣缴义务人未扣缴税款。
④ 取得境外所得。
⑤ 因移居境外注销中国户籍。
⑥ 非居民个人在中国境内从两处以上取得工资、薪金所得。
⑦ 国务院规定的其他情形。

个人所得超过国务院规定数额的，在两处以上取得工资、薪金所得或没有扣缴义务人的，以及具有国务院规定的其他情形的，纳税义务人应当按照国家规定办理纳税申报。

（二）纳税申报表类别

为进一步优化纳税服务，加强税收征管，2019年国家税务总局修订发布了关于个人所得税申报表的公告（国家税务总局公告2019年第46号），自2020年1月1日起执行使用新的个人所得税纳税申报表。修订后，个人所得税纳税申报表主要包括基础信息登记类2张、扣缴申报类3张、自行申报类4张、经营所得类3张、其他申报表3张。各表的名称、适用范围和申报类型如表7-1所示。

表7-1　个人所得税纳税申报表的名称、适用范围和申报类型

序号	申报表名称	适用范围	申报类型
1	个人所得税基础信息表（A表）	适用于扣缴义务人办理全员全额扣缴申报时，填报其支付所得的自然人纳税人的基础信息	基础信息登记类
	个人所得税基础信息表（B表）	适用于自然人直接向税务机关办理涉税事项时填报其个人基础信息	
2	个人所得税扣缴申报表	适用于扣缴义务人向居民个人支付工资、薪金所得，劳务报酬所得，稿酬所得和特许权使用费所得的个人所得税全员全额扣预缴申报；向非居民个人支付工资、薪金所得，稿酬所得和特许权使用费所得的个人所得税全员全额预扣预缴申报；以及向纳税人（居民个人和非居民个人）支付利息、股息、红利所得，财产租赁所得，财产转让所得和偶然所得的个人所得税全员全额扣预缴申报	扣缴申报类

(续表)

序号	申报表名称	适用范围	申报类型
2	限售股转让所得扣缴个人所得税报告表	适用于证券机构预扣预缴,或者直接代扣代缴限售股转让所得个人所得税的申报	扣缴申报类
	单一投资基金核算的合伙制创业投资企业个人所得税扣缴申报表	适用于选择按单一投资基金核算的创业投资企业按规定办理年度股权转让所得扣缴申报	
3	个人所得税自行纳税申报表(A表)	适用于居民个人取得应税所得,扣缴义务人未扣缴税款,非居民个人取得应税所得扣缴义务人未扣缴税款,非居民个人在中国境内从两处以上取得工资、薪金所得等情形在办理自行纳税申报时,向税务机关报送	自行申报类
	个人所得税年度自行纳税申报表(A表)(简易版)(问答版)	A表适用于纳税年度内仅从中国境内取得工资、薪金所得,劳务报酬所得,稿酬所得,特许权使用费所得(以下称综合所得)的居民个人,按税法规定进行年度汇算 简易版适用于纳税年度内仅从中国境内取得综合所得,且年综合所得收入额不超过6万元的居民个人,按税法规定进行年度汇算 问答版通过提问的方式引导居民个人完成纳税申报,适用于纳税年度内仅从中国境内取得综合所得的居民个人,按税法规定进行年度汇算	
	个人所得税年度自行纳税申报表(B表)及境外所得个人所得税抵免明细表	适用于纳税年度内取得境外所得的居民个人,按税法规定进行个人所得税年度自行申报。同时,办理境外所得纳税申报时,需一并附报境外所得个人所得税抵免明细表,以便计算其取得境外所得的抵免限额	
	限售股转让所得个人所得税清算申报表	适用于纳税人取得限售股转让所得已预扣预缴个人所得税款的清算申报	
4	个人所得税经营所得纳税申报表(A表)	适用于查账征收和核定征收的个体工商户业主、个人独资企业投资人、合伙企业个人合伙人、承包承租经营者个人及其他从事生产、经营活动的个人在中国境内取得经营所得,按税法规定办理个人所得税预缴纳税申报	经营所得类
	个人所得税经营所得纳税申报表(B表)	适用于查账征收的个体工商户业主、个人独资企业投资者、合伙企业个人合伙人、承包承租经营者个人及其他从事生产、经营活动的个人在中国境内取得经营所得的汇算清缴申报	
	个人所得税经营所得纳税申报表(C表)	适用于个体工商户业主、个人独资企业投资者、合伙企业个人合伙人、承包承租经营者个人及其他从事生产、经营活动的个人在中国境内两处及以上取得经营所得,办理个人所得税的年度汇总纳税申报	
5	个人所得税减免税事项报告表	适用于个人在纳税年度内发生减免税事项,扣缴义务人预扣预缴时或个人自行纳税申报时填报享受税收优惠	其他申报表
	合伙制创业投资企业单一投资基金核算方式备案表	适用于创业投资企业(含创投基金)选择按单一投资基金核算,按规定向主管税务机关进行核算类型备案	
	代扣代缴手续费申请表申报表	适用于扣缴义务人申请个人所得税代扣代缴手续费	

二、纳税申报流程和应用举例

1. 个人所得税的自行纳税申报流程

1) 按照要求填报个人所得税基础信息表(B表),如表7-2所示。

2) 按照要求填写个人所得税年度自行纳税申报表(A表),如表7-3所示。

纳税人应如实填写个人所得税纳税申报表,并在规定的时间申报缴纳税款。一般来讲,纳税人应在取得应纳税所得的次月15日内向主管税务机关申报所得并缴纳税款,年度终了后再汇算清缴。

自然人纳税人自行申报的纳税申报表有4种,包括个人所得税自行纳税申报表(A表)、个人所得税年度自行纳税申报表(A表)(简易版)(问答版)、个人所得税年度自行纳税申报表(B表)及境外所得个人所得税抵免明细表和限售股转让所得个人所得税清算申报表。生产经营纳税人自行纳税申报的申报表有3种,包括个人所得税经营所得纳税申报表(A表)(见表7-4)、个人所得税经营所得纳税申报表(B表)和个人所得税经营所得纳税申报表(C表)。

表 7-2　个人所得税基础信息表（B 表）

（适用于自然人填报）

纳税人识别号：□□□□□□□□□□□□□□□□□□

基本信息（带*必填）				
基本信息	*纳税人姓名	中文名	英文名	
	*身份证件	证件类型一	证件号码	
		证件类型二	证件号码	
	*国籍/地区		*出生日期	年　月　日
联系方式	户籍所在地	省（区、市）　　市　　区（县）　　街道（乡、镇）_____			
	经常居住地	省（区、市）　　市　　区（县）　　街道（乡、镇）_____			
	联系地址	省（区、市）　　市　　区（县）　　街道（乡、镇）_____			
	*手机号码		电子邮箱	
其他信息	开户银行		银行账号	
	学历	□研究生　　□大学本科　　□大学本科以下			
	特殊情形	□残疾　残疾证号_____　　□烈属　烈属证号_____　　□孤老			
任职、受雇、从业信息				
任职受雇从业单位一	名称		国家/地区	
	纳税人识别号（统一社会信用代码）		任职受雇从业日期　年　月	离职日期　年　月
	类型	□雇员　□保险营销员　□证券经纪人　□其他	职务	□高层　□其他
任职受雇从业单位二	名称		国家/地区	
	纳税人识别号（统一社会信用代码）		任职受雇从业日期　年　月	离职日期　年　月
	类型	□雇员　□保险营销员　□证券经纪人　□其他	职务	□高层　□其他
该栏仅由投资者纳税人填写				
被投资单位一	名称		国家/地区	
	纳税人识别号（统一社会信用代码）		投资额（元）	投资比例
被投资单位二	名称		国家/地区	
	纳税人识别号（统一社会信用代码）		投资额（元）	投资比例
该栏仅由华侨、港澳台、外籍个人填写（带*必填）				
*出生地			*首次入境时间	年　月　日
*性别			*预计离境时间	年　月　日
*涉税事由	□任职受雇　□提供临时劳务　□转让财产　□从事投资和经营活动　□其他			

谨声明：本表是根据国家税收法律法规及相关规定填报的，是真实的、可靠的、完整的。

　　　　　　　　　　　　　　　　　　　　　　　纳税人（签字）：　　　　　年　月　日

经办人签字：	受理人：
经办人身份证件号码：	受理税务机关（章）：
代理机构签章：	受理日期：　　年　月　日
代理机构统一社会信用代码：	

表 7-3　个人所得税年度自行纳税申报表（A 表）
（仅取得境内综合所得年度汇算适用）

税款所属期：　　年　　月　　日至　　年　　月　　日

纳税人姓名：＿＿＿＿＿＿＿＿＿

纳税人识别号：□□□□□□□□□□□□□□□□□-□□　　　　　　金额单位：人民币元（列至角分）

基本情况				
手机号码	＿＿＿＿＿	电子邮箱 ＿＿＿＿＿		邮政编码 □□□□□□
联系地址	＿＿＿省（区、市）＿＿＿市＿＿＿区（县）＿＿＿街道（乡、镇）＿＿＿			
纳税地点（单选）				
1. 有任职受雇单位的，需选本项并填写"任职受雇单位信息"：			□任职受雇单位所在地	
任职受雇单位信息	名称			
	纳税人识别号	□□□□□□□□□□□□□□□		
2. 没有任职受雇单位的，可以从本栏次选择一地：			□户籍所在地　　□经常居住地	
户籍所在地/经常居住地	＿＿＿省（区、市）＿＿＿市＿＿＿区（县）＿＿＿街道（乡、镇）＿＿＿			
申报类型（单选）				
□首次申报			□更正申报	
综合所得个人所得税计算				

项　目	行　次	金　额
一、收入合计（第 1 行=第 2 行+第 3 行+第 4 行+第 5 行）	1	
（一）工资、薪金	2	
（二）劳务报酬	3	
（三）稿酬	4	
（四）特许权使用费	5	
二、费用合计［第 6 行=（第 3 行+第 4 行+第 5 行）×20%］	6	
三、免税收入合计（第 7 行=第 8 行+第 9 行）	7	
（一）稿酬所得免税部分［第 8 行=第 4 行×（1-20%）×30%］	8	
（二）其他免税收入（附报个人所得税减免税事项报告表）	9	
四、减除费用	10	
五、专项扣除合计（第 11 行=第 12 行+第 13 行+第 14 行+第 15 行）	11	
（一）基本养老保险费	12	
（二）基本医疗保险费	13	
（三）失业保险费	14	
（四）住房公积金	15	
六、专项附加扣除合计（附报个人所得税专项附加扣除信息表）（第 16 行=第 17 行+第 18 行+第 19 行+第 20 行+第 21 行+第 22 行）	16	
（一）子女教育	17	
（二）继续教育	18	
（三）大病医疗	19	
（四）住房贷款利息	20	
（五）住房租金	21	
（六）赡养老人	22	
七、其他扣除合计（第 23 行=第 24 行+第 25 行+第 26 行+第 27 行+第 28 行）	23	
（一）年金	24	
（二）商业健康保险（附报商业健康保险税前扣除情况明细表）	25	
（三）税延养老保险（附报个人税收递延型商业养老保险税前扣除情况明细表）	26	
（四）允许扣除的税费	27	
（五）其他	28	
八、准予扣除的捐赠额（附报个人所得税公益慈善事业捐赠扣除明细表）	29	

项目七　个人所得税实务

（续表）

项　目	行　次	金　额
九、应纳税所得额（第30行=第1行-第6行-第7行-第10行-第11行-第16行-第23行-第29行）	30	
十、税率（%）	31	
十一、速算扣除数	32	
十二、应纳税额（第33行=第30行×第31行-第32行）	33	
全年一次性奖金个人所得税计算		
（无住所居民个人预判为非居民个人取得的数月奖金，选择按全年一次性奖金计税的填写本部分）		
一、全年一次性奖金收入	34	
二、准予扣除的捐赠额（附报个人所得税公益慈善事业捐赠扣除明细表）	35	
三、税率（%）	36	
四、速算扣除数	37	
五、应纳税额［第38行=（第34行-第35行）×第36行-第37行］	38	
税额调整		
一、综合所得收入调整额（需在"备注"栏说明调整具体原因、计算方式等）	39	
二、应纳税额调整额	40	
应补/退个人所得税计算		
一、应纳税额合计（第41行=第33行+第38行+第40行）	41	
二、减免税额（附报"个人所得税减免税事项报告表"）	42	
三、已缴税额	43	
四、应补/退税额（第44行=第41行-第42行-第43行）	44	
无住所个人附报信息		
纳税年度内在中国境内居住天数　　　　　　已在中国境内居住年数		
退税申请		
（应补/退税额小于0的填写本部分）		
□申请退税（需填写"开户银行名称""开户银行省份""银行账号"）　　□放弃退税		
开户银行名称　　　　　　　　　　　　　开户银行省份		
银行账号		
备　　注		

谨声明：本表是根据国家税收法律法规及相关规定填报的，本人对填报内容（附带资料）的真实性、可靠性、完整性负责。

　　　　　　　　　　　　　　　　　　　　　　　　　纳税人签字：　　　　　　年　　月　　日

经办人签字：	受理人：
经办人身份证件类型：	
经办人身份证件号码：	受理税务机关（章）：
代理机构签章：	
代理机构统一社会信用代码：	受理日期：　　年　　月　　日

国家税务总局监制

表 7-4　个人所得税经营所得纳税申报表（A 表）

税款所属期：　　年　月　日至　　年　月　日

纳税人姓名：

纳税人识别号：□□□□□□□□□□□□□□□□□□　　　　金额单位：人民币元（列至角分）

被投资单位信息		
名称		
纳税人识别号（统一社会信用代码）	□□□□□□□□□□□□□□□□□□	
征收方式（单选）		
□查账征收（据实预缴）　　□查账征收（按上年应纳税所得额预缴）　　□核定应税所得率征收 □核定应纳税所得额征收　　□税务机关认可的其他方式 _____		
个人所得税计算		
项目	行次	金额/比例
一、收入总额	1	
二、成本费用	2	
三、利润总额（第 3 行=第 1 行-第 2 行）	3	
四、弥补以前年度亏损	4	
五、应税所得率（%）	5	
六、合伙企业个人合伙人分配比例（%）	6	
七、允许扣除的个人费用及其他扣除（第 7 行=第 8 行+第 9 行+第 14 行）	7	
（一）投资者减除费用	8	
（二）专项扣除（第 9 行=第 10 行+第 11 行+第 12 行+第 13 行）	9	
1. 基本养老保险费	10	
2. 基本医疗保险费	11	
3. 失业保险费	12	
4. 住房公积金	13	
（三）依法确定的其他扣除（第 14 行=第 15 行+第 16 行+第 17 行）	14	
1.	15	
2.	16	
3.	17	
八、准予扣除的捐赠额（附报个人所得税公益慈善事业捐赠扣除明细表）	18	
九、应纳税所得额	19	
十、税率（%）	20	
十一、速算扣除数	21	
十二、应纳税额（第 22 行=第 19 行×第 20 行-第 21 行）	22	
十三、减免税额（附报个人所得税减免税事项报告表）	23	
十四、已缴税额	24	
十五、应补/退税额（第 25 行=第 22 行-第 23 行-第 24 行）	25	

(续表)

备 注
谨声明：本表是根据国家税收法律法规及相关规定填报的，本人对填报内容（附带资料）的真实性、可靠性、完整性负责。
纳税人签字： 年 月 日

经办人签字：	受理人：
经办人身份证件类型：	
经办人身份证件号码：	受理税务机关（章）：
代理机构签章：	
代理机构统一社会信用代码：	受理日期： 年 月 日

国家税务总局监制

3）提供收入证明文件，应包括单位全称、居民身份证或其他身份证件号码（注明身份证件类型），全年收入金额申报纳税年度应纳、已纳、应补、应退个人所得税金额，并加盖证明单位的公章。

4）复印个人身份证件。

5）整理自行纳税申报材料。

6）纳税申报并缴纳税款。

如果委托他人代为申请，则还应一并提交由被代理人签字的授权委托书、代理人身份证件复印件。

2. 个人所得税的扣缴申报流程

扣缴申报是指按照税法规定负有扣缴税款义务的单位或个人，在向个人支付应纳税所得额时，应计算应纳个人所得税税额，并从其所得中扣除。扣缴义务人应当按照国家规定办理全员全额扣缴申报。全员全额扣缴申报是指扣缴义务人向个人支付应税所得时，不论其是否属于本单位人员、支付的应税所得是否达到纳税标准，扣缴义务人均应在代扣税款的次月内，向主管税务机关报送其支付所得个人的基本信息、支付所得数额、扣缴税款的具体数额和总额及其他相关涉税信息。

1）按照要求填写个人所得税基础信息表（A表），如表7-5所示。

2）按照要求填写个人所得税扣缴申报表，如表7-6所示。

扣缴义务人填写的申报表有3种，包括个人所得税扣缴申报表、限售股转让所得扣缴个人所得税报告表、单一投资基金核算的合伙创业投资企业个人所得税扣缴申报表。

3）整理自行纳税申报材料。

4）纳税申报并缴纳税款。

扣缴义务人每月所扣的税款，应当在次月15日内缴入国库，并向税务机关报送代扣代收税款凭证、纳税申报表及税务机关要求的其他资料。

表 7-5 个人所得税基础信息表（A 表）
（适用于扣缴义务人填报）

扣缴义务人名称：

扣缴义务人纳税人识别号（统一社会信用代码）：□□□□□□□□□□□□□□□□□□

序号	纳税人基本信息（带*必填）					任职受雇从业信息				联系方式				银行账户		投资信息		其他信息		华侨、港澳台、外籍个人信息（带*必填）					备注
	*纳税人识别号	*纳税人姓名	*身份证件类型	*身份证件号码	*出生日期	*国籍/地区	类型	职务	学历	任职受雇从业日期	离职日期	手机号码	户籍所在地	经常居住地	联系地址	电子邮箱	开户银行	银行账号	投资额/元	投资比例	是否残疾/孤老/烈属	残疾/烈属证号	*出生地	*性别	*首次入境时间	*预计离境时间	*涉税事由	
1	2	3	4	5	6	7	8	9	10	11	12	13	14	15	16	17	18	19	20	21	22	23	24	25	26	27	28	29

谨声明：本表是根据国家税收法律法规及相关规定填报的，是真实的、可靠的、完整的。

扣缴义务人（签章）： 　　　年　　月　　日

经办人签字：	受理人：
经办人身份证件号码：	
代理机构签章：	受理税务机关（章）：
代理机构统一社会信用代码：	受理日期：　　年　　月　　日

项目七 个人所得税实务

表7-6 个人所得税扣缴申报表

税款所属期： 年 月 日至 年 月 日

扣缴义务人名称：

扣缴义务人纳税人识别号（统一社会信用代码）：□□□□□□□□□□□□□□□□□□ 金额单位：人民币元（列至角分）

序号	姓名	身份证件类型	身份证件号码	纳税人识别号	是否为非居民个人	所得项目	本月（次）情况													累计情况										税款计算								备注
							收入额计算			专项扣除				其他扣除						累计收入额	累计减除费用	累计专项扣除	累计专项附加扣除					累计其他扣除	准予扣除的捐赠额	减按计税比例	应纳税所得额	税率/预扣率	速算扣除数	应纳税额	减免税额	已缴税额	应补/退税额	
							收入	费用	免税收入	基本养老保险费	基本医疗保险费	失业保险费	住房公积金	年金	商业健康保险	税延养老保险	财产原值	允许扣除的税费	其他				子女教育	继续教育	住房贷款利息	住房租金	赡养老人	3岁以下婴幼儿照护											
1	2	3	4	5	6	7	8	9	10	11	12	13	14	15	16	17	18	19	20	21	22	23	24	25	26	27	28	29	30	31	32	33	34	35	36	37	38	39	40	41
合计																																								

谨声明：本表是根据国家税收法律法规及相关规定填报的，是真实的、可靠的、完整的。

扣缴义务人（签章）：   年 月 日

经办人签字：	受理人：
经办人身份证件号码：	
代理机构签章：	受理税务机关（章）：
代理机构统一社会信用代码：	受理日期： 年 月 日

三、税款缴纳

（一）纳税期限

居民个人取得综合所得，按年计算个人所得税税额；有扣缴义务人的，由扣缴义务人按月或按次预扣预缴税款；需要办理汇算清缴的，应当在取得所得的次年3月1日至6月30日内办理汇算清缴。预扣预缴办法由国务院税务主管部门制定。

居民个人向扣缴义务人提供专项附加扣除信息的，扣缴义务人按月预扣预缴税款时应当按照规定予以扣除，不得拒绝。

非居民个人取得工资薪金所得、劳务报酬所得、稿酬所得和特许权使用费所得，有扣缴义务人的，由扣缴义务人按月或按次代扣代缴税款，不办理汇算清缴。

纳税人取得经营所得，按年计算个人所得税税额，由纳税人在月度或季度终了后15日内向税务机关报送纳税申报表，并预缴税款；在取得所得的次年3月31日前办理汇算清缴。

纳税人取得利息、股息、红利所得，财产租赁所得，财产转让所得，以及偶然所得，按月或按次计算个人所得税税额，有扣缴义务人的，由扣缴义务人按月或按次代扣代缴税款。

纳税人取得应税所得没有扣缴义务人的，应当在取得所得的次月15日内向税务机关报送纳税申报表，并缴纳税款。

纳税人取得应税所得，扣缴义务人未扣缴税款的，纳税人应当在取得所得的次年6月30日前缴纳税款；税务机关通知限期缴纳的，纳税人应当按照期限缴纳税款。

居民个人从中国境外取得所得的，应当在取得所得的次年3月1日至6月30日内申报纳税。

非居民个人在中国境内从两处以上取得工资、薪金所得的，应当在取得所得的次月15日内申报纳税。

纳税人因移居境外注销中国户籍的，应当在注销中国户籍前办理税款清算。

扣缴义务人每月或每次预扣、代扣的税款，应当在次月15日内缴入国库，并向税务机关报送个人所得税扣缴申报表。

> **注意**
>
> 各项所得的计算，以人民币为单位。所得为外国货币的，按照人民币汇率中间价折合成人民币缴纳税款。

（二）纳税地点

源泉扣缴的纳税地点为支付个人应纳税所得的企事业单位、机关、社会组织、军队、驻华机构、个体户等单位或个人的主管税务机关所在地。

自行申报纳税的地点一般为收入来源地的主管税务机关。纳税人从两地或两地以上取得工资薪金所得的，可选择并固定其中一地税务机关申报纳税；从境外取得所得的，应向境内户籍所在地或经常居住地的税务机关申报纳税。纳税人要变更申报地点，需要经原主管税务机关的批准。

工作完成情况

① 工资、薪金所得应纳税额计算如下。

每月应纳税所得额 = 6 000 − 5 000 = 1 000（元）

每月应预缴税额 = 1 000 × 3% = 30（元）

全年应预缴税额 = 30 × 12 = 360（元）

王好学任职单位为个人所得税扣缴义务人，每月相关会计处理如下。

借：应付职工薪酬——工资　　　　　　　　　　　　　30

　　贷：应交税费——应交个人所得税　　　　　　　　　　　30

借：应交税费——应交个人所得税　　　　　　　　　30

　　贷：银行存款　　　　　　　　　　　　　　　　　　　30

② 在 A 国劳务报酬计算如下。

应纳税所得额=60 000×（1－20%）=48 000（元）

应预缴税额＝36 000×3%+（48 000－36 000）×10%＝2 280（元）

缴纳的个人所得税款 15 000 元高于按我国税法计算的应纳税额 2 280 元，可抵免税额 2 280 元，不补税。

③ 稿酬所得计算如下。

应纳税所得额=40 000×（1－20%）×70%=22 400（元）

应预缴税额＝22 400×3%＝672（元）

④ 综合所得应纳税额计算过程如下。

收入额=6 000×12+60 000×（1－20%）+40 000×（1－20%）×70%+22 400=142 400（元）

年应纳税所得额=142 400－60 000=82 400（元）

年应纳税额=36 000×3%+（82 400－36 000）×10%=5 720（元）

年预缴税额=360+672=1 032（元）

抵免税额=2 280（元）

应补税额＝5 720－132－2 280＝2 408（元）

⑤ 保险赔款所得免税。

⑥ 存款利息免征所得税。

债券利息所得应纳税额＝2 100×20%＝420（元）

⑦ 中奖所得应纳税所得额为 20 000 元，通过教育部门的捐赠 4 000 元未超过最大扣除额 6 000（20 000×30%）元，因此准予全部扣除。

应纳税额＝（20 000－4 000）×20%＝3 200（元）

因此，王好学 2024 年度应纳税额如下。

应纳税额＝5 720＋420＋3 200＝9 340（元）

专家评价

计算过程完全正确。

技能训练

试题自测

一、判断题

1. 个人所得税的纳税义务人既包括居民，也包括非居民。　（　）
2. 非居民纳税义务人只就来源于我国境外的所得向我国缴纳个人所得税。　（　）
3. 工资薪金所得、财产租赁所得和偶然所得，以每次收入额为应纳税所得额。　（　）
4. 适用累进税率应纳税额的计算，可按累进税率的原理分步计税，比较繁杂。　（　）
5. 退休工资也属于工资薪金所得，也应缴纳个人所得税。　（　）
6. 在我国境内无住所且在我国境内居住不满 183 天的个人为非居民个人，其来源于我国的所得免征个人所得税。　（　）

7. 任职、受雇于报纸、杂志等单位的记者、编辑等专业人员，在本单位以外的报纸、杂志上发表作品取得的所得，应与其当月工资收入合并，按"工资薪金所得"项目征税。（ ）

8. 个人对企事业单位承租、承包按经营所得征税。（ ）

9. 2008年1月1日起对个人取得的储蓄存款利息，暂免征收个人所得税。（ ）

10. 纳税义务人从中国境外取得的所得，已在境外缴纳个人所得税的，只要有正式凭据，无论多少，均可在其应纳税额中扣除。（ ）

11. 工资、薪金所得实行按年计征的办法。自2019年1月1日起，减除费用6 000元。（ ）

12. 个人所得税扣缴义务人应扣未扣、应收而不收税款的，由扣缴义务人补缴税款及滞纳金，并处罚款。（ ）

13. 子女教育、赡养老人等支出，属于个人所得税的专项扣除。（ ）

14. 居民纳税人应就中国境内、外取得所得缴纳个人所得税。（ ）

15. 个人购买国库券取得的利息不用缴纳个人所得税。（ ）

二、单选题

1. 财产转让所得中，可以扣除（ ）来计算应纳税所得额。
   A. 20%　　　B. 1 600元　　　C. 财产原值及合理费用　D. 财产原值

2. 股息、红利、利息所得应以（ ）为应纳税所得额。
   A. 每月收入额　B. 每年收入额　C. 每季收入额　　D. 每次收入额

3. 我国个人所得税以支付所得的单位或个人为（ ）。
   A. 纳税人　　B. 代征人　　C. 负税人　　D. 扣缴义务人

4. 在一个纳税年度内，一次离境不超过一定期限，多次离境累计不超过一定期限的，均为临时离境，仍应被视为全年在华居住而判定为居民纳税义务人。其期限规定分别是（ ）。
   A. 15日、45日　B. 30日、90日　C. 15日、60日　D. 30日、60日

5. 国内某作家的一篇小说先在晚报上连载5个月，每月取得稿酬2 000元，然后送交出版社出版，一次取得稿酬20 000元。该作家因此需要缴纳个人所得税（ ）元。
   A. 3 000　　　B. 16 800　　　C. 504　　　D. 3 360

6. 某高校教师为一民营企业做讲座两个月，每次讲课费1 000元，按月发放讲课酬金。第1个月讲4次，第2个月讲5次，则该教师应纳个人所得税（ ）元。
   A. 7 200　　　B. 270　　　C. 1 440　　　D. 216

7. 某教授8月因其编著的教材出版，获得稿酬9 000元，9月因教材加印又得稿酬1 000元，则该教授应纳个人所得税（ ）元。
   A. 168　　　B. 1 120　　　C. 2 400　　　D. 1 600

8. 赵某取得特许权使用费两次，一次收入为3 500元，另一次收入为4 500元，则赵某取得的特许权使用费应纳个人所得税（ ）元。
   A. 4 000　　　B. 240　　　C. 1 280　　　D. 192

9. 某歌星参加某单位（非任职单位）组织的商业演出活动，一次获得表演收入50 000元，通过教育部门向贫困山村义务教育捐赠10 000元，则其应纳个人所得税（ ）元。
   A. 6 000　　　B. 900　　　C. 7 000　　　D. 1 200

10. 个体工商户的生产经营所得应纳的个人所得税税款按年计算，分月预缴，则应在次月（ ）日内预缴。
    A. 5　　　B. 7　　　C. 10　　　D. 15

项目七　个人所得税实务

11．自2018年10月1日起，工资、薪金所得中的费用减除的标准是（　　）元。
　　A．10 000　　　B．3 200　　　C．3 500　　　D．5 000

12．2024年，中国公民黄某在境外某国取得劳务报酬所得收入40 000元，按该国税法规定缴纳个人所得税6 500元；取得偶然所得10 000元，按该国税法规定缴纳个人所得税3 000元。回国后，黄某实际应缴纳个人所得税（　　）元。
　　A．1 100　　　B．100　　　C．1 000　　　D．0

13．个人参加笔会现场作画取得的作画所得属于（　　）。
　　A．工资、薪金所得　　　　　　B．稿酬所得
　　C．劳务报酬所得　　　　　　　D．个体户经营所得

14．应缴纳个人所得税的所得是（　　）。
　　A．离退休工资　　B．国债利息　　C．企业债券利息　　D．保险赔款

15．对纳税人所得应按次征税的是（　　）。
　　A．工资、薪金所得　　　　　　B．个体工商户的生产经营所得
　　C．财产转让所得　　　　　　　D．承包承租经营所得

三、多选题

1．《中华人民共和国个人所得税法》将纳税义务人区分为居民和非居民所依据的标准有（　　）。
　　A．住所标准　　B．国籍标准　　C．居住时间标准　　D．意愿标准

2．我国个人所得税采用的税率有（　　）。
　　A．超额累进税率　B．全额累进税率　C．定额税率　　D．比例税率

3．免征个人所得税的所得有（　　）。
　　A．国家发行的金融债券利息　　B．稿酬所得
　　C．劳务报酬所得　　　　　　　D．保险赔款

4．应征个人所得税的所得有（　　）。
　　A．工资、薪金所得　　　　　　B．稿酬所得
　　C．资深院士津贴　　　　　　　D．国债

5．计征个人所得税时，允许从总收入中扣除20%的费用的项目有（　　）。
　　A．有奖销售中获奖2 400元　　　B．个体工商户生产经营所得10 000元
　　C．一次性取得咨询费收入3 600元　D．特许权使用费所得1 500元

6．要依法计征个人所得税的所得有（　　）。
　　A．翻译著作所获报酬　　　　　B．按照国家统一规定发给的安家费
　　C．房屋出租收入　　　　　　　D．国务院部委颁发的科学方面的奖金

7．属于劳务报酬所得的项目有（　　）。
　　A．发表论文取得的报酬　　　　B．提供著作的版权取得的报酬
　　C．演员外出表演取得的报酬　　D．高校老师受报社委托审稿取得的报酬

8．适用五级超额累进税率的项目有（　　）。
　　A．从事经纪服务所得　　　　　B．提供咨询服务所得
　　C．个体工商户生产经营所得　　D．合伙企业所得

9．经批准可以减征个人所得税的有（　　）。
　　A．军人的转业费、复员费　　　B．残疾、孤老人员和烈属的所得

C. 因严重自然灾害造成重大损失的　　D. 国家发行的金融债券利息和国债
10. 应当按照规定到主管税务机关办理纳税申报的个人有（　　　）。
   A. 从两处取得工资收入的　　　　　B. 个人所得超过国务院规定数额的
   C. 从中国境外取得所得的　　　　　D. 取得应纳税所得，没有扣缴义务人的
11. 个人所得税是世界各国普遍征收的一个税种，但各国的个人所得税规定有所不同。属于我国现行个人所得税特点的有（　　　）。
   A. 实行的是综合所得税制　　　　　B. 累进税率和定额税率并用
   C. 实行的是分类所得税制　　　　　D. 采取综合加分类两种征纳方法
12. 应按偶然所得征收个人所得税的有（　　　）。
   A. 存款利息所得　　　　　　　　　B. 参加有奖销售所得奖金
   C. 转让股票所得　　　　　　　　　D. 购买福利彩票所得奖金
13. 个人所得税目前的主要征收方式有（　　　）。
   A. 代扣代缴方式　　　　　　　　　B. 邮寄申报方式
   C. 定额征收方式　　　　　　　　　D. 自行申报方式
14. 个人取得的应纳税所得的形态包括（　　　）。
   A. 现金　　　　B. 实物　　　　C. 有价证券　　　　D. 荣誉
15. 4位专家共写一本教材，共得稿费35 000元。其中，一人分得主编费5 000元，其余稿费4人平分。其个人所得税纳税情况为（　　　）。
   A. 主编应纳税所得为7 000元　　　B. 主编应纳税收入为12 500元
   C. 主编一人应纳税210元　　　　　D. 主编应纳税收入为7 000元

四、思考题

1. 个人所得税11种应纳税所得额是如何确定的？其应纳税额怎样计算？
2. 年所得12万元以上的纳税人如何填制纳税申报表？
3. 实行查账征收的个体工商户如何进行个人所得税的会计处理？
4. 单位代扣代缴工资所得税如何进行会计处理？

五、业务题

1. 赵、钱、孙3位高校教师合译一本书，出版发行后共取得稿酬8 800元。假定按字数付稿酬，赵得5 500元、钱得2 700元、孙得600元。另外，赵取得国库券利息400元、孙取得保险赔款5 000元。
   要求：说明3位教师应如何纳税？
2. 某歌星2024年2月应邀到某地进行演出，取得演出收入50 000元。同年3至6月，连续4个月到一歌厅演出，每月平均演出15天，每天获酬劳100元。
   要求：计算该歌星应缴纳的个人所得税税额。
3. 某中国居民分别在中国境内甲、乙两地任职，当月在甲地取得工资2 500元、在乙地取得工资3 500元、一次性取得劳务报酬40 000元。
   要求：计算该居民应缴纳的个人所得税税额。
4. 张某在国内期刊上发表文章3篇，分别获稿酬700元、900元、5 000元。
   要求：计算张某应缴纳的个人所得税税额。
5. 张某为某一外商投资企业雇用的中方人员，假定2024年9月该外商投资企业支付给张某的薪金为7 200元，同月张某还收到其所在的派遣单位发给的工资1 900元。

项目七 个人所得税实务

要求：
（1）确定该外商投资企业、派遣单位应如何扣缴个人所得税。
（2）计算张某实际应缴的个人所得税税额。
（3）为该外商投资企业进行会计处理。

六、综合实训题

实训1

实训目的： 通过实训，学生能够熟练掌握个人所得税应纳税额的计算、纳税申报。
实训要求： 计算李某应纳个人所得税税额，填写申报表。
实训准备： 个人所得税申报表。
实训资料：
中国公民李某系自由职业者，以绘画为生。李某2024年1月至12月收入如下。
（1）一次取得绘画收入23 000元（人民币，下同）。
（2）在A国出版画册取得稿酬150 000元，在B国取得银行利息10 000元，已分别按收入来源国税法缴纳了个人所得税12 000元和2 500元。
（3）取得保险赔款200 000元。
（4）取得贷款利息5 000元。

实训2

实训目的： 掌握个人所得税应纳税额的计算、纳税申报。
实训要求： 计算陈教授6月份应纳个人所得税税额，填写申报表。
实训准备： 个人所得税申报表。
实训资料： 某大学陈教授2024年6月收入如下。
（1）工资收入7 800元。
（2）学校发上半年奖金4 000元。
（3）担任兼职律师取得收入80 000元，从中捐给"希望工程"教育基金会40 000元。
（4）取得稿酬所得3 800元。
（5）出售自有自用6年的家庭唯一住房，扣除当初购买住房的价值和售房时按规定支付的有关税费后，取得净收入120 000元。

项目八

企业所得税实务

学习目标

通过企业所得税实务的学习，使学生能够掌握办理年度企业所得税的技能，了解企业所得税政策和实务知识，学会企业所得税政策应用、会计处理、申报。引导学生感受国家税收政策的温度，激发学生的创新意识，培养创新能力，增强制度自信，培育爱国情怀。

工作过程

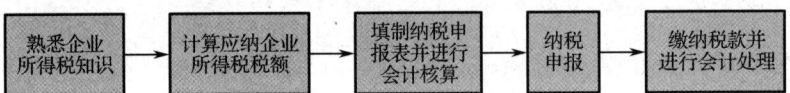

熟悉企业所得税知识 → 计算应纳企业所得税税额 → 填制纳税申报表并进行会计核算 → 纳税申报 → 缴纳税款并进行会计处理

工作场景

企业所得税事宜的办理

场景介绍	2024年4月20日下午，某工业企业负责纳税工作的会计黄某终于长松了一口气。这段时间他一直在搜集企业所得税的有关资料，并根据国家政策和企业实际情况计算应纳税额，今天下午企业所得税纳税申报表终于填完了。虽然学习并熟悉了我国新的企业所得税法，但仍担心计算不准确，给企业或国家带来损失，所以神经一直绷得很紧。黄某所在企业为增值税一般纳税人，搜集的纳税资料如下。 (1) 取得产品销售收入6 000万元，营业外收入30万元（固定资产处置的净收益）。 (2) 产品销售成本2 200万元。 (3) 销售税金2 365.46万元（其中，增值税646万元）。 (4) 发生销售费用800万元（其中，广告费500万元）。 (5) 发生管理费用777.86万元（其中，业务招待费35万元、新产品开发费用30万元）。 (6) 发生财务费用200万元〔其中，当年1月1日向其他非金融企业（非关联企业）签订生产性借款合同，记载借款金额800万元；借款期限1年，支付利息费用80万元，同期银行贷款的年利率为5%〕。 (7) 营业外支出45万元（其中，通过公益性社会团体向自然灾害地区捐款40万元；向有关部门支付罚款1万元；处置固定资产净损失4万元）。 (8) 连续12个月以上的权益性投资收益40万元。 (9) 全年计入成本、费用中的合理工资支出1 000万元；拨缴的工会经费20万元；实际发生的职工福利费150万元，支出职工教育经费30万元。 (10) 2022年12月31日购入某项机器设备，其取得成本为100万元，使用年限为10年，净残值为0。会计上采用直线法计提折旧（每年折旧额10万元已经计入成本费用），税法规定允许采用加速折旧按双倍余额递减法计列折旧（第1年的折旧额为20万元）。 (11) 2023年已预缴企业所得税50万元。 (12) 公司在A、B两国设有分支机构。汇回的A国机构的税后所得70万元，A国所得税税率30%；汇回的B国机构的税后所得40万元，B国所得税税率20%。在A、B两国分别已纳所得税30万元、10万元。假设两国与我国税法规定的应纳税所得额的计算相同。 除所列项目外，其他资产、负债项目不存在会计和税收的差异。 请问黄某应当如何做好所得税纳税申报工作，以完成2024年的所得税申报任务？
工作目标	正确计算应纳税额，填制纳税申报表，进行会计处理，进行纳税申报并按时缴纳税款
所需知识	企业所得税法律知识、所得税会计知识
已具备知识和技能	知识储备：企业所得税法律知识，包括纳税人、征收对象、应纳税额的计算、纳税期限、纳税地点。 技能储备：会企业所得税应纳税额的计算

项目八 企业所得税实务

任务一 计算企业所得税应纳税额

> 中华人民共和国主席令第六十四号:《全国人民代表大会常务委员会关于修改〈中华人民共和国企业所得税法〉的决定》已由中华人民共和国第十二届全国人民代表大会常务委员会第二十六次会议于2017年2月24日通过,现予公布,自公布之日起施行。

一、熟悉企业所得税政策

(一)确定纳税人和税率

在中华人民共和国境内,企业和其他取得收入的组织(以下统称企业)为企业所得税的纳税人,依照《中华人民共和国企业所得税法》(以下简称《企业所得税法》)的规定缴纳企业所得税。其中,企业分为居民企业和非居民企业。对居民企业和非居民企业的判断采用注册地与实际管理机构所在地的双重标准。个人独资企业、合伙企业不适用《企业所得税法》。

居民企业是指依法在中国境内成立,或者依照外国(地区)法律成立但实际管理机构在中国境内的企业。

非居民企业是指依照外国(地区)法律成立且实际管理机构不在中国境内,但在中国境内设立机构、场所的,或者在中国境内未设立机构、场所,但有来源于中国境内所得的企业。

居民企业来源于中国境内、境外的全部所得,非居民企业在中国境内设立机构、场所的,其所设机构、场所取得的来源于中国境内的所得,以及发生在中国境外但与其所设机构、场所有实际联系的所得,适用的企业所得税税率为25%。

非居民企业在中国境内未设立机构、场所,或者虽设立机构、场所但取得的所得与其所设机构、场所没有实际联系的,其来源于中国境内的所得,适用企业所得税税率为20%。

(二)确定征税对象

企业所得税的征税对象是企业的生产经营所得和其他所得,但并不是企业取得的任何一项所得都是企业所得税的征税对象。

① 居民企业应当就其来源于中国境内、境外的所得缴纳企业所得税。所得包括销售货物所得、提供劳务所得、转让财产所得、股息红利等权益性投资所得、利息所得、租金所得、特许权使用费所得、接受捐赠所得和其他所得。

② 非居民企业在中国境内设立机构、场所的,应当就其所设机构、场所取得的来源于中国境内的所得,以及发生在中国境外但与其所设机构、场所有实际联系的所得,缴纳企业所得税;非居民企业在中国境内未设立机构、场所的,或者虽设立机构、场所但取得的所得与其所设机构、场所没有实际联系的,应当就其来源于中国境内的所得缴纳企业所得税。

(三)计税依据

企业所得税的计税依据是年应纳税所得额。企业应纳税所得额的计算以权责发生制为原则。属于当期的收入和费用,不论款项是否收付,均作为当期的收入和费用;不属于当期的收入和费用,即使款项已经在当期收付,也不作为当期的收入和费用。《中华人民共和国企业所得税法实施条例》(以下简称《企业所得税法实施条例》)和国务院财政、税务主管部门另有规定的除外。应纳税所得额的计算一般有两种方法。

1. 直接计算法

在直接计算法下,企业每一纳税年度的收入总额减除不征税收入、免税收入、各项扣除及允许弥补的以前年度亏损后的余额,为应纳税所得额。其计算公式为:

$$年应纳税所得额=收入总额-不征税收入-免税收入-各项扣除-允许弥补的以前年度亏损$$

式中,亏损是指企业依照《企业所得税法》《企业所得税法实施条例》的规定将每一纳税年度的收入总额减除不征税收入、免税收入和各项扣除后小于0的数额;各项扣除是指企业实际发生的与取得收入有关的、合理的支出,包括成本、费用、税金、损失和其他支出,准予在计算应纳税所得额时扣除。除税法另有规定外,企业实际发生的成本、费用、税金、损失和其他支出,不得重复扣除。企业所发生的支出,是否准予在税前扣除,以及扣除范围和标准的大小,税法有明确的规定。这些支出直接决定着企业应纳税所得额的计算,进而影响到企业应纳税额的大小。

2. 间接计算法

在间接计算法下,在会计利润总额的基础上加上或减去按照税法规定调整的项目金额后,即为应纳税所得额。其计算公式为:

$$应纳税所得额=会计利润总额\pm纳税调整项目金额$$

纳税调整项目金额包括的内容,一是企业的财务会计处理和税法规定不一致的应予以调整的金额;二是企业按税法规定准予扣除的税收金额。

(四)非居民企业应纳税所得额的确定

非居民企业在中国境内未设立机构、场所的,或者虽设立机构、场所但取得的所得与其所设机构、场所没有实际联系的,其应纳税所得额按照下列方法计算。

① 股息、红利等权益性投资收益和利息、租金、特许权使用费所得,以收入全额为应纳税所得额。

② 转让财产所得,以收入全额减除财产净值后的余额为应纳税所得额。

③ 其他所得,参照前两项规定的方法计算应纳税所得额。

其中,收入全额是指非居民企业向支付人收取的全部价款和价外费用。

(五)应纳税额

应纳税额是指企业依照规定应向国家缴纳的税款。

居民企业的应纳税所得额乘以适用税率为应纳税额。如果有依法减征、免征和抵免的应纳税额,则应当从企业的应纳税额中减除。其计算公式为:

$$应纳税额=年应纳税所得额\times税率-减免税额-抵免税额$$

非居民企业的应纳税所得额乘以适用税率为应纳税额。其计算公式为:

$$应纳税额=年应纳税所得额\times税率$$

(六)征纳管理

1. 源泉扣缴

对非居民企业在中国境内未设立机构、场所的,或者虽设立机构、场所但取得的所得与其所设机构、场所没有实际联系的,取得所得应缴纳的所得税,实行源泉扣缴,以支付人为扣缴义务人。税款由扣缴义务人在每次支付或到期应支付时,从支付或到期应支付的款项中扣缴。

项目八 企业所得税实务

对非居民企业在中国境内取得工程作业和劳务所得应缴纳的所得税,税务机关可以指定工程价款或劳务费的支付人为扣缴义务人。扣缴义务人由县级以上税务机关指定,并同时告知扣缴义务人所扣税款的计算依据、计算方法、扣缴期限和扣缴方式。

扣缴义务人每次代扣的税款应当自代扣之日起7日内缴入国库,并向所在地的税务机关报送扣缴企业所得税报告表。

非居民企业在中国境内未设立机构、场所取得的来源于中国境内的所得,或者虽设立机构、场所但取得的所得与其所设机构、场所没有实际联系的,以扣缴义务人所在地为纳税地点。

扣缴义务人应当扣缴的所得税未依法扣缴或无法履行扣缴义务的,由纳税人在所得发生地缴纳。纳税人未依法缴纳的,税务机关可以从该纳税人在中国境内其他收入项目的支付人应付的款项中,追缴该纳税人的应纳税款。

2. 纳税期限

企业所得税按纳税年度计算。纳税年度自公历1月1日起至12月31日止。

企业在一个纳税年度中开业或终止经营活动,使该纳税年度的实际经营期不足12个月的,应当以其实际经营期为一个纳税年度;企业依法清算时,应当以清算期间作为一个纳税年度。

企业所得以人民币以外的货币计算的,预缴企业所得税时,应当按照月度或季度最后一日的人民币汇率中间价折合成人民币计算应纳税所得额。年度终了汇算清缴时,对已经按照月度或季度预缴税款的,不再重新折合计算,只就该纳税年度内未缴纳企业所得税的部分,按照纳税年度最后一日的人民币汇率中间价,折合成人民币计算应纳税所得额。

3. 纳税地点

除税收法律、行政法规另有规定外,居民企业以企业登记注册地为纳税地点。企业登记注册地是指企业依照国家有关规定登记注册的住所地。登记注册地在境外的,以实际管理机构所在地为纳税地点。居民企业在中国境内设立不具有法人资格的营业机构的,应当汇总计算并缴纳企业所得税。

非居民企业在中国境内设立的机构、场所取得的来源于中国境内的所得,以及发生在中国境外但与其所设机构、场所有实际联系的所得,以机构、场所所在地为纳税地点。非居民企业在中国境内设立两个或两个以上机构、场所的,经各机构、场所所在地税务机关的共同上级税务机关审核批准,可以选择由其主要机构、场所汇总缴纳企业所得税。

> **知识链接**
>
> **税收优惠政策**
>
> 国家对重点扶持和鼓励发展的产业和项目,给予企业所得税优惠。企业同时从事适用不同企业所得税待遇项目的,其优惠项目应当单独计算所得,并合理分摊企业的期间费用。没有单独计算的,不得享受企业所得税优惠。
>
> (一)税基式减免
>
> 1. 免税收入
>
> ① 国债利息收入,即企业持有国务院财政部门发行的国债取得的利息收入。
>
> ② 符合条件的居民企业之间的股息、红利等权益性投资收益,即居民企业直接投资于其他居民企业取得的投资收益。

③ 在中国境内设立机构、场所的非居民企业从居民企业取得与该机构、场所有实际联系的股息、红利等权益性投资收益。

第②、③项的股息、红利等权益性投资收益，不包括连续持有居民企业公开发行并上市流通的股票不足12个月取得的投资收益。

④ 符合条件的非营利组织的收入，不包括非营利组织从事营利性活动取得的收入，但国务院财政、税务主管部门另有规定的除外。

符合条件的非营利组织是指同时符合下列条件的组织。

① 依法履行非营利组织登记手续。

② 从事公益性或非营利性活动。

③ 取得的收入除用于与该组织有关的、合理的支出外，全部用于登记核定或章程规定的公益性或非营利性事业。

④ 财产及其孳息不用于分配。

⑤ 按照登记核定或章程规定，该组织注销后的剩余财产用于公益性或非营利性目的，或者由登记管理机关转赠给与该组织性质、宗旨相同的组织，并向社会公告。

⑥ 投入人对投入该组织的财产不保留或享有任何财产权利。

⑦ 工作人员工资福利开支控制在规定的比例内，不变相分配该组织的财产。

2. 减计收入

① 企业以《资源综合利用企业所得税优惠目录》规定的资源作为主要原材料，生产国家非限制和禁止并符合国家及行业相关标准的产品取得的收入，减按90%计入收入总额。原材料占生产产品材料的比例不得低于规定的标准。

② 自2019年6月1日起至2025年12月31日，社区提供养老、托育、家政等服务的机构，提供社区养老、托育、家政服务取得的收入，在计算应纳税所得额时，减按90%计入收入总额。社区包括城市社区和农村社区。

3. 加计扣除

企业为开发新技术、新产品、新工艺发生的研究开发费用，未形成无形资产计入当期损益的，在按照规定据实扣除的基础上，再按照实际发生额的100%在税前加计扣除；形成无形资产的，按照无形资产成本的200%在税前摊销。

4. 抵扣应纳税所得额

企业从事国家需要重点扶持和鼓励的创业投资，可以按投资额的一定比例抵扣应纳税所得额。抵扣应纳税所得额，是指创业投资企业采取股权投资方式投资于未上市的中小高新技术企业两年以上的，可以按照其投资额的70%在股权持有满两年的当年抵扣该创业投资企业的应纳税所得额。当年不足抵扣的，可以在以后纳税年度结转抵扣。

（二）税额式减免

① 企业从事农、林、牧、渔业项目的所得，可以免征、减征企业所得税，具体如下。

a．企业从事这些项目的所得，免征企业所得税：蔬菜、谷物、薯类、油料、豆类、棉花、麻类、糖料、水果、坚果的种植；农作物新品种的选育；中药材的种植；林木的培育和种植；牲畜、家禽的饲养；林产品的采集；灌溉、农产品初加工、兽医、农技推广、农机作业和维修等农、林、牧、渔服务业项目；远洋捕捞。

b．企业从事下列项目的所得，减半征收企业所得税：花卉、茶及其他饮料作物和香料作物的种植；海水养殖、内陆养殖。

企业从事国家限制和禁止发展的项目，不得享受此项企业所得税优惠。

② 从事国家重点扶持的公共基础设施项目投资经营的所得，自项目取得第一笔生产经营收入所属纳税年度起，第1至3年免征企业所得税，第4至6年减半征收企业所得税。

享受优惠的公共基础设施项目，是指《公共基础设施项目企业所得税优惠目录》规定的港口码头、机场、铁路、公路、城市公共交通、电力、水利等项目。企业承包经营、承包建设和内部自建自用此类项目，不得享受此项企业所得税优惠。

③ 从事符合条件的环境保护、节能节水项目的所得，自项目取得第一笔生产经营收入所属纳税年度起，第1至3年免征企业所得税，第4至6年减半征收企业所得税。

需要注意的是，按第②、③项享受减免税优惠的项目，在减免税期限内转让的，受让方自受让之日起，可以在剩余期限内享受规定的减免税优惠；减免税期限届满后转让的，受让方不得就该项目重复享受减免税优惠。

④ 符合条件的技术转让所得，一个纳税年度内，居民企业技术转让所得不超过500万元的部分，免征企业所得税；超过500万元的部分，减半征收企业所得税。

（三）其他形式的减免

1．民族自治地方的税收优惠

民族自治地方的自治机关对本民族自治地方的企业应缴纳的企业所得税中属于地方分享的部分，可以决定减征或免征。自治州、自治县决定减征或免征的，需要报省、自治区、直辖市人民政府批准。

2．固定资产加速折旧的税收处理

企业的固定资产由于技术进步等确需加速折旧的，可以采取缩短折旧年限或加速折旧的方法。采取缩短折旧年限方法的，最低折旧年限不得低于规定折旧年限的60%；采取加速折旧方法的，可以采取双倍余额递减法或年数总和法。

可以采取缩短折旧年限或加速折旧的方法的固定资产包括：由于技术进步，产品更新换代较快的固定资产；常年处于强震动、高腐蚀状态的固定资产。

3．购置环保等专用设备的减免

企业购置并实际使用《环境保护专用设备企业所得税优惠目录》《节能节水专用设备企业所得税优惠目录》《安全生产专用设备企业所得税优惠目录》规定的环境保护、节能节水、安全生产等专用设备的，该专用设备投资额的10%可以从企业当年的应纳税额中抵免。当年不足抵免的，可以在以后5个纳税年度结转抵免。

企业购置享受此项税收优惠的专用设备在5年内转让、出租的，应当停止享受企业所得税优惠，并补缴已经抵免的企业所得税税款。

4. 其他税收优惠

根据国民经济和社会发展的需要，或者由于突发事件等对企业经济活动产生重大影响的，国务院可以制定企业所得税专项优惠政策，报全国人民代表大会常务委员会备案。

二、确定企业所得税的征收方式

目前企业所得税的征收方式分为查账征收方式和核定征收方式。

企业所得税征收方式的确定

（一）查账征收方式

对特定纳税人企业实行纳税人自行申报、税务机关查账征收方式征收企业所得税。特定纳税人是指特殊类型的纳税人和一定规模以上的纳税人。它包括以下类型的企业。

① 享受《企业所得税法》及其实施条例和国务院规定的一项或几项企业所得税优惠政策的企业（不包括仅享受《企业所得税法》第二十六条规定免税收入优惠政策的企业）。

② 汇总纳税企业。

③ 上市公司。

④ 银行、信用社、小额贷款公司、保险公司、证券公司、期货公司、信托投资公司、金融资产管理公司、融资租赁公司、担保公司、财务公司、典当公司等金融企业。

⑤ 会计、审计、资产评估、税务、房地产估价、土地估价、工程造价、律师、价格鉴证、公证机构、基层法律服务机构、专利代理、商标代理及其他经济鉴证类社会中介机构。

⑥ 国家税务总局规定的其他企业。

（二）核定征收方式

对特定纳税人之外的企业，主管税务机关要严格按照规定的范围和标准确定企业所得税的征收方式，不得违规扩大核定征收企业所得税范围。对其中达不到查账征收条件的企业核定征收企业所得税，并促使其完善会计核算和财务管理，达到查账征收条件后要及时转为查账征收。

1. 核定征收企业所得税的情形

居民纳税人具有下列情形之一的，核定征收企业所得税。

① 依照法律、行政法规的规定可以不设置账簿的。

② 依照法律、行政法规的规定应当设置但未设置账簿的。

③ 擅自销毁账簿或拒不提供纳税资料的。

④ 虽设置账簿，但账目混乱或成本资料、收入凭证、费用凭证残缺不全，难以查账的。

⑤ 发生纳税义务，未按照规定的期限办理纳税申报，经税务机关责令限期申报，逾期仍不申报的。

⑥ 申报的计税依据明显偏低，又无正当理由的。

2. 核定征收企业所得税的鉴定

主管税务机关应及时向纳税人送达企业所得税核定征收鉴定表（见表8-1），及时完成对其核定征收企业所得税的鉴定工作。具体程序如下。

项目八 企业所得税实务

表 8-1 企业所得税核定征收鉴定表

纳税人编码：　　　　　　　　　鉴定期：　　年度　　　　　　　　　金额单位：元

申报单位			
地　址			
经济性质		行业类别	
开户银行		账　号	
邮政编码		联系电话	
上年收入总额		上年成本费用额	
上年注册资本		上年原材料耗费量（额）	
上年职工人数		上年燃料、动力耗费量（额）	
上年固定资产原值		上年商品销售量（额）	
上年所得税额		上年征收方式	
行次	项　目	纳税人自报情况	主管税务机关审核意见
1	账簿设置情况		
2	收入核算情况		
3	成本费用核算情况		
4	纳税申报情况		
5	履行纳税义务情况		
6	其他情况		
纳税人对征收方式的意见： 经办人签章：　　　　　（公章） 　　　年　月　日		主管税务机关意见： 经办人签章：　　　　　（公章） 　　　年　月　日	
县级税务机关审核意见： 经办人签章：　　　　　　　　　　　（公章） 　　　年　月　日			

1）纳税人应在收到企业所得税核定征收鉴定表后 10 个工作日内，填好该表并报送主管税务机关。企业所得税核定征收鉴定表一式三联，主管税务机关和县税务机关各执一联，另一联送达纳税人执行。主管税务机关还可根据实际工作需要，适当增加联次备用。

2）主管税务机关应在受理企业所得税核定征收鉴定表后 20 个工作日内，分类逐户审查核实，提出鉴定意见，并报县税务机关复核、认定。

3）县税务机关应在收到企业所得税核定征收鉴定表后 30 个工作日内，完成复核、认定工作。

纳税人收到企业所得税核定征收鉴定表后，未在规定期限内填列、报送的，税务机关视同纳税人已经报送，按上述程序进行复核认定。

税务机关应在每年 6 月底前对上年度实行核定征收企业所得税的纳税人进行重新鉴定。重新鉴定工作完成前，纳税人可暂按上年度的核定征收方式预缴企业所得税；重新鉴定工作完成后，按重新鉴定的结果进行调整。

三、查账征收方式下企业所得税额的计算

（一）计算会计利润总额

会计利润是按照会计准则计算的利润总额，数据来自利润表。其计算公式为：

利润总额＝营业收入－营业成本－税金及附加－管理费用－销售费用－财务费用－
　　　　资产减值损失＋公允价值变动收益＋投资收益＋营业外收入－营业外支出

（二）应纳税所得额的调整

《企业所得税法》第二十一条规定："在计算应纳税所得额时，企业财务、会计处理办法与税收法律、行政法规的规定不一致的，应当依照税收法律、行政法规的规定计算。"会计与税法的差异（包括收入类、扣除类、资产类等一次性和暂时性差异）为纳税调整项目。纳税调整项目根据内容分为收入类调整项目、扣除类调整项目、资产类调整项目、准备金调整项目、房地产企业预售收入计算的预计利润、其他6个大项。纳税调整项目根据对纳税影响分为纳税调整增加项目和纳税调整减少项目两类。

纳税调整增加项目是指纳税人未计入利润总额的应税收入项目、税收不允许扣除的支出项目、超出税法规定扣除标准的支出金额，以及资产类应纳税调整的项目，包括房地产开发企业按本期预售收入计算的预计利润等。

纳税调整减少项目是指纳税人已计入利润总额，但税法规定可以暂不确认为应税收入的项目，以及在以前年度进行了纳税调增，根据税法规定从以前年度结转过来在本期扣除的项目金额，包括不征税收入、免税收入、减计收入及房地产开发企业已转销售收入的预售收入按规定计算的预计利润等。

1. 收入类调整项目

收入类调整项目分为纳税调整增加、纳税调整减少、视情况进行纳税增减调整三大类14小项。

（1）纳税调整增加的项目

① 视同销售收入。这是指会计上不作为销售核算，而在税收上应作为应税收入缴纳企业所得税的收入。

② 接受捐赠收入。这是指执行企业会计制度的纳税人接受捐赠纳入资本公积核算应进行纳税调整的收入。执行新《企业会计准则》已将接受的捐赠收入计入营业外收入的不再进行调增应纳税所得额。

③ 不符合税法规定的销售折扣和折让。这是指不符合税法规定的销售折扣和折让应进行纳税调整的金额。例如，税法规定对折扣额另开发票的，不得从销售额中减除折扣额。纳税人账面上记载的销售货物给购货方的销售折扣和折让金额与按税法规定可以税前扣除的销售折扣和折让之间的差额（大于）应调增应纳税所得额。

④ 不允许扣除的境外投资损失。这是指境外投资除合并、撤销、依法清算外形成的损失。

（2）纳税调整减少的项目

① 按权益法核算长期股权投资对初始投资成本调整确认收益。纳税人在权益法核算下，初始投资成本小于取得投资时应享有被投资单位可辨认净资产公允价值份额的，两者之间的差额计入取得投资当期的营业外收入。税法规定对这部分收入不征税，应调减应纳税所得额。

② 境外应税所得。这是指来自境外的收入总额（包括生产经营所得和其他所得）扣除按税法规定允许扣除的境外发生的成本费用后的金额。境外所得补税问题在应纳税额计算中单独计算。

③ 不征税收入，免税收入，减计收入，减、免税项目所得，抵扣应纳税所得额。

企业所得税收入的确定

（3）视情况进行纳税增减调整的项目

① 未按权责发生制原则确认的收入。这是指按税法规定确认的应纳税收入或可抵减收入，即企业执行新《企业会计准则》，会计上按照权责发生制原则确认收入，计税时按照收付实现制确认的收入。例如，分期收款销售商品销售收入的确认、税法规定按收付实现制确认的收入、持续时间超过 12 个月的收入的确认、利息收入的确认、租金收入的确认等企业财务会计处理办法与税法规定不一致应进行纳税调整产生的时间性差异的项目，按会计核算和税法规定确认的应纳税暂时性差异为调增金额，按会计核算和税法规定确认的可抵减暂时性差异为调减金额。

② 按权益法核算的长期股权投资持有期间的投资损益。这是指按照财务会计规定核算的和税法规定确定的按权益法核算的长期股权投资持有期间的投资损益的差异金额。对于股权投资转让所得，会计确认的金额大于税法确认的金额应调增应纳税所得额，反之则调减应纳税所得额；对于股权投资转让损失，会计确认的金额大于税法确认的金额应调减应纳税所得额，反之则调增应纳税所得额。

纳税人因收回、转让或清算处置股权投资发生的股权投资损失，可以在税前扣除，但在每一纳税年度扣除的股权投资损失，不得超过当年实现的股权投资收益和投资转让所得，超过部分可按规定向以后年度结转扣除。

③ 特殊重组。这是指非同一控制下的企业合并、免税改组产生的企业财务会计处理与税法规定不一致应进行纳税调整的金额。按税法规定确定的收入金额扣减会计核算的账面金额后的余额为正，应调增应纳税所得额，反之则调减应纳税所得额。

④ 一般重组。这是指同一控制下的企业合并产生的企业财务会计处理办法与税法规定不一致应进行纳税调整的金额。按税法规定确定的收入金额扣减会计核算的账面金额后的余额为正，应调增应纳税所得额，反之则调减应纳税所得额。

⑤ 公允价值变动净收益。这是指以公允价值计量且其变动计入当期损益的金融资产、金融负债及投资性房地产的公允价值，其税法规定的计税基础与会计处理不一致形成的差异应进行纳税调整的金额。按税法规定确定的收入金额扣减会计核算的账面金额后的余额为正，应调增应纳税所得额，反之则调减应纳税所得额。

⑥ 确认为递延收益的政府补助。这是指纳税人收到不属于税法规定的不征税收入、免税收入以外的其他政府补助，会计上计入递延收益，税法规定应计入应纳税所得额征收企业所得税而产生的差异应进行纳税调整的金额。按税法规定确定的收入金额扣减会计核算的账面金额后的余额为正，应调增应纳税所得额，反之则调减应纳税所得额。

⑦ 其他调整项目。这是指会计与税收有差异，需要纳税调整的其他收入类项目。

2．扣除类调整项目

（1）扣除类纳税调整增加的项目

① 业务招待费支出。企业发生的与生产经营活动有关的业务招待费支出，按照发生额的 60%扣除，但最高不得超过当年销售（营业）收入的 5‰。超过部分应调增应纳税所得额。

扣除项目金额的确定

② 捐赠支出。捐赠支出分为公益性捐赠支出和非公益性捐赠支出。企业发生的公益性捐赠支出，在年度利润总额 12%以内的部分，准予在计算应纳税所得额时扣除；超过年度利润总额 12%的部分，准予结转以后 3 年内在计算应纳税所得额时扣除。非公益性捐赠支出不允许税前扣除，应调增应纳税所得额。

③ 利息支出。企业在生产经营活动中发生的合理的不需要资本化的借款费用，准予扣除。

纳税人按照国家统一会计制度实际发生的向非金融企业借款计入财务费用的利息支出的金额，超过按照税法规定允许税前扣除的利息支出金额的部分，应调增应纳税所得额。自2017年1月1日起，超过年度利润总额12%的部分，准予结转以后3年内在计算应纳税所得额时扣除。

④ 住房公积金。纳税人在国家规定范围内缴纳的住房公积金允许在税前扣除，实际发生的住房公积金超过规定的部分，应调增应纳税所得额。

⑤ 罚金、罚款和被没收财物的损失。这是指纳税人在纳税年度实际发生的罚金、罚款和被罚没财物的损失，不包括纳税人按照经济合同规定支付的违约金（包括银行罚息）、罚款和诉讼费。这些支出不允许税前扣除，应调增应纳税所得额。

⑥ 税收滞纳金。这是指纳税人在纳税年度因违反规定滞纳税款，按税法规定向税务部门实际缴纳的款项。这种滞纳金不允许税前扣除，应调增应纳税所得额。

⑦ 赞助支出。这是指纳税人在纳税年度实际发生的，且不符合税法规定的公益性捐赠范围的捐赠，包括直接向受赠人的捐赠、各种赞助支出，不包含广告性的赞助支出。赞助支出不允许税前扣除，应调增应纳税所得额。

⑧ 各类基本社会保障性缴款，包括基本医疗保险费、基本养老保险费、失业保险费、工伤保险费和生育保险费。纳税人按照国家统一会计制度实际发生的各类基本社会保障性缴款的金额，超过按照税法规定允许税前扣除的各类基本社会保障性缴款金额的部分，应调增应纳税所得额。

⑨ 补充养老保险、补充医疗保险。纳税人按照国家统一会计制度实际发生的补充养老保险、补充医疗保险的金额，超过纳税人按照税法规定允许税前扣除的补充养老保险、补充医疗保险金额的部分，应调增应纳税所得额。

⑩ 与取得收入无关的支出、不征税收入用于支出所形成的费用。这是指纳税人在纳税年度实际发生的与取得收入无关的支出、与不征税收入相关的支出。这些支出不允许税前扣除，应调增应纳税所得额。

（2）扣除类纳税调整减少的项目

① 视同销售成本。这是指纳税人会计上未核算而按税法规定应计算的与视同销售收入相对应的成本费用。每一笔确认为视同销售的经济事项，在确认应税收入的同时，均应确认相对应的应税成本。

② 加计扣除。这是指支出没有实际发生，会计上不需核算，而按税法规定允许扣除的项目，包括研发支出、安置残疾人员和国家鼓励的其他就业人员的企业支付的工资等。

③ 其他调减项目。这是指纳税人会计与税收有差异需要纳税调整的其他扣除类项目，如分期收款销售方式下应结转的存货成本、一般重组和特殊重组的相关扣除项目。

（3）扣除类纳税调整视情况增减的项目

① 工资、薪金支出。企业发生的合理的工资、薪金支出准予扣除；超过合理的工资、薪金部分（如本年度计提工资但并未实际发放的部分）应调增本年度应纳税所得额；上年度计提工资本年度实际发放时，应调减本年度应纳税所得额。

② 职工福利费支出、工会经费支出。企业发生的职工福利费支出不超过工资、薪金总额14%的部分、企业拨缴的工会经费不超过工资、薪金总额2%的部分，准予税前扣除。按照国家统一会计制度计入成本费用的职工福利费、工会经费大于按照税法规定允许税前扣除的职工福利费、工会经费时，超过部分应调增应纳税所得额；按照国家统一会计制度计入成本费用的职工福利费、工会经费小于按照税法规定允许税前扣除的职工福利费、工会经费时，应调减应纳税所得额。

③ 职工教育经费。除国务院财政、税务主管部门另有规定外，企业发生的职工教育经费支出，不超过工资、薪金总额8%的部分，准予扣除；超过部分，准予在以后纳税年度结转扣除，但应调增本年度应纳税所得额。当本年度允许税前扣除的职工教育经费实际发生额小于本年扣除限额时，可将以前年度还没有结转的职工教育经费在本年度结转，调减本年度应纳税所得额，但结转后不得超过本年度扣除限额。

④ 广告费和业务宣传费支出。企业发生的符合条件的广告费和业务宣传费支出，除国务院财政、税务主管部门另有规定外，不超过当年销售（营业）收入15%的部分［化妆品制造、医药制造和饮料制造（不含酒类制造）企业，不超过当年销售收入30%］，准予扣除，超过部分准予在以后纳税年度结转扣除，但应调增本年度应纳税所得额。当本年度允许税前扣除的广告费和业务宣传费支出实际发生额小于本年度扣除限额时，可将以前年度还没有结转的广告费和业务宣传费支出在本年度结转，调减本年度应纳税所得额，但结转后不得超过本年度扣除限额。

⑤ 与未实现融资收益相关在当期确认的财务费用。会计账面金额为纳税人采取分期收款销售商品时，按会计准则规定应收的合同或协议价款和其公允价值之间的差额，分期摊销冲减财务费用的金额，税收金额为纳税人按照税法规定允许税前扣除的相关金额，根据会计和税务处理的差异，分析调整应纳税所得额。

⑥ 其他调整项目。这是指企业财务会计处理与税法规定不一致，进行纳税调整的其他扣除类项目。

3．资产类调整项目

① 财产损失。纳税人按照国家统一会计制度确认的财产损失金额大于按照税法规定允许税前扣除的财产损失金额，应调增应纳税所得额，反之则调减应纳税所得额。

② 固定资产折旧、生产性生物资产折旧、长期待摊费用摊销、无形资产摊销、油气勘探投资、油气开发投资。纳税人按照国家统一会计制度确认的该类资产的折旧、摊销金额大于按照税法规定允许税前扣除的金额，应调增应纳税所得额，反之则调减应纳税所得额。

③ 投资转让、处置所得。它是指纳税人因收回、转让或清算处置股权投资时，计算的投资转让所得或损失。纳税人按照国家统一会计制度核算的长期股权投资转让所得（或损失）的金额小于按税法规定计算的投资转让所得（或损失），应调增（或调减）应纳税所得额，反之则调减（或调增）应纳税所得额。

④ 其他。这是指企业财务会计处理与税法规定不一致，进行纳税调整的其他资产类项目。

4．准备金调整项目

它包括各项资产减值准备、风险准备等准备金支出。其纳税调整额等于本期计提额减去本期转回额为正数时应调增应纳税所得额，为负数时应调减应纳税所得额。本期计提额为纳税人按照国家统一会计制度核算资产减值的准备金本期计提数的金额；本期转回额是指纳税人按照国家统一会计制度核算价值恢复、资产转让等原因转回的准备金本期转回金额。

5．房地产企业预售收入计算的预计利润

从事房地产开发业务的纳税人本期取得的预售收入，按照税法规定的预计利润率计算的预计利润的金额，应调增应纳税所得额；从事房地产开发业务的纳税人本期将预售收入转为销售收入，转回已按税法规定征税的预计利润的数额，本期应调减应纳税所得额。

6．其他

这是指企业财务会计处理与税法规定不一致，进行纳税调整的其他项目。

（三）企业所得税的计算

① 居民企业的应纳税额计算公式为：

$$应纳税额 = 年应纳税所得额 \times 税率 - 减免税额 - 抵免税额$$

式中，抵免税额分为境内抵免所得税额和境外抵免所得税额。

② 非居民企业的应纳税额计算公式为：

$$应纳税额 = 年应纳税所得额 \times 税率$$

根据《企业所得税法》的规定，对境外所得直接负担的税收采取抵免法，引入股息红利负担税收的间接抵免方式。企业应当提供中国境外税务机关出具的税款所属年度的有关纳税凭证，依照《企业所得税法》的规定申请抵免企业所得税税额。

直接抵免是对境外所得直接负担的所得税给予抵免的办法。税法规定，企业取得的来源于境外的所得已在境外缴纳的所得税税额，可以从其当期应纳税额中抵免，抵免限额为该项所得依照《企业所得税法》规定计算的应纳税额。超过抵免限额的部分，可以在以后5个年度内，用每年度抵免限额抵免当年应抵税额后的余额进行抵补。

抵免限额是指企业来源于中国境外的所得，依照《企业所得税法》及其实施条例的规定计算的应纳税额。除国务院财政、税务主管部门另有规定外，该抵免限额应当分国（地区）不分项计算。其计算公式为：

$$抵免限额 = 中国境内、境外所得依照《企业所得税法》及其实施条例的规定计算的应纳税总额 \times 来源于某国（地区）的应纳税所得额 \div 中国境内、境外应纳税所得总额$$

例 8-1 某企业在2024年度境内经营应纳税所得额为500万元。其在A、B两国设有分支机构（我国已与A、B两国签订避免双重征税协定）：A国分支机构税前所得为40万元，A国规定的税率为20%，在A国实际缴纳的所得税税额为8万元；B国分支机构税前所得为60万元，B国规定的税率为30%，在B国实际缴纳的所得税税额为18万元。试计算该企业汇总2024年所得时在我国应缴纳的企业所得税。

该企业按我国税法计算的境内、境外所得的应纳税额 =（500+40+60）×25%=150（万元）

A国扣除限额 = 150×40÷（500+40+60）= 10（万元）

B国扣除限额 = 150×60÷（500+40+60）= 15（万元）

在A国实际缴纳的所得税为8万元，低于扣除限额10万元，因而可全额扣除；在B国实际缴纳的所得税为18万元，高于扣除限额15万元，因而超过扣除限额的部分3万元当年不能扣除。

汇总时在我国应缴纳的所得税税额 = 150-8-15=127（万元）

间接抵免是对境外所得（如股息、红利所得等）间接负担的所得税给予抵免的方法。居民企业从其直接或间接控制的外国企业分得的来源于中国境外的股息、红利等权益性投资收益，外国企业在境外实际缴纳的所得税税额中属于该项所得负担的部分，可以作为该居民企业的可抵免境外所得税税额，比照直接抵免的规定在抵免限额内抵免。直接控制是指居民企业直接持有外国企业20%以上股份；间接控制是指居民企业以间接持股方式持有外国企业20%以上股份。具体认定办法由国务院财政、税务主管部门另行制定。

四、核定征收企业所得税的计算

税务机关应根据纳税人的具体情况,对核定征收企业所得税的纳税人核定应税所得率或核定应纳所得税额。

(一)核定应税所得率

具有下列情形之一的,核定其应税所得率。

① 能正确核算(查实)收入总额,但不能正确核算(查实)成本费用总额的。
② 能正确核算(查实)成本费用总额,但不能正确核算(查实)收入总额的。
③ 通过合理方法,能计算和推定纳税人收入总额或成本费用总额的。

实行应税所得率方式核定征收企业所得税的纳税人,其经营多业的,无论经营项目是否单独核算,均由税务机关根据其主营项目确定适用的应税所得率。主营项目应为纳税人所有经营项目中收入总额或成本(费用)支出额,或者耗用原材料、燃料、动力数量所占比重最大的项目。应税所得率根据表8-2所示的幅度标准确定。

表8-2 应税所得率

行 业	应税所得率/%	行 业	应税所得率/%
农、林、牧、渔业	3~10	建筑业	8~20
制造业	5~15	饮食业	8~25
批发和零售贸易业	4~15	娱乐业	15~30
交通运输业	7~15	其他行业	10~30

采用应税所得率方式核定征收企业所得税的,应纳所得税额的计算公式为:

$$应纳所得税额 = 应纳税所得额 \times 适用税率$$

$$应纳税所得额 = 应税收入额 \times 应税所得率$$

或

$$应纳税所得额 = 成本(费用)支出额 \div (1 - 应税所得率) \times 应税所得率$$

(二)核定应纳所得税额

纳税人不属于核定其应税所得率情形的,核定其应纳所得税额。

税务机关采用下列方法核定征收企业所得税。

① 参照当地同类行业或类似行业中经营规模和收入水平相近的纳税人的税负水平核定。
② 按照应税收入额或成本费用支出额定率核定。
③ 按照耗用的原材料、燃料、动力等推算或测算核定。
④ 按照其他合理方法核定。采用上述所列一种方法不足以正确核定应纳所得额或应纳税额的,可以同时采用两种以上的方法核定。采用两种以上方法测算的应纳税额不一致时,可按测算的应纳税额从高核定。

纳税人的生产经营范围、主营业务发生重大变化,或者应纳所得额或应纳税额增减变化达到20%的,应及时向税务机关申报调整已确定的应纳税额或应税所得率。

任务二 企业所得税会计处理

企业所得税记账的原始凭证有两种:企业所得税月(季)预缴纳税申报表、企业所得税年度纳税申报表，作为计提应纳所得税的记账依据；税收缴款书，该凭证为完税凭证，作为税款缴纳的记账依据。

一、会计科目的设置

企业在选择应付税款法进行所得税会计处理时，除设置"应交税费——应交所得税"科目外，还应设置"所得税费用"等科目。在选择资产负债表债务法进行所得税会计处理时，还应增设"递延所得税负债""递延所得税资产"等科目。

① "所得税费用"为损益类科目，用来核算企业确认的应从当期利润总额中扣除的所得税费用，可设立"当期所得税费用""递延所得税费用"科目进行明细核算。在资产负债表日，企业按照税法规定计算确定的当期应缴所得税税额，记入借方。当存在暂时性差异时调整此科目，在资产负债表日确认的递延所得税资产的应有余额小于其科目账面余额的差额、确认的递延所得税负债的应有余额大于其科目账面余额的差额，记入"所得税费用——递延所得税费用"科目的借方进行调整，反之记入"所得税费用——递延所得税费用"科目的贷方进行调整；期末应将本科目的余额结转"本年利润"科目，结转后本科目无余额。

② "应交税费——应交企业所得税"为负债类科目，用来核算企业按照税法等规定计算应缴纳的企业所得税。企业实际缴纳的企业所得税税额记入借方，企业按照税法规定计算的应缴企业所得税税额记入贷方；期末贷方余额反映企业尚未缴纳的税费，期末借方余额反映企业多缴的税费。

③ "递延所得税负债"为负债类科目，用来核算企业确认的应纳税暂时性差异产生的所得税负债，可按应纳税暂时性差异的项目进行明细核算。在资产负债表日，企业确认的递延所得税负债、递延所得税负债的应有余额大于其账面余额的差额，记入贷方；与直接计入所有者权益的交易或事项相关的递延所得税负债，以及企业合并中取得资产、负债的入账价值与其计税基础不同形成应纳税暂时性差异的，应于购买日确认递延所得税负债，也在贷方登记；资产负债表日，递延所得税负债的应有余额小于其账面余额的差额记入借方；期末贷方余额，反映企业已确认的递延所得税负债。

④ "递延所得税资产"为资产类科目，用来核算企业确认的可抵扣暂时性差异产生的递延所得税资产，应按可抵扣暂时性差异等项目进行明细核算。根据税法规定可用以后年度税前利润弥补的亏损及税款抵减产生的所得税资产，也在本科目核算。在资产负债表日，企业确认的递延所得税资产、递延所得税资产的应有余额大于其账面余额的差额，记入借方；企业合并中取得资产、负债的入账价值与其计税基础不同形成可抵扣暂时性差异的，应于购买日确认的递延所得税资产，与直接计入所有者权益的交易或事项相关的递延所得税资产，也在借方登记；资产负债表日，递延所得税资产的应有余额小于其账面余额的差额，以及预计未来期间很可能无法获得足够的应纳税所得额用以抵扣可抵扣暂时性差异的、按规定可以减计的金额，记入贷方；期末借方余额，反映企业确认的递延所得税资产。

二、应付税款下的企业所得税会计处理

按规定，有些企业可以不采用最新的《企业会计准则》，如小企业采用《小企业会计制度》、非上市企业可以采用《企业会计制度》，这些企业可以使用应付税款法进行企业所得税会计处理。

应付税款法是指本期税前会计利润和应纳税所得额之间的差异造成的影响纳税的金额直接计入当期损益，而不递延到以后各期的会计处理方法。在应付税款法下，不需要确认税前会计利润和应纳税所得额之间的差异造成的影响纳税的金额。因此，当期计入损益的所得税费用等于当期按应纳税所得额计算的应缴所得税税额。时间性差异产生的影响所得税的金额在会计报表中不反映为一项负债或一项资产，仅在会计报表附注中说明其影响的程度。

例 8-2 2024年某企业年度利润表上的税前会计利润为 800 000 元。企业发生财务费用 100 000 元，按税法规定允许税前扣除 80 000 元。2022 年 12 月购入设备 600 000 元，折旧年限 5 年，假设无残值。会计采用双倍余额递减法计提固定资产折旧，2017 年折旧额为 240 000 元，按税法规定只能采用直线法，折旧额为 120 000 元。

年应纳税所得额 = 800 000 +（100 000 - 80 000）+（240 000 - 120 000）
　　　　　　　= 940 000（元）

年度应缴所得税税额 = 940 000 × 25% = 235 000（元）

本年所得税费用 = 235 000（元）

（1）计提所得税时编制的会计分录

借：所得税费用　　　　　　　　　　　　　　　　　　　　235 000
　　贷：应交税费——应交企业所得税　　　　　　　　　　　235 000

（2）实际上缴所得税时编制的会计分录

借：应交税费——应交企业所得税　　　　　　　　　　　　235 000
　　贷：银行存款　　　　　　　　　　　　　　　　　　　235 000

三、资产负债表债务法下的企业所得税会计处理

目前的《企业会计准则》要求所得税会计核算一律采用资产负债表债务法。

采用资产负债表债务法来核算企业所得税时，企业一般应于每一资产负债表日进行所得税核算。所得税会计就是从资产负债表出发，通过比较资产负债表上列示的资产、负债按照《企业会计准则》规定确定的账面价值和按照税法规定确定的计税基础，对于两者之间的差额区分应纳税暂时性差异和可抵扣暂时性差异进行处理，确认相关的递延所得税负债和递延所得税资产，并在此基础上确定每一期间利润表中的所得税费用。

（一）所得税会计处理的一般程序

1）确定账面价值，即资产负债表中除递延所得税资产和递延所得税负债以外的其他资产和负债项目的账面价值。

所得税会计处理的一般程序

2）确定计税基础，即按照资产和负债计税基础的确定方法，以适用的税法为基础，确定资产负债表中有关资产、负债项目的计税基础。计税基础分为资产的计税基础和负债的计税基础。在确定资产、负债的计税基础时，应严格遵守税法中对资产的税务处理及可税前扣除的费用等的规定。

3）确定递延所得税额，即比较资产、负债的账面价值和其计税基础，对于两者之间存在差异的，分析其性质，除《企业会计准则》中规定的特殊情况外，区分应纳税暂时性差异与可抵扣暂时性差异进行处理，确定该资产负债表日递延所得税负债和递延所得税资产的应有金额，并与期初递延所得税负债和递延所得税资产的余额相比，确定当期应予进一步确认的递延所得税资产和递延所得税负债金额或应予转销的金额，作为构成利润表中所得税费用的其中一个组成部分——递延所得税。

4）确定应纳所得税额，即按照适用的税法规定计算确定当期应纳税所得额，将应纳税所得额和适用的所得税税率计算的结果确认为当期应缴所得税，作为利润表中应予确认的所得税费用的另外一个组成部分——当期所得税。

5）确定利润表中的所得税费用。利润表中的所得税费用包括当期所得税和递延所得税两个组成部分，企业在计算当期所得税税额和递延所得税税额后，两者之和（或之差）是利润表中的所得税费用。

几个重要概念

1. 账面价值

账面价值是指按照《企业会计准则》规定确定的有关资产、负债在资产负债表中列示的金额。

2. 资产的计税基础

资产的计税基础是指企业在收回资产账面价值的过程中，计算应纳税所得额时按照税法可以自应税经济利益中抵扣的金额，即该项资产在未来使用或最终处置时，允许作为成本或费用于税前列支的金额。

资产在初始确认时，其计税基础一般为取得成本，即企业为取得某项资产支付的成本在未来期间准予扣除。在资产持续持有过程中，其计税基础是指资产的取得成本减去以前期间按税法规定已经扣除的金额后的余额。用公式可表示为：

资产的计税基础＝未来可税前列支的金额

某一资产负债表日资产的计税基础＝成本－以前期间已税前列支的金额

例如，固定资产、无形资产等长期资产在某一资产负债表日的计税基础是指其成本扣除按税法规定已在以前期间税前扣除的累计折旧或累计摊销后的金额。

3. 负债的计税基础

负债的计税基础是指负债的账面价值减去未来期间计算应纳税所得额时按照税法规定可予抵扣的金额。用公式可表示为：

负债的计税基础＝账面价值－未来可税前列支的金额

一般负债的确认和清偿既不影响企业的损益，也不会影响其应纳所得税额。未来期间计算应纳税所得额时按照税法规定可予抵扣的金额为 0，计税基础即为账面价值。例如，企业的短期借款、应付账款等。但在某些情况下，负债的确认可能会影响企业的损益，进而影响不同期间的应纳所得税额，使得其计税基础和账面价值之间产生差额。例如，自费用中提取的负债等。

4. 暂时性差异

暂时性差异是指资产或负债的账面价值和其计税基础之间的差额。按照暂时性差异对未来期间应税金额的影响，分为应纳税暂时性差异和可抵扣暂时性差异。

（1）应纳税暂时性差异

应纳税暂时性差异是指在确定未来收回资产或清偿负债期间的应纳税所得额时，将导致产生应税金额的暂时性差异。资产的账面价值大于其计税基础或负债的账面价值小于其计税基础时会产生应纳税暂时性差异。

（2）可抵扣暂时性差异

可抵扣暂时性差异是指在确定未来收回资产或清偿负债期间的应纳税所得额时，

将导致产生可抵扣金额的暂时性差异。资产的账面价值小于其计税基础或负债的账面价值大于其计税基础时会产生可抵扣暂时性差异。

5. 递延所得税资产

资产、负债的账面价值与其计税基础不同产生可抵扣暂时性差异的，在估计未来期间能够取得足够的应纳税所得额用以利用该可抵扣暂时性差异时，应当以很可能取得用来抵扣可抵扣暂时性差异的应纳税所得额为限，确认相关的递延所得税资产。

6. 递延所得税负债

除《企业会计准则》中明确规定可不确认递延所得税负债的情况以外，企业对于所有的应纳税暂时性差异均应确认相关的递延所得税负债。除直接计入所有者权益的交易或事项及企业合并外，在确认递延所得税负债的同时，应增加利润表中的所得税费用。

7. 当期所得税

当期所得税是指企业按照税法规定计算的针对当期发生的交易和事项，应缴纳给国家的企业所得税金额，即应缴所得税。

8. 递延所得税

递延所得税是指按照《企业会计准则》规定应予以确认的递延所得税资产和递延所得税负债在期末应有的金额相对于已确认金额之间的差额，即递延所得税资产和递延所得税负债的当期发生额，但不包括直接计入所有者权益的交易或事项及企业合并对企业所得税的影响金额。

（二）所得税费用的确认和计量

按资产负债表债务法核算所得税时，利润表中的所得税费用包括当期所得税和递延所得税两个部分。其计算公式为：

所得税费用＝当期所得税＋递延所得税

当期所得税＝应纳税所得额×当期适用所得税税率

递延所得税＝当期递延所得税负债变动额－当期递延所得税资产变动额

＝（期末递延所得税负债－期初递延所得税负债）－

（期末递延所得税资产－期初递延所得税资产）

式中，　　　　递延所得税＝递延所得税费用－递延所得税收益

递延所得税收益＝递延所得税负债减少额＋递延所得税资产增加额

递延所得税费用＝递延所得税负债增加额＋递延所得税资产减少额

期末递延所得税负债＝期末应纳税暂时性差异×适用的所得税税率

期末递延所得税资产＝期末可抵扣暂时性差异×适用的所得税税率

（三）所得税会计核算举例

1. 递延所得税计入所得税费用

企业因确认递延所得税资产和递延所得税负债产生的递延所得税，一般应当计入当期所得税费用。

例 8-3 沿用例 8-2 的资料，企业采用资产负债表债务法进行所得税会计处理。假定期初没有暂时性差异。

年应纳税所得额 = 800 000 + (100 000 - 80 000) + (240 000 - 120 000)
　　　　　　　 = 940 000（元）

年度应缴所得税税额 = 940 000 × 25% = 235 000（元）

固定资产的账面价值 = 600 000 - 240 000 = 360 000（元）

固定资产的计税基础 = 600 000 - 120 000 = 480 000（元）

可抵扣暂时性差异 = 480 000 - 360 000 = 120 000（元）

应确认递延所得税资产 = 120 000 × 25% = 30 000（元）

本年所得税费用 = 235 000 - 30 000 = 205 000（元）

（1）计提所得税时编制的会计分录

借：所得税费用——当期所得税费用　　　　　　　　　　235 000
　　递延所得税资产　　　　　　　　　　　　　　　　　 30 000
　　贷：应交税费——应交企业所得税　　　　　　　　　　　　235 000
　　　　所得税费用——递延所得税费用　　　　　　　　　　　 30 000

（2）实际上缴所得税时编制的会计分录

借：应交税费——应交企业所得税　　　　　　　　　　　235 000
　　贷：银行存款　　　　　　　　　　　　　　　　　　　　　235 000

例 8-4 沿用例 8-3 的资料，假设在固定资产使用年限内所得税税率均为 25%，每年会计利润均为 100 万元，没有其他资产、负债项目的差异。

会计上按双倍余额递减法提取折旧，折旧计算表如表 8-3 所示。

表 8-3　折旧计算表

年　份	年初净值/元 a	年折旧率 b	年折旧额/元 c = a × b	累计折旧额/元 d
2023	600 000	40%	240 000	240 000
2024	360 000	40%	144 000	384 000
2025	216 000	40%	86 400	470 400
2026	129 600	—	64 800	535 200
2027	64 800	—	64 800	600 000

暂时性差异、递延所得税计算表如表 8-4 所示。

表 8-4　暂时性差异、递延所得税计算表　　　　　　　　　　　　　　　　　　　　　元

项　目	2023.12.31	2024.12.31	2025.12.31	2026.12.31	2027.12.31
实际成本	600 000	600 000	600 000	600 000	600 000
累计会计折旧	240 000	384 000	470 400	535 200	600 000
账面价值	360 000	216 000	129 600	64 800	0
累计税法折旧	120 000	240 000	360 000	480 000	600 000
计税基础	480 000	360 000	240 000	120 000	0
暂时性差异	120 000	144 000	110 400	55 200	0
适用税率	25%	25%	25%	25%	25%

项目八 企业所得税实务

(续表)

项　目	2023.12.31	2024.12.31	2025.12.31	2026.12.31	2027.12.31
递延所得税资产余额	30 000	36 000	27 600	13 800	0
暂时性差异变动额	120 000	24 000	-33 600	-55 200	-55 200
递延所得税资产发生额	30 000	6 000	-8 400	-13 800	-13 800

所得税费用计算表如表 8-5 所示。

表 8-5　所得税费用计算表　　　　　　　　　　　　　　　　　　　　　　　元

项　目	2023.12.31	2024.12.31	2025.12.31	2026.12.31	2027.12.31
会计利润	1 000 000	1 000 000	1 000 000	1 000 000	1 000 000
可抵扣暂时性差异变动	120 000	24 000	-33 600	-55 200	-55 200
应税所得额	1 120 000	1 024 000	966 400	944 800	944 800
税率	25%	25%	25%	25%	25%
应交所得税	280 000	256 000	241 600	236 200	236 200
递延所得税	30 000	6 000	-8 400	-13 800	-13 800
所得税费用	250 000	250 000	250 000	250 000	250 000

（1）2023年会计处理

借：所得税费用——当期所得税费用　　　　　　　　　　　280 000
　　递延所得税资产　　　　　　　　　　　　　　　　　　 30 000
　　贷：应交税费——应交企业所得税　　　　　　　　　　　 280 000
　　　　所得税费用——递延所得税费用　　　　　　　　　　　30 000

（2）2024年会计处理

借：所得税费用——当期所得税费用　　　　　　　　　　　256 000
　　递延所得税资产　　　　　　　　　　　　　　　　　　　6 000
　　贷：应交税费——应交企业所得税　　　　　　　　　　　 256 000
　　　　所得税费用——递延所得税费用　　　　　　　　　　　6 000

（3）2025年会计处理

借：所得税费用——当期所得税费用　　　　　　　　　　　241 600
　　所得税费用——递延所得税费用　　　　　　　　　　　　8 400
　　贷：应交税费——应交企业所得税　　　　　　　　　　　 241 600
　　　　递延所得税资产　　　　　　　　　　　　　　　　　　8 400

（4）2026年会计处理

借：所得税费用——当期所得税费用　　　　　　　　　　　236 200
　　所得税费用——递延所得税费用　　　　　　　　　　　　13 800
　　贷：应交税费——应交企业所得税　　　　　　　　　　　 236 200
　　　　递延所得税资产　　　　　　　　　　　　　　　　　 13 800

（5）2027年会计处理

借：所得税费用——当期所得税费用　　　　　　　　　　　236 200
　　所得税费用——递延所得税费用　　　　　　　　　　　　13 800
　　贷：应交税费——应交企业所得税　　　　　　　　　　　 236 200
　　　　递延所得税资产　　　　　　　　　　　　　　　　　 13 800

2. 递延所得税不计入所得税费用的特殊情况

应予说明的是，企业因确认递延所得税资产和递延所得税负债产生的递延所得税，除应当计入当期所得税费用外，还有两种不计入所得税费用的特殊情况。

① 某项交易或事项按照《企业会计准则》规定应计入所有者权益的，由该项交易或事项产生的递延所得税资产或递延所得税负债及其变化也应计入所有者权益，不构成利润表中的递延所得税费用（或收益）。例如，债权投资期间公允价值变动产生的暂时性差异的所得税影响。

例 8-5 企业持有的某项可供出售金融资产，成本为 200 万元。会计期末，其公允价值为 240 万元，该企业适用的所得税税率为 25%。

会计期末在确认 40 万元的公允价值变动时，处理如下。

借：可供出售金融资产　　　　　　　　　　　　　　400 000
　　贷：资本公积——其他资本公积　　　　　　　　　　400 000

可供出售金融资产公允价值的变动导致其账面价值变动，但其计税基础一般不会随着公允价值的变动而变动。资产的账面价值高于计税基础，两者之间的差额 40 万元会增加企业在未来期间的应纳税所得额和应缴所得税，属于应纳税暂时性差异，应确认相关的递延所得税负债。

借：资本公积——其他资本公积　　　　　　　　　　100 000
　　贷：递延所得税负债　　　　　　　　　　　　　　　100 000

② 非同一控制下的企业合并中因资产、负债的入账价值与其计税基础不同产生的递延所得税资产或递延所得税负债，其确认结果直接影响购买日确认的商誉或计入利润表的损益金额，不影响合并时的所得税费用。

任务三　企业所得税纳税申报

一、核定企业所得税的纳税申报

（一）核定应税所得率方式的纳税申报

纳税人实行核定应税所得率方式的，按下列规定申报纳税。

① 主管税务机关根据纳税人应纳税额的大小确定纳税人按月或按季预缴，年终汇算清缴。预缴方法一经确定，一个纳税年度内不得改变。

② 纳税人应依照确定的应税所得率计算纳税期间实际应缴纳的税额，进行预缴。按实际数额预缴有困难的，经主管税务机关同意，可按上一年度应纳税额的 1/12 或 1/4 预缴，或者按经主管税务机关认可的其他方法预缴。

③ 纳税人预缴税款或年终进行汇算清缴时，应按规定填写中华人民共和国企业所得税月（季）度预缴和年度纳税申报表（B 类）（见表 8-6），在规定的纳税申报时限内报送主管税务机关。

项目八 企业所得税实务

表 8-6　中华人民共和国企业所得税月（季）度预缴和年度纳税申报表（B 类，2018 年版）

税款所属期间：　　年　月　日至　　年　月　日

纳税人识别号（统一社会信用代码）：☐☐☐☐☐☐☐☐☐☐☐☐☐☐☐☐☐☐

纳税人名称：　　　　　　　　　　　　　　　　　　　　　　　　金额单位：人民币元（列至角分）

核定征收方式	☐ 核定应税所得率（能核算收入总额的）　☐ 核定应税所得率（能核算成本费用总额的） ☐ 核定应纳所得税额									
按季度填报信息											
项　目	一季度		二季度		三季度		四季度		季度平均值		
	季初	季末	季初	季末	季初	季末	季初	季末			
从业人数											
资产总额（万元）											
国家限制或禁止行业	☐ 是　☐ 否				小型微利企业			☐ 是　☐ 否			
按年度填报信息											
从业人数（填写平均值）					资产总额（填写平均值，单位：万元）						
国家限制或禁止行业	☐ 是　☐ 否				小型微利企业			☐ 是　☐ 否			
行次	项　目										本年累计金额
1	收入总额										
2	减：不征税收入										
3	减：免税收入（4+5+10+11）										
4	国债利息收入免征企业所得税										
5	符合条件的居民企业之间的股息、红利等权益性投资收益免征企业所得税（6+7.1+7.2+8+9）										
6	其中：一般股息红利等权益性投资收益免征企业所得税										
7.1	通过沪港通投资且连续持有 H 股满 12 个月取得的股息红利所得免征企业所得税										
7.2	通过深港通投资且连续持有 H 股满 12 个月取得的股息红利所得免征企业所得税										
8	居民企业持有创新企业 CDR 取得的股息红利所得免征企业所得税										
9	符合条件的居民企业之间属于股息、红利性质的永续债利息收入免征企业所得税										
10	投资者从证券投资基金分配中取得的收入免征企业所得税										
11	取得的地方政府债券利息收入免征企业所得税										
12	应税收入额（1-2-3）/ 成本费用总额										
13	税务机关核定的应税所得率（%）										
14	应纳税所得额（第 12×13 行）/［第 12 行÷（1-第 13 行）×第 13 行］										
15	税率（25%）										
16	应纳所得税额（14×15）										
17	减：符合条件的小型微利企业减免企业所得税										
18	减：实际已缴纳所得税额										
L19	减：符合条件的小型微利企业延缓缴纳所得税额（是否延缓缴纳所得税　☐ 是　☐ 否）										
19	本期应补（退）所得税额（16-17-18-L19）/ 税务机关核定本期应纳所得税额										
20	民族自治地方的自治机关对本民族自治地方的企业应缴纳的企业所得税中属于地方分享的部分减征或免征（☐ 免征　　☐ 减征：减征幅度____%）										
21	本期实际应补（退）所得税额										

(续表)

谨声明:本纳税申报表是根据国家税收法律法规及相关规定填报的,是真实的、可靠的、完整的。			
		纳税人(签章):	年 月 日
经办人:		受理人:	
经办人身份证号:		受理税务机关(章):	
代理机构签章:		受理日期:	年 月 日
代理机构统一社会信用代码:			

国家税务总局监制

(二)定额申报纳税

纳税人实行核定应纳所得税额方式的,实行定额申报纳税。按下列规定申报纳税。

① 纳税人在应纳所得税额尚未确定之前,可暂按上年度应纳所得税额的 1/12 或 1/4 预缴,或者按经主管税务机关认可的其他方法,按月或按季分期预缴。

② 在应纳所得税额确定以后,减除当年已预缴的所得税税额,余额按剩余月份或季度均分,以此确定以后各月或各季的应纳税额,由纳税人按月或按季填写中华人民共和国企业所得税月(季)度预缴和年度纳税申报表(B类),在规定的纳税申报期限内进行纳税申报。

③ 纳税人年度终了后,在规定的时限内按照实际经营额或实际应纳税额向税务机关申报纳税。申报额超过核定经营额或应纳税额的,按申报额缴纳税款;申报额低于核定经营额或应纳税额的,按核定经营额或应纳税额缴纳税款。

二、查账征收方式的纳税申报

(一)预缴所得税

企业应当自月份或季度终了之日起 15 日内,向税务机关报送预缴企业所得税纳税申报表,预缴税款。分月或分季预缴企业所得税时,应当按照月度或季度的实际利润额预缴;按照月度或季度的实际利润额预缴有困难的,可以按照上一纳税年度应纳税所得额的月度或季度平均额预缴,或者按照经税务机关认可的其他方法预缴。预缴方法一经确定,该纳税年度内不得随意变更。

查账征收企业所得税的居民纳税人及在中国境内设立机构的非居民纳税人在月(季)度预缴征收企业所得税时应填制中华人民共和国企业所得税月(季)度预缴纳税申报表(A类)(见表 8-7)。

表 8-7 中华人民共和国企业所得税月(季)度预缴纳税申报表(A类,2018 年版)

税款所属期间: 年 月 日至 年 月 日

纳税人识别号(统一社会信用代码):□□□□□□□□□□□□□□□□□□

纳税人名称: 金额单位:人民币元(列至角分)

优惠及附报事项有关信息									
项 目	一季度		二季度		三季度		四季度		季度平均值
	季初	季末	季初	季末	季初	季末	季初	季末	
从业人数									
资产总额(万元)									
国家限制或禁止行业	□是 □否				小型微利企业				□是 □否
附报事项名称									金额或选项
事项 1	(填写特定事项名称)								
事项 2	(填写特定事项名称)								

(续表)

		预缴税款计算	本年累计
1		营业收入	
2		营业成本	
3		利润总额	
4		加：特定业务计算的应纳税所得额	
5		减：不征税收入	
6		减：资产加速折旧、摊销（扣除）调减额（填写 A201020）	
7		减：免税收入、减计收入、加计扣除（7.1+7.2+…）	
7.1		（填写优惠事项名称）	
7.2		（填写优惠事项名称）	
8		减：所得减免（8.1+8.2+…）	
8.1		（填写优惠事项名称）	
8.2		（填写优惠事项名称）	
9		减：弥补以前年度亏损	
10		实际利润额（3+4-5-6-7-8-9）/ 按照上一纳税年度应纳税所得额平均额确定的应纳税所得额	
11		税率（25%）	
12		应纳所得税额（10×11）	
13		减：减免所得税额（13.1+13.2+…）	
13.1		（填写优惠事项名称）	
13.2		（填写优惠事项名称）	
14		减：本年实际已缴纳所得税额	
15		减：特定业务预缴（征）所得税额	
16		本期应补（退）所得税额（12-13-14-15）/ 税务机关确定的本期应纳所得税额	
		汇总纳税企业总分机构税款计算	
17	总机构	总机构本期分摊应补（退）所得税额（18+19+20）	
18		其中：总机构分摊应补（退）所得税额（16×总机构分摊比例__%）	
19		财政集中分配应补（退）所得税额（16×财政集中分配比例__%）	
20		总机构具有主体生产经营职能的部门分摊所得税额（16×全部分支机构分摊比例__%×总机构具有主体生产经营职能部门分摊比例__%）	
21	分支机构	分支机构本期分摊比例	
22		分支机构本期分摊应补（退）所得税额	
		实际缴纳企业所得税计算	
23	减：民族自治地区企业所得税地方分享部分： □ 免征 □ 减征：减征幅度____%	本年累计应减免金额［（12-13-15）×40%×减征幅度］	
24	实际应补（退）所得税额		

谨声明：本纳税申报表是根据国家税收法律法规及相关规定填报的，是真实的、可靠的、完整的。

纳税人（签章）：　　年　月　日

经办人：	受理人：
经办人身份证号：	受理税务机关（章）：
代理机构签章：	
代理机构统一社会信用代码：	受理日期：　　年　月　日

国家税务总局监制

(二) 企业所得税申报表

企业应当自年度终了之日起 5 个月内，向税务机关报送年度企业所得税纳税申报表，并汇算清缴，结清应缴应退税款。企业在报送企业所得税纳税申报表时，应当按照规定附送财务会计报告和其他有关资料。企业在纳税年度内无论盈利或亏损，均应按期限报送上述纳税资料。

企业在年度中间终止经营活动的，应当自实际经营终止之日起 60 日内，向税务机关办理当期企业所得税汇算清缴。企业应当在办理注销登记前，就其清算所得向税务机关申报并依法缴纳企业所得税。

企业所得税年度纳税申报表（2017 年版，2022 年修订）分为主表（见表 8-8）及有关附表，其中附表一至六（见表 8-9 至表 8-13）是主表的附表，附表七至十一是附表的附表（注：表中的数据取自工作场景）。

表 8-8　A100000 中华人民共和国企业所得税年度纳税申报表（A 类）

行次	类别	项　目	金　额
1	利润总额计算	一、营业收入（填写 A101010/101020/103000）	60 000 000
2		减：营业成本（填写 A102010/102020/103000）	22 000 000
3		减：税金及附加	17 194 600
4		减：销售费用（填写 A104000）	8 000 000
5		减：管理费用（填写 A104000）	7 778 600
6		减：财务费用（填写 A104000）	2 000 000
7		减：资产减值损失	
8		加：公允价值变动收益	
9		加：投资收益	1 500 000
10		二、营业利润（1-2-3-4-5-6-7+8+9）	4 526 800
11		加：营业外收入（填写 A101010/101020/103000）	300 000
12		减：营业外支出（填写 A102010/102020/103000）	450 000
13		三、利润总额（10+11-12）	4 376 800
14	应纳税所得额计算	减：境外所得（填写 A108010）	
15		加：纳税调整增加额（填写 A105000）	700 000
16		减：纳税调整减少额（填写 A105000）	100 000
17		减：免税、减计收入及加计扣除（填写 A107010）	1 800 000
18		加：境外应税所得抵减境内亏损（填写 A108000）	
19		四、纳税调整后所得（13-14+15-16-17+18）	3 176 800
20	应纳税额计算	减：所得减免（填写 A107020）	
21		减：弥补以前年度亏损（填写 A106000）	
22		减：抵扣应纳税所得额（填写 A107030）	
23		五、应纳税所得额（19-20-21-22）	3 176 800
24		税率（25%）	25%
25		六、应纳所得税额（23×24）	794 200
26		减：减免所得税额（填写 A107040）	
27		减：抵免所得税额（填写 A107050）	

(续表)

行次	类别	项目	金额
28	应纳税额计算	七、应纳税额（25-26-27）	794 200
29		加：境外所得应纳所得税额（填写 A108000）	375 000
30		减：境外所得抵免所得税额（填写 A108000）	350 000
31		八、实际应纳所得税额（28+29-30）	819 200
32		减：本年累计实际已缴纳的所得税额	500 000
33		九、本年应补（退）所得税额（31-32）	319 200
34		其中：总机构分摊本年应补（退）所得税额（填写 A109000）	
35		财政集中分配本年应补（退）所得税额（填写 A109000）	
36		总机构主体生产经营部门分摊本年应补（退）所得税额（填写 A109000）	
37	实际应纳税额计算	减：民族自治地区企业所得税地方分享部分：（□ 免征 □ 减征：减征幅度 ____%）	
38		十、本年实际应补（退）所得税额（33-37）	319 200

企业所得税年度纳税申报表附表一如表 8-9 所示。

表 8-9 A101010 一般企业收入明细表

行次	项目	金额
1	一、营业收入（2+9）	60 000 000
2	（一）主营业务收入（3+5+6+7+8）	60 000 000
3	1. 销售商品收入	60 000 000
4	其中：非货币性资产交换收入	
5	2. 提供劳务收入	
6	3. 建造合同收入	
7	4. 让渡资产使用权收入	
8	5. 其他	
9	（二）其他业务收入（10+12+13+14+15）	
10	1. 销售材料收入	
11	其中：非货币性资产交换收入	
12	2. 出租固定资产收入	
13	3. 出租无形资产收入	
14	4. 出租包装物和商品收入	
15	5. 其他	
16	二、营业外收入（17+18+19+20+21+22+23+24+25+26）	
17	（一）非流动资产处置利得	300 000
18	（二）非货币性资产交换利得	
19	（三）债务重组利得	
20	（四）政府补助利得	
21	（五）盘盈利得	
22	（六）捐赠利得	
23	（七）罚没利得	

(续表)

行次	项目	金额
24	（八）确实无法偿付的应付款项	
25	（九）汇兑收益	
26	（十）其他	

企业所得税年度纳税申报表附表二如表 8-10 所示。

表 8-10　A102010 一般企业成本支出明细表

行次	项目	金　额
1	一、营业成本（2+9）	22 000 000
2	（一）主营业务成本（3+5+6+7+8）	22 000 000
3	1. 销售商品成本	22 000 000
4	其中：非货币性资产交换成本	
5	2. 提供劳务成本	
6	3. 建造合同成本	
7	4. 让渡资产使用权成本	
8	5. 其他	
9	（二）其他业务成本（10+12+13+14+15）	
10	1. 销售材料成本	
11	其中：非货币性资产交换成本	
12	2. 出租固定资产成本	
13	3. 出租无形资产成本	
14	4. 包装物出租成本	
15	5. 其他	
16	二、营业外支出（17+18+19+20+21+22+23+24+25+26）	450 000
17	（一）非流动资产处置损失	40 000
18	（二）非货币性资产交换损失	
19	（三）债务重组损失	
20	（四）非常损失	
21	（五）捐赠支出	400 000
22	（六）赞助支出	
23	（七）罚没支出	10 000
24	（八）坏账损失	
25	（九）无法收回的债券股权投资损失	
26	（十）其他	

企业所得税年度纳税申报表附表三如表 8-11 所示。

表 8-11　A105000 纳税调整项目明细表

行次	项目	账载金额	税收金额	调增金额	调减金额
		1	2	3	4
1	一、收入类调整项目（2+3+…8+10+11）	*	*		
2	（一）视同销售收入（填写 A105010）	*			*
3	（二）未按权责发生制原则确认的收入（填写 A105020）				
4	（三）投资收益（填写 A105030）				

(续表)

行次	项　目	账载金额 1	税收金额 2	调增金额 3	调减金额 4
5	（四）按权益法核算长期股权投资对初始投资成本调整确认收益	*	*	*	
6	（五）交易性金融资产初始投资调整	*	*		*
7	（六）公允价值变动净损益		*		
8	（七）不征税收入	*	*		
9	其中：专项用途财政性资金（填写A105040）	*	*		
10	（八）销售折扣、折让和退回				
11	（九）其他				
12	二、扣除类调整项目（13+14+…24+26+27+28+29+30）	*	*	700 000	
13	（一）视同销售成本（填写A105010）	*	*		
14	（二）职工薪酬（填写A105050）	13 000 000	12 850 000	150 000	
15	（三）业务招待费支出	350 000	210 000	140 000	*
16	（四）广告费和业务宣传费支出（填写A105060）	*	*		
17	（五）捐赠支出（填写A105070）	450 000	525 216		
18	（六）利息支出	800 000	400 000	400 000	
19	（七）罚金、罚款和被没收财物的损失	10 000	*	10 000	*
20	（八）税收滞纳金、加收利息		*		*
21	（九）赞助支出		*		*
22	（十）与未实现融资收益相关在当期确认的财务费用				
23	（十一）佣金和手续费支出				*
24	（十二）不征税收入用于支出所形成的费用	*	*		*
25	其中：专项用途财政性资金用于支出所形成的费用（填写A105040）	*	*		*
26	（十三）跨期扣除项目				
27	（十四）与取得收入无关的支出		*		*
28	（十五）境外所得分摊的共同支出	*			*
29	（十六）党组织工作经费				
30	（十七）其他				
31	三、资产类调整项目（32+33+34+35）	*	*		100 000
32	（一）资产折旧、摊销（填写A105080）	100 000	200 000		100 000
33	（二）资产减值准备金		*		
34	（三）资产损失（填写A105090）				
35	（四）其他				
36	四、特殊事项调整项目（37+38+…+43）	*	*		
37	（一）企业重组及递延纳税事项（填写A105100）				
38	（二）政策性搬迁（填写A105110）	*	*		
39	（三）特殊行业准备金（39.1+39.2+39.4+39.5+39.6+39.7）	*	*		
39.1	1. 保险公司保险保障基金				
39.2	2. 保险公司准备金				
39.3	其中：已发生未报案未决赔款准备金				
39.4	3. 证券行业准备金				
39.5	4. 期货行业准备金				
39.6	5. 中小企业融资（信用）担保机构准备金				
39.7	6. 金融企业、小额贷款公司准备金（填写A105120）	*	*		

(续表)

行次	项 目	账载金额	税收金额	调增金额	调减金额
		1	2	3	4
40	(四)房地产开发企业特定业务计算的纳税调整额(填写A105010)		*		
41	(五)合伙企业法人合伙人应分得的应纳税所得额				
42	(六)发行永续债利息支出			*	*
43	(七)其他			*	*
44	五、特别纳税调整应税所得			*	*
45	六、其他			*	*
46	合计(1+12+31+36+44+45)			*	*

企业所得税年度纳税申报表附表四如表 8-12 所示。

表 8-12　A106000 企业所得税弥补亏损明细表

行次	项目	年度	当年境内所得额	分立转出的亏损额	合并、分立转入的亏损额			弥补亏损企业类型	当年亏损额	当年待弥补的亏损额	用本年度所得额弥补的以前年度亏损额		当年可结转以后年度弥补的亏损额
					可弥补年限5年	可弥补年限8年	可弥补年限10年				使用境内所得弥补	使用境外所得弥补	
		1	2	3	4	5	6	7	8	9	10	11	12
1	前十年度												
2	前九年度												
3	前八年度												
4	前七年度												
5	前六年度												
6	前五年度												
7	前四年度												
8	前三年度												
9	前二年度												
10	前一年度												
11	本年度												
12	可结转以后年度弥补的亏损额合计												

企业所得税年度纳税申报表附表五如表 8-13 所示。

表 8-13　A107010 免税、减计收入及加计扣除优惠明细表

行次	项　目	金　额
1	一、免税收入(2+3+6+7+…+16)	1 800 000
2	(一)国债利息收入免征企业所得税	400 000
3	(二)符合条件的居民企业之间的股息、红利等权益性投资收益免征企业所得税(4+5+6+7+8)	1 100 000
4	1. 一般股息红利等权益性投资收益免征企业所得税(填写A107011)	
5	2. 内地居民企业通过沪港通投资且连续持有H股满12个月取得的股息红利所得免征企业所得税(填写A107011)	
6	3. 内地居民企业通过深港通投资且连续持有H股满12个月取得的股息红利所得免征企业所得税(填写A107011)	

（续表）

行次	项 目	金 额
7	4. 居民企业持有创新企业 CDR 取得的股息红利所得免征企业所得税（填写 A107011）	
8	5. 符合条件的永续债利息收入免征企业所得税（填写 A107011）	
9	（三）符合条件的非营利组织的收入免征企业所得税	
10	（四）中国清洁发展机制基金取得的收入免征企业所得税	
11	（五）投资者从证券投资基金分配中取得的收入免征企业所得税	
12	（六）取得的地方政府债券利息收入免征企业所得税	
13	（七）中国保险保障基金有限责任公司取得的保险保障基金等收入免征企业所得税	
14	（八）中国奥委会取得北京冬奥组委支付的收入免征企业所得税	
15	（九）中国残奥委会取得北京冬奥组委分期支付的收入免征企业所得税	
16	（十）其他（16.1+16.2）	
16.1	1. 取得的基础研究资金收入免征企业所得税	
16.2	2. 其他	
17	二、减计收入（18+19+23+24）	
18	（一）综合利用资源生产产品取得的收入在计算应纳税所得额时减计收入	
19	（二）金融、保险等机构取得的涉农利息、保费减计收入（20+21+22）	
20	1. 金融机构取得的涉农贷款利息收入在计算应纳税所得额时减计收入	
21	2. 保险机构取得的涉农保费收入在计算应纳税所得额时减计收入	
22	3. 小额贷款公司取得的农户小额贷款利息收入在计算应纳税所得额时减计收入	
23	（三）取得铁路债券利息收入减半征收企业所得税	
24	（四）其他（24.1+24.2）	
24.1	1. 取得的社区家庭服务收入在计算应纳所税额时减计收入	
24.2	2. 其他	
25	三、加计扣除（26+27+28+29+30）	
26	（一）开发新技术、新产品、新工艺发生的研究开发费用加计扣除（填写 A107012）	300 000
27	（二）科技型中小企业开发新技术、新产品、新工艺发生的研究开发费用加计扣除（填写 A107012）	
28	（三）企业为获得创新性、创意性、突破性的产品进行创意设计活动而发生的相关费用加计扣除（加计扣除比例及计算方法：_____）	
28.1	其中：第四季度相关费用加计扣除	
28.2	前三季度相关费用加计扣除	
29	（四）安置残疾人员所支付的工资加计扣除	
30	（五）其他	
30.1	1. 企业投入基础研究支出加计扣除	
30.2	2. 高新技术企业设备器具加计扣除	
30.3	3. 其他	
31	合计（1+17+25）	

（三）企业所得税的申报和缴纳

纳税人持填写好的纳税申报表到办税服务厅申报纳税窗口进行申报。为方便纳税人，税务机关提供了网上申报、邮寄申报等多元化申报方式。

经税务机关审核，纳税人提供资料完整、填写内容准确、各项手续齐全、无违章问题，符合条件的当场办结,并在申报表上签章,返还一份给纳税人。当期申报有税款的,纳税人需缴纳税款,税务机关确认税款缴纳后开具完税凭证予以办结。

税收缴款书(见表8-14)是指在纳税人进行转账缴纳税款时,由纳税人申报税务机关审核开具纳税人具以纳税的完税证明。税收缴款书是企业填制的用来到银行缴纳税款的票据,只有通过银行划转后才能作为纳税的有效凭证,不能用来收取现金。税收缴款书没有通过银行划转前是没有任何法律效力的。

表8-14 中华人民共和国
税收缴款书(税务收现专用)   No.00000000

登记注册类型:			填发日期: 年 月 日			税务机关:		
纳税人识别号				纳税人名称				
地址								
税 种	品目名称	课税数量	计税金额或销售收入	税率或单位税额	税款所属时期	已缴或扣除额	实缴金额
金额合计	(大写)						
税务机关(盖章)		代征单位(盖章)		填票人		备注	

工作完成情况

为了正确计算应纳企业所得税税额,在收集企业纳税资料的同时,黄某找来并再次研读了《企业所得税法》《企业所得税法实施条例》及各种相关文件等。

1. 计算应纳企业所得税

根据企业实际情况进行企业所得税税额的计算如下。

首先,计算企业境内生产经营的所得税税额。

① 会计利润=6 000-2 200-(2 365.46-646)-800-777.86-200+30-45+40+70+40=437.68(万元)

② 企业所得税调整项目。

a. 纳税调增项目

业务招待费应调增纳税所得额14万元。因为业务招待费发生额的60%为21(35×60%)万元,低于当年销售收入的5‰,即30(6 000×5‰)万元,扣除限额为21万元,不得扣除业务招待费14万元。

利息支出应调增纳税所得额40万元。因为实际发生借款利息费用80万元,高于扣除限额40(800×5%)万元,超过部分40(80-40)万元不得在所得税税前扣除。

罚款 1 万元应调增纳税所得额。

职工福利费调增纳税所得额 10 万元。因为其实际支出 150 万元，高于扣除限额 140 （1 000×14%）万元，超过部分 10 万元不允许扣除。

职工教育经费支出，调增当年度纳税所得额 5 万元。因为其实际支出 30 万元，高于扣除限额 25（1 000×2.5%）万元，超过部分 5 万元准予在以后纳税年度结转扣除。

调增纳税所得额合计 = 14 + 40 + 1 + 10 + 5 = 70（万元）

b．纳税调减项目

新产品开发费用 30 万元，加计扣除 30（30×100%）万元应调减纳税所得额。

权益性投资收益 40 万元免税，应调减纳税所得额。

固定资产折旧应调减纳税所得额 10 万元。因为会计上当年计提折旧 10 万元，按税法规定应计提折旧 20 万元，所以应调整当年应纳税所得额。

境外税后所得 110（70＋40）万元，在计算境内所得应纳税额时应予以调减。

调减纳税所得额合计 = 30 + 40 + 10 + 110 = 190（万元）

c．不需调整项目

合理工资允许扣除，不需调整。

工会经费 20 万元可以全部扣除，不需调整，因为实际发生额未超过扣除限额 20（1 000×2%）万元。

广告费支出 500 万元可以全部扣除，不需调整，因为实际发生额低于扣除限额 900.（6 000×15%）万元。

捐赠支出不需调整，因为公益性捐赠支出 40 万元低于扣除限额 52.521 6（437.68×12%）万元。

③ 年应纳税所得额 = 437.68 + 70 − 190 = 317.68（万元）

④ 企业应纳企业所得税税额 = 317.68×25% = 79.42（万元）

其次，境外所得补缴税款的计算如下。

境外税后所得换算为税前所得。

A 国：税前所得 = 70÷（1 − 30%）= 100（万元）

B 国：税前所得 = 40÷（1 − 20%）= 50（万元）

境外所得按我国税法规定计算的应纳税额 =（100 + 50）×25% = 37.5（万元）

境内外应纳税所得额合计 = 317.68 + 100 + 50 = 467.68（万元）

境内外所得按我国税法规定计算的应纳税总额 = 467.68×25% = 116.92（万元）

抵扣限额的计算。

A 国：抵扣限额 = 467.68×25%×（100÷467.68）= 25（万元）

B 国：抵扣限额 = 467.68×25%×（50÷467.68）= 12.5（万元）

由于在 A 国实际已纳税款 30 万元，高于扣除限额，所以不需补税，超过部分当年也不得补扣。

在 B 国实际已纳税款 10 万元低于扣除限额，10 万元可全额抵扣，仍需补税 2.5 万元。

境外所得应补缴所得税额 = 37.5 − 25 − 10 = 2.5（万元）

2024 年实际应纳企业所得税额 = 79.42 + 2.5 = 81.92（万元）

2024 年应补缴的企业所得税额 = 81.92 − 50 = 31.92（万元）

2. 编制纳税申报表及附表

根据计算结果，填制2024年纳税申报表及附表（见表8-9至8-19）。

3. 进行会计处理

根据计算结果和纳税申报表可知，应纳所得税额81.92万元，已预缴所得税50万元，应补缴31.92万元。

固定资产的账面价值＝100－10＝90（万元）

固定资产的计税基础＝100－20＝80（万元）

应纳税暂时性差异＝90－80＝10（万元）

应确认递延所得税负债＝10×25%＝2.5（万元）

计提所得税时，编制会计分录如下。

借：所得税费用　　　　　　　　　　　　　　　　　844 200
　　贷：递延所得税负债　　　　　　　　　　　　　　　25 000
　　　　应交税费——应交企业所得税　　　　　　　　819 200

实际补缴税款时，编制会计分录如下。

借：应交税费——应交企业所得税　　　　　　　　　319 200
　　贷：银行存款　　　　　　　　　　　　　　　　　319 200

专家评价

黄某的工作很认真，细致、准确，能够仔细阅读并深刻领会新《企业所得税法》的精神，为正确进行企业所得税的申报打下了基础。

技能训练

一、判断题

1. 合伙企业也适用《企业所得税法》。　　　　　　　　　　　　　　（　）
2. 企业发生的合理的工资薪金支出，准予扣除。　　　　　　　　　　（　）
3. 企业发生的职工教育经费支出，不超过工资薪金总额2.5%的部分，准予扣除；超过部分，不得扣除。　　　　　　　　　　　　　　　　　　　　　　　　　　　　　　（　）
4. 企业发生的研究开发费用，允许在所得税前据实扣除。　　　　　　（　）
5. 年度终了，企业会计利润为负数，当年不需缴纳所得税。　　　　　（　）
6. 可抵扣暂时性差异确认为递延所得税资产。　　　　　　　　　　　（　）
7. 应纳税暂时性差异确认为递延所得税负债。　　　　　　　　　　　（　）
8. 资产的账面价值大于其计税基础，产生应纳税暂时性差异。　　　　（　）
9. 企业确认的递延所得税资产，记入递延所得税资产的借方、所得税费用的贷方。（　）
10. 递延所得税负债的应有余额大于其账面余额的差额，记在贷方。　　（　）
11. 居民企业是指依法在中国境内成立，或者依照外国法律成立但实际管理机构在中国境内的企业。　　　　　　　　　　　　　　　　　　　　　　　　　　　　　　（　）
12. 企业为投资者或职工支付的商业保险费，准予扣除。　　　　　　　（　）

13. 非金融企业向非金融企业借款的利息支出,不超过按照金融企业同期同类贷款利率计算的数额的部分可据实扣除,超过部分不许扣除。( )

14. 企业发生年度亏损的,可以用下一纳税年度的所得弥补,延续弥补期限最长不超过 5 年。( )

15. 在计算应纳税所得额时,企业财务、会计处理办法与税法、行政法规的规定不一致的,应当依照税法、行政法规的规定计算。( )

二、单选题

1. ( ) 不属于企业所得税的纳税人。
   A. 上市公司   B. 有所得的民营公司
   C. 外国企业   D. 有所得的合伙企业

2. 企业发生的公益性捐赠支出,在会计利润( )以内的部分,准予在计算应纳税所得额时扣除;超过年度利润总额12%的部分,准予结转以后3年内在计算应纳税所得额时扣除。
   A. 10%   B. 12%   C. 15%   D. 20%

3. 纳税人将自产货物用于企业基本建设,按《企业所得税法》的规定,应( )。
   A. 计入营业外收入   B. 视同销售收入
   C. 不记账   D. 冲减成本

4. ( ) 准予在税前所得扣除。
   A. 资本性支出 B. 税收滞纳金 C. 罚款支出   D. 研究开发费用

5. 甲商业企业 2024 年度的销售收入为 2 000 万元,实际发生的广告宣传费为 200 万元,其广告费允许税前扣除( )万元。
   A. 300   B. 400   C. 200   D. 100

6. 递延所得税资产的年初余额为3万元,年末余额应为2万元,则"递延所得税资产"科目( )。
   A. 借方记 1 万元   B. 贷方记 1 万元
   C. 借方记 3 万元   D. 贷方记 3 万元

7. 直接计入所有者权益的交易或事项,相关资产、负债的账面价值和计税基础之间形成暂时性差异的,应当确认递延所得税资产或递延所得税负债,同时计入( )。
   A. 所得税费用   B. 盈余公积
   C. 资本公积   D. 公允价值变动损益

8. 非同一控制下的企业合并产生的应纳税暂时性差异或可抵扣暂时性差异,在确认递延所得税资产或递延所得税负债的同时,相关的递延所得税费用(或收益)通常应调整为( )。
   A. 所得税费用   B. 资本公积
   C. 企业合并成本   D. 企业合并中确认的商誉

9. A公司 2023 年 12 月 31 日购入一台固定资产,账面价值为 10 万元,无残值,剩余使用年限为 5 年。会计规定按直线法计提折旧,税法按双倍余额递减法计提折旧,则 2024 年 12 月 31 日应纳税暂时性差异余额为( )万元。
   A. 8   B. 2   C. 6   D. 4

10. 产生可抵扣暂时性差异的项目是( )。
    A. 企业根据被投资企业权益增加调整账面价值大于计税基础的部分
    B. 税法折旧大于会计折旧形成的差额部分

C. 对固定资产，企业根据期末公允价值大于账面价值的部分进行了调整

D. 无形资产的账面价值小于计税基础的部分

11. 根据《企业所得税法》的规定，在计算应纳税额时，不允许从收入总额中扣除的税金是（   ）。

    A. 土地增值税   B. 消费税   C. 城市维护建设税   D. 增值税

12. 不属于企业所得税纳税人的企业是（   ）。

    A. 在外国成立但实际管理机构在中国境内的企业

    B. 在中国境内成立的外商独资企业

    C. 在中国境内成立的个人独资企业

    D. 在中国境内未设立机构、场所，但有来源于中国境内所得的企业

13. 在计算企业所得税应纳税所得额时，准予从收入总额中直接扣除的是（   ）。

    A. 资本性支出   B. 各项税收滞纳、罚款支出

    C. 非广告性质的赞助支出   D. 在利润总额12%以内的公益性捐赠支出

14. 企业每一纳税年度发生的符合条件的广告费和业务宣传费，除国务院财政、税务主管部门另有规定外，不超过当年销售（营业）收入（   ）的部分，准予扣除。

    A. 2%   B. 8%   C. 15%   D. 25%

15. 不能计提折旧的资产是（   ）。

    A. 季节性停用和修理停用的机器设备

    B. 以经营租赁方式租入的固定资产

    C. 未使用的房屋、建筑物

    D. 接受捐赠和盘盈的固定资产

三、多选题

1. （   ）属于《企业所得税法》的应税收入。

    A. 资产溢余收入   B. 逾期未退包装物押金收入

    C. 确实无法偿付的应付款项   D. 债务重组收入

2. 纳税调整增加的项目包括（   ）。

    A. 视同销售收入   B. 不符合税法规定的销售折扣和折让

    C. 接受捐赠收入   D. 不允许扣除的境外投资损失

3. （   ）需要进行纳税减少调整。

    A. 不征税收入   B. 免税收入

    C. 抵扣应纳税所得额   D. 境外应税所得

4. 未按权责发生制原则确认的收入视情况进行纳税增减调整，如（   ）。

    A. 分期收款销售商品销售收入   B. 税法规定按收付实现制确认的收入

    C. 持续时间超过12个月的收入   D. 租金收入

5. （   ）是需要进行纳税增加调整的项目。

    A. 业务招待费   B. 捐赠支出   C. 工资薪金   D. 罚款

6. （   ）是应当采用查账征收方式的纳税人。

    A. 汇总纳税企业   B. 上市公司   C. 会计师事务所   D. 银行

7. 居民纳税人具有（   ）情形之一的，核定征收企业所得税。

    A. 依照法律、行政法规的规定可以不设置账簿的

B．依照法律、行政法规的规定应当设置但未设置账簿的

C．按规定应当设置账簿，且账目清晰，能够查账的

D．申报的计税依据明显偏低，又无正当理由的

8．税务机关可（　　　　）核定企业应纳所得税额。

A．采用应税所得率

B．按照应税收入额或成本费用支出额定率

C．参照当地同类行业纳税人的纳税水平

D．按照耗用的原材料、燃料、动力等推算或测算

9．将导致产生应纳税暂时性差异的情况有（　　　　）。

A．资产的账面价值大于其计税基础　　B．资产的账面价值小于其计税基础

C．负债的账面价值大于其计税基础　　D．负债的账面价值小于其计税基础

10．将导致产生可抵扣暂时性差异的情况有（　　　　）。

A．资产的账面价值大于其计税基础　　B．资产的账面价值小于其计税基础

C．负债的账面价值大于其计税基础　　D．负债的账面价值小于其计税基础

11．属于《企业所得税法》中"其他收入"的有（　　　　）。

A．债务重组收入　　　　　　　B．视同销售收入

C．资产溢余收入　　　　　　　D．补贴收入

12．计算应纳税所得额时不准予扣除的项目支出有（　　　　）。

A．资本性支出

B．各项税收滞纳金、罚金、罚款

C．公益、救济性捐赠和非公益、救济性捐赠

D．各种赞助支出

13．应当计入企业所得税收入总额的有（　　　　）。

A．非货币形式的收入　　　　　B．股息、红利等权益性投资收益

C．接受捐赠收入　　　　　　　D．利息收入

14．企业的研究开发费用支出中可以在计算应纳税所得额时加计扣除的有（　　　　）。

A．开发新技术　　B．开发新产品　　C．开发新工艺　　D．改造旧产品

15．企业使用或销售的存货的成本计算方法，可以在（　　　　）中选用一种。计价方法一经选用，不得随意变更。

A．先进先出法　　B．后进先出法　　C．加权平均法　　D．个别计价法

四、业务题

1．长城公司2024年度利润表中利润总额为1 200万元，该公司适用的所得税税率为25%。2023年发生的有关交易和事项中，会计处理和税收处理存在的差别如下。

（1）2023年12月25日开始使用的一项固定资产，成本为600万元，使用年限为10年，净残值为0。会计处理按双倍余额递减法计提折旧，税收处理按直线法计提折旧。假定税法规定的使用年限及净残值与会计规定相同。

（2）向关联企业提供现金捐赠200万元。

（3）当年度发生研究开发支出500万元。

（4）应付违反《中华人民共和国环境保护法》的规定罚款100万元。

（5）期末对持有的存货计提了30万元的存货跌价准备。

要求：
（1）分析并计算该公司 2024 年应纳税所得额。
（2）计算该公司应纳所得税额。
（3）进行所得税会计处理。

2. A 公司 2022 年 12 月 31 日购入一台机器设备，成本为 210 万元，预计使用年限为 5 年，预计净残值为 0。会计上按直线法计提折旧，因该设备符合税法规定的税收优惠条件，计税时可采用年数总和法计提折旧。假定税法规定的使用年限及净残值均与会计规定相同，且该公司各会计期间均未对固定资产计提减值准备。

要求：计算 A 公司 2024 年 12 月 31 日资产的账面价值、计税基础、暂时性差异，并确定暂时性差异的类型。

3. B 公司 2024 年度利润表中利润总额为 1 000 万元，该公司适用的所得税税率为 25%。2022 年发生的有关交易和事项中，会计处理和税收处理存在的差别如下。

（1）2024 年 1 月开始计提折旧的一项固定资产，成本为 500 万元，使用年限为 10 年，净残值为 0。会计处理按双倍余额递减法计提折旧，税收处理按直线法计提折旧。假定税法规定的使用年限及净残值与会计规定相同。

（2）向关联企业提供现金捐赠 180 万元。

（3）当年度发生研究开发支出 200 万元，其中 150 万元资本化计入无形资产成本。税法规定按该企业可按实际发生研究开发支出的 200%加计扣除。

（4）应付违反《中华人民共和国环境保护法》的规定罚款 60 万元。

（5）期末对持有的存货计提了 20 万元的存货跌价准备。

要求：
（1）计算 B 公司 2024 年度当期应纳所得税、递延所得税、所得税费用。
（2）进行所得税会计处理。

五、综合实训题

实训目的：熟悉企业所得税纳税申报工作。
实训方式：模拟企业进行企业所得税纳税申报。
实训准备：企业所得税纳税申报表（主表及附表）。
实训内容：某公司 2024 年的纳税资料如下。

（1）取得产品销售收入 2 500 万元，营业外收入 70 万元（为固定资产处置净收益）。

（2）产品销售成本 1 100 万元，销售税金 160 万元（其中增值税 120 万元），销售费用 670 万元（其中广告费 450 万元），管理费用 480 万元（其中，业务招待费 15 万元、新产品研究开发费用 40 万元），财务费用 60 万元，营业外支出 50 万元（其中，固定资产处置的净损失 7.76 万元、税收滞纳金 6 万元、公益性捐款 36.24 万元）。计入成本、费用的实发工资总额 150 万元，拨缴的工会经费 3 万元，支出的职工福利费 23 万元，职工教育经费 6 万元。

（3）连续 12 个月以上的权益性投资收益 34 万元（已在投资方所在地按 15%缴纳了所得税）。

（4）公司在 A、B 两国设有分支机构。汇回的 A 国机构的税后所得 28 万元，A 国所得税税率 30%；汇回的 B 国机构的税后所得 24 万元，B 国所得税税率 20%。在 A、B 两国分别已纳所得税 12 万元、6 万元。假设两国与我国税法规定的应纳税所得额的计算相同。

（5）2024 年已预缴了企业所得税 50 万元。

参 考 文 献

[1] 赵晓燕. 税务会计[M]. 北京：北京邮电大学出版社，2013.
[2] 张敏. 纳税实务[M]. 4版. 北京：高等教育出版社，2014.
[3] 梁伟样. 税务会计实务[M]. 北京：高等教育出版社，2016.
[4] 盖地. 建筑业"营改增"会计核算与税务管理操作指南[M]. 北京：中国财政经济出版社，2016.
[5] 全国税务师职业资格考试教材编写组. 税法Ⅰ[M]. 北京：中国税务出版社，2017.
[6] 全国税务师职业资格考试教材编写组. 税法Ⅱ[M]. 北京：中国税务出版社，2017.
[7] 中国注册会计师协会. 税法[M]. 北京：中国财政经济出版社，2017.

尊敬的老师：

您好。

请您认真、完整地填写以下表格的内容(务必填写每一项)，索取相关图书的教学资源。

教学资源索取表

书　名				作者名	
姓　名		所在学校			
职　称		职　　务		讲授课程	
联系方式	电　话			E-mail	
	QQ 号			微信号	
地址（含邮编）					
贵校已购本教材的数量(本)					
所需教学资源					
系/院主任姓名					

系／院主任：_____（签字）

（系／院办公室公章）

20____年____月____日

注意：

① 本配套教学资源仅向购买了相关教材的学校老师免费提供。

② 请任课老师认真填写以上信息，并请系／院加盖公章，然后传真到（010）80115555 转 718438 索取配套教学资源。也可将加盖公章的文件扫描后，发送到 fservice@126.com 索取教学资源。欢迎各位老师扫码添加我们的微信，随时与我们进行沟通和互动。

③ 个人购买的读者，请提供含有书名的购书凭证，如发票、网络交易信息，以及购书地点和本人工作单位来索取。

微信